INTERNATIONAL COMPARATIVE RESEARCH IN
ANTITRUST REGULATION OF STANDARD ESSENTIAL PATENT

# 标准必要专利反垄断规制国际比较研究

孙志凡◎著

法律出版社
LAW PRESS·CHINA
北京

各国先进技术整合的最优水平。在标准必要专利的发展进程中产生了专利劫持、专利标准化后的创新阻碍风险等问题，这要求标准制定组织制定知识产权规则来协调各方利益主体之间的关系，标准制定组织对标准的制定和推广应用发挥了主导性作用。

第二章围绕FRAND许可承诺和许可费问题展开阐述。标准必要专利具有垄断性和不可替代性，为避免专利持有人在许可谈判的过程中对交易对手提出不利的许可条件，大多数标准组织在知识产权规则中都要求成员在申请将专利纳入标准时作出FRAND承诺，标准必要专利许可费率作为授权许可协议的重要条款内容，自然也要符合FRAND原则。本章探讨了有关FRAND许可承诺法律性质的学说和许可费计算的原则和方法，以及FRAND原则下标准必要专利许可费的反垄断规制问题。

第三章围绕标准必要专利滥用市场支配地位的反垄断规制展开阐述。关于"市场支配地位"的定义，国际组织以及不同国家的规定存在差异。比如，英国、德国和中国等国家就将其称为市场支配地位，而美国将其视作一种市场力量，日本则把市场支配地位看作一种垄断状态。本章对相关市场界定方法（近似功能测试法、需求交叉价格弹性测试法、假定垄断者测试法），标准必要专利市场支配地位的界定方法（市场结果法、市场行为法、市场结构法）等进行了研究。

第四章围绕标准必要专利典型许可滥用行为的反垄断规制展开阐述。本章对歧视性许可行为、许可搭售行为、拒绝许可行为进行了讨论。这些典型的许可滥用行为非常复杂多样并且侧重点不同，他们既可以产生排斥市场竞争的效果以及剥削性影响，但也有可能促进竞争和提高效率。书中对歧视许可的构成要件、许可搭售的竞争效应、拒绝许可行为的类型和反垄断抗辩等进行了研究。

第五章围绕标准必要专利经营者集中的反垄断规制进行了阐述。在反垄断法中，滥用市场支配地位与垄断协议规制是对垄断行为的事后规制，而对经营者集中的审查是一种事前审查的思路，在企业尚未取得市场支配地位或形成垄断协议抑制竞争之前进行审查，并禁止其中可能产生负外部性的企业集中。

目前，各国较为通行的做法是建立经营者集中申报制度，对达到法律规定的经营者集中，由当事人向所涉及市场的反垄断执法机构自行进行事前申报。反垄断执法机构对申报材料进行审查后，会作出许可集中、禁止集中或附加限制性条件许可集中的处理决定。

第六章围绕禁令救济的反垄断规制进行了阐述。禁令救济是专利法授予专利持有人的基本权利，但在标准必要专利的情况下，禁令救济更可能成为必要专利持有人滥用市场势力的工具。禁令救济同样应采用合理推定原则，即只有在严重伤害市场竞争的情况下，禁令救济才受到反垄断法的禁止。禁令救济的适用应回归衡平原则，兼顾双方的诉求。标准必要专利权人不当寻求和实施禁令的行为可能导致反竞争效果、延缓后续创新进而损害消费者福利，这些正是适用反垄断法对该行为进行规制的正当性基础。

第七章围绕完善标准必要专利反垄断规制路径的建议进行了阐述。本章分别从 WTO 框架下知识产权反垄断规制、标准化组织制定的知识产权规则和争议解决机制以及构建我国标准必要专利反垄断规制路径建议展开了研究。在国际层面，可以将 FRAND 原则纳入 WTO 的法律制度框架中，并进一步完善标准制定组织制定的知识产权规则，建立谈判联合机制和内部争议解决机制。国内层面：(1)在中国的反垄断法修改和制定相关滥用知识产权的反垄断规制法规中，应肯定专利权是专利法赋予专利权人的合法权利，除了明显伤害竞争的价格协调行为，对专利权许可行为的反垄断审查应使用合理推定原则而非本身违法原则。(2)对滥用市场支配地位、歧视许可、许可搭售、拒绝许可、经营者集中、禁令救济的反垄断规制提出了立法建议。

# 目　录

# 导　论

## 一、研究背景及意义

人类社会进入21世纪，在数字通信、电信、视听技术、芯片等高技术行业，标准必要专利是行业技术创新和企业竞争力的最重要影响因素之一，是国家之间高技术竞争的主要角力点，在推动社会经济的快速进步，促进人类社会繁荣，加速经济全球化进程的同时，也给法律带来诸多挑战。近年来，高技术行业的标准必要专利诉讼案件数量快速增长，全球智能手机行业主要企业之间的专利战频发，必要专利支配企业滥用行为问题成为各国反垄断法关注的重点，世界各国的知识产权保护法治正面临重大变革。探讨标准必要专利反垄断规制问题是摆在我国法律工作者面前的重要课题，对于进一步完善我国社会主义市场经济条件下的知识产权标准必要专利反垄断法治、增强我国高科技企业的国际竞争力，具有重要的理论和现实意义。

目前，世界面临百年未有之大变局，在影响全球政治经济法律格局的贸易摩擦中，中国和美国的争议焦点之一主要是知识产权，尤其是专利问题。因为一旦拥有标准必要专利，那么整个产业链上的专利使用者都需要向专利权人缴纳专利使用费，而美国作为专利强国，自然不会错失这个机会。近年来，美国等发达国家标准必要专利垄断企业对中国本土企业滥用标准必要专利问题成为中国高技术企业创新能力提升和实现技术赶超的重要障碍。我国标准必要专利反垄断立法、司法和执法迫切需要有力的理论支持。

尽管不同的专利技术之间存在一定的替代竞争,但是某一专利技术一旦成为标准专利技术就具有了独家垄断性。在被许可企业已经根据标准进行投资后,标准必要专利企业容易利用事后垄断势力索要过高的许可费和要求签订不合理的许可交易条款等。标准必要专利反垄断规制主要涉及如何平衡创新激励和垄断滥用问题,知识产权法和反垄断法如何协调等错综复杂的理论和实践问题等。目前,欧盟、美国、加拿大、日本、韩国等世界主要经济体都在积极研究与标准必要专利竞争影响和反垄断规制有关的问题:一是如何确定"公平、合理、非歧视"(FRAND)合理许可费,包括明确 FRAND 的含义和科学确定 FRAND 许可费方法;二是专利持有人对实施人提出各种要求的程度或范围(比如滥用市场支配地位的程度和范围);三是标准必要专利许可滥用问题。以期获得对高技术行业的持续话语权和掌控力。

就目前国内学界来说,有关标准必要专利反垄断规制的研究还处在起步阶段,直接的研究成果还不丰硕,有些研究还处于空白状态,研究的深度以及广度都有待加强。我国立法上对标准必要专利反垄断规制也尚未形成一个相对系统化的法律制度。因此,对保护与规制标准必要专利、确定许可费的方法和原则、界定相关市场的范围、禁令救济规则等问题进行深入、系统的研究,不仅能加深对标准必要专利反垄断规制的认识,也有助于完善我国标准必要专利反垄断规制的路径和顶层设计,以应对国际社会的新挑战。

## 二、国内外文献综述

### (一)国内文献综述

1. 专著、译著

学术性的专著(包括译著、博士论文)主要分为以下三类:第一类是以标准和专利为主题展开研究的著作,其中,以标准为主题展开研究的译著和专著主要阐述了标准的概念、分类以及标准的目的和机制原理。例如,杨帆的《国际技术标准与知识产权》、林欧的《技术标准的反垄断法规制》、唐要家的《标准必要专利许可滥用反垄断研究》、国家知识产权局专利局专利审查协作江苏中心组织编写的《标准与标准必要专利研究》、祝建军的《知识产权疑难案件裁判思维(二)》、桑德斯的《标准化的目的与原理》等,这些著作为本书对标准及技术标准的阐释提供了基础性的理论支撑。另外,以专利、专利法、专利权为主题展开研究的著作主要阐释了专利、专利法、专利权的基础概念、发展、特征等,如赵威的《经济法》、崔国斌的《专利法》、徐家力的《论企业知识产权保护》、郑成思的《知识产权论》、王先林的《知识产权与反垄断法》、威廉·M. 兰德斯、理查德·A. 波斯纳:《知识产权法的经济结构》、冯晓青的《知识产权法》、吴汉东的《知识产权法》、范长军的《德国专利法研究》、吕明瑜的《知识产权垄断的法律控制》、陈丽苹的《专利法律制度研究》、徐棣枫的《专利权的扩张与限制》以及汤宗舜的《知识产权的国际保护》等,这方面的著作文献比较丰富,使笔者不仅了解了知识产权的产生和发展历史、专利权的特征、专利权的保护等,而且更深层次了解了专利在促进经济发展,社会进步中的重要作用,对本书的撰写打下了扎实的基础。

第二类是围绕专利与标准的融合和发展、专利标准的形成过程以及标准必要专利展开研究的著作,如杨帆的《国际技术标准与知识产权》、唐要家的《标准必要专利许可滥用制反垄断研究》、丁道勤的《专利标准化的法律规制研究》、李嘉的《国际贸易中的专利标准化问题及其法律规制》、杨晓强的《标准必要专利法律制度研究》、张平、马晓的《标准化与知识产权战略》、顾金焰的《专利标准化的法律规制》、马一德的《FRAND 案例精选》(第 1 卷)(第 2 卷)、中国人民大学知识产权教学与研究中心《十二国专利法》翻译组译的《十二国专利法》、罗蓉蓉的《技术标准化垄断行为的法律规制研究》等。这些著作将标准必要专利区别于一般专利的特征和权利,做出了较全面、系统和深入的分析和阐述,重点将标准化组织制定的知识产权规则和政策,尤其是标准必要专利的信息披露义务和 FRAND 承诺义务进行了系统的分析研究,对标准必要专利权人违反 FRAND 原则、拒绝许可等滥用行为系统地进行了阐述,这些研究让笔者对专利标准化问题有了较全面深入的了解。

第三类是聚集标准必要专利的具体法律问题，包括对标准必要专利许可滥用、搭售的经济效率与法律规制、标准必要专利滥用市场支配地位、经营者集中控制、禁令救济等方面反垄断问题的研究和相关国际法律制度的解读。例如，唐要家的《标准必要专利许可滥用反垄断研究》、赵雪的《标准必要专利全球许可法律问题研究》、王晓晔的《反垄断法》、尚明主编的《主要国家（地区）反垄断法律汇编》、戴龙的《反垄断法域外适用制度》、李钟斌的《反垄断法的合理原则研究》、许光耀的《支配地位滥用行为的反垄断法调整》、刘武朝的《经营者集中附加限制性条件制度研究：类型、选择及实施》、广东省高级人民法院知识产权审判庭的《通信领域标准必要专利法律问题研究》、丁亚琦的《标准必要专利的反垄断规制研究》、何荣华的《标准必要专利公平合理无歧视原则研究》、杨帆的《技术标准中的专利问题研究》等。这些著作围绕标准必要专利的具体法律问题，特别是技术标准化产生的垄断问题，借鉴欧美理论和实践，把解决中国问题作为研究的归宿，阐述了我国标准必要专利反垄断规制的具体问题。除此之外，余劲松、吴志攀主编的《国际经济法》、王传丽主编的《国际技术贸易法》、孔祥俊的《WTO 知识产权协定及其国内适用》、奥本海的《奥本海国际法》、郑成思的《WTO 知识产权协议逐条讲解》、雍琦的《法律逻辑学》等，虽然并不属于专门针对标准必要专利法律问题研究的国际法文献资料，但是其中的抽象逻辑思维、观察问题的角度和方法，以及相关研究可以为本书研究撰写提供重要的支持。

2. 期刊类

我国目前关于标准必要专利的期刊主要分为三类：第一类是围绕 FRAND 许可承诺的法律性质开展研究的期刊，如管育鹰的《标准必要专利权人的 FRAND 声明之法律性质探析》、李剑的《制度成本与规范化的反垄断法　当然违法原则的回归》、何怀文、陈如文的《技术标准制定参与人违反 FRAND 许可承诺的法律后果》、姚洪军的《论标准与专利的关系》、李扬的《FRAND 承诺的法律性质及其法律效果》等。由于国际社会对 FRAND 许可承诺的法律性质并不具有统一的规定，尽管 FRAND 声明已经成为许多标准化组织在标准制定过程中被要求提供的一份承诺书,但其具体内容一直缺乏明确的阐释。这种概括性特点使标准实施后尚未就FRAND声明的法律属性达成共识,实践中的理解差异更是导致了标准必要专利许可纠纷裁决思路的分歧。学术界对此问题一直众说纷纭,目前包括了第三方利益合同说、默示许可说、单方法律行为说、要约邀请说等,这些不同的学说为本书的撰写提供了多方面的思考角度。

第二类是围绕标准必要专利许可费展开研究的期刊,如刘婧的《标准必要专利的许可费率分析》、赵启杉的《标准必要专利合理许可费的司法确定问题研究》、陈永伟的《FRAND原则下许可费的含义及其计算:一个经济学角度的综述》、李剑的《标准必要专利许可费确认与事后之明偏见 反思华为诉IDC案》、郭禾、吕凌锐的《确定标准必要专利许可费率的Top-down方法研究——以TCL案为例》、郭禾、吕凌锐的《确定标准必要专利许可费率的可比协议法研究》、Anne Layne-Farrar等的《计算公平、合理、无歧视专利许可费损失办法》等,对标准必要专利许可费的原则、计算方法等进行了研究。确定FRAND许可费的方法包括事前增量价值法、有效成分定价法、夏普利值法、乔治亚—太平洋要素法、自上而下法。FRAND许可费确定应坚持多维目标,不应采取"一刀切"的确定方法。具体案件的方法选择需要基于个案的具体情况来灵活选择应用。这些文献使笔者对标准必要专利许可费知识有了深入的了解。

第三类是围绕禁令救济展开研究的期刊,如刘健的《标准必要专利禁令救济规则比较研究》、赵启杉的《竞争法与专利法的交错:德国涉及标准必要专利侵权案件禁令救济规则演变研究》、臧俊恒的《合并救济措施类型化研究》、金美蓉的《论经营者集中救济措施中的知识产权许可》、袁日新的《经营者集中救济类型位阶性的理论反思》、郭壬癸的《标准必要专利禁令救济滥用司法规制困境与完善》、董凡的《竞争法视域下标准必要专利禁令救济滥用行为的司法适用问题》、袁波的《标准必要专利禁令救济立法之反思与完善》、车红蕾的《交易成本视角下标准必要专利禁令救济滥用的司法规制》、丁亚琦的《论我国标准必要专利禁令救济反垄断的法律规制》、吴太轩的《标准必要专利权人滥用禁令请求权的反垄断法规制》、叶高芬、张洁的《也谈标准必要专利的禁令救济规则——以利益平衡为核心》、尹雪萍的《标准必要专利禁令之诉的竞争法边界——以欧盟

2015年华为诉中兴案为视角》、韩伟、徐美玲的《标准必要专利禁令行为的反垄断规制探析》、魏立舟的《标准必要专利情形下禁令救济的反垄断法规制——从"橘皮书标准"到"华为诉中兴"》、张雪红的《标准必要专利禁令救济政策之改革》等文,这些论文对禁令救济规则的方方面面进行了研究。禁令救济是专利权人寻求救济的主要方式,根据美国电子与电气工程师委员会的定义,禁令救济或禁止令包括临时或永久禁止,排除令或相似的对生产、使用、经销或进口的限制或排除的司法指令。在标准必要专利的情况下,禁令救济可能成为标准必要专利权人排斥市场竞争的一种滥用行为。上述有关禁令救济规则的知识为笔者撰写本书提供了有力的理论支撑。

第四类是围绕滥用市场支配地位和反垄断规制展开研究的期刊。例如,董新凯的《反垄断法规制标准必要专利运用时的利益平衡——兼评〈关于滥用知识产权的反垄断指南(征求意见稿)〉》、王晓晔的《标准必要专利反垄断诉讼问题研究》、魏德的《反垄断法规制滥用标准必要专利权之反思》、祝建军的《标准必要专利滥用市场支配地位的反垄断法规制》、李剑的《制度成本与规范化的反垄断法当然违法原则的回归》、袁波的《标准必要专利权人市场支配地位的认定——兼议"推定说"和"认定说"之争》、刘贵祥的《滥用市场支配地位理论的司法考量》、林秀芹、刘禹的《标准必要专利的反垄断法规制——兼与欧美实践经验对话》、朱文慧的《标准必要专利权人滥用市场支配地位的判断　兼评华为诉美国交互数字公司上诉案》、胡丽的《互联网企业市场支配地位认定的理论反思与制度重构》、仲春的《标准必要专利相关市场界定与市场支配地位认定研究》等论文对标准必要专利权人滥用市场支配地位的反垄断规制等问题进行了分析研究,使笔者了解到反垄断法不应认为标准化一定会赋予标准必要专利权人市场支配地位,对标准必要专利权人市场支配地位的认定必须考虑行业标准的竞争状况、行业技术创新的状况、下游市场技术竞争状况和标准制定组织的组织约束机构有效性状况等。如果下游企业能较容易转向使用其他替代技术,或者最终产品消费者能够转向使用其他替代产品,则会对上游市场的必要专利权人施加竞争约束,这些丰富的文献对笔者开展本书的研究提供了理论视野。

第五类是围绕拒绝许可、歧视性许可以及许可滥用展开研究的期刊,如唐要家的《标准必要专利许可滥用反垄断研究》、罗蓉蓉的《论标准必要专利拒绝许可行为的规制——兼谈〈专利法〉第48条第2款强制许可的适用》、唐要家、尹温杰的《标准必要专利歧视性许可的反竞争效应与反垄断政策》、郑伦幸的《对标准必要专利权人拒绝许可行为的反垄断规制》、郑鹏程的《论搭售的违法判断标准》等论文对拒绝许可、歧视性许可及许可滥用等问题展开了研究。在下游竞争对手具有专利技术创新能力并可能进入上游专利技术市场的情况下，标准必要专利权人具有较强的激励实施拒绝许可，越是高创新能力的下游竞争对手越会成为被拒绝许可的对象，此时的拒绝许可会严重伤害技术创新和动态效率。违反FRAND承诺的歧视性许可并不一定意味着违反反垄断法，构成非法滥用的歧视性许可还必须满足严重伤害市场竞争条件，这些文献对笔者撰写本书提供了较翔实的资料和新思路。

### （二）国外文献综述

1. 专著

国际上涉及本论文选题的专著大体分为三类：第一类主要介绍了目前世界上主要的国际技术标准以及标准制定组织的运行机制。例如，Jay Tate就指出因大数据时代的到来，技术标准也将在国际贸易争端解决中发挥越来越大的作用。他在National Varieties of Standardization一书中也详细介绍了各国试图通过掌握技术标准来为本国产业在国际市场上谋取竞争优势的背景，从而得出了技术标准的制定和推广已经成为各国产业政策的关键要素的结论。Henry W. Chesbrough也在The New Imperative for Creating and Profiting from Technology一书中指出技术标准为先进技术的应用和传播提供了一种通用语言，在确保不同生产商生产的产品之间的技术兼容性的同时，也减少了技术创新的传播障碍，成为促进经济发展的基础设施之一。Gloor P A. Swarm在Competitive Advantage Through Collaborative Innovation Networks一书中简要介绍了以国际标准化组织、国际电工委员会、国际电信联盟为代表的国际标准制定组织的运行机制，并论述了知识产权联盟具有的超常规的创新能力。

第二类专著针对专利权以及专利权的滥用展开了研究。Susan K. Selle在

Globalization of Intellectual Property in Private and Public Law 一书中介绍了全球专利环境的变化历程，阐明了专利权的性质以及其对经济发展和市场竞争所发挥的作用。Adam Jeff 和 Joe Schillerner 在 Innovation and Its Discontents：The Harm of the Patent System to Innovation and Progress and Countermeasures 一书中分析了专利权人滥用专利权的表现形式以及该滥用行为对技术创新以及竞争秩序造成的危害。Jay Dratler，Jr 认为专利滥用是诉讼中被告针对专利侵权指控提出的重要的确定性抗辩理由，其在 Intellectual Property Licensing 一书中介绍了专利权滥用抗辩原则的起源以及在英美法系的适用。

第三类专著主要着重于研究知识产权与反垄断法的关系以及标准必要专利滥用的反垄断规制。Anderman SD 在 EC Competition Law and Intellectual Property Rights-The Regulation of Innovation 一书中指出知识产权法和反垄断法的立法宗旨虽表面上不同，但其实质上都是为了促进创新和竞争，同时 Anderman SD 认为标准必要专利权人违反 FRAND 承诺索要高额许可费的行为若对市场竞争产生实际不利影响，就具有了反竞争效应。Mark Lemley 将标准必要专利权人违反 FRAND 承诺进行专利许可的行为统称为“专利劫持”（Patent hold-up）现象，并在 The Things to do about Patent Holdup of Standards（and One Not To）一书中阐述了专利标准化对专利持有人的影响，得出了专利劫持主要是由专利标准化带来的网络效应和锁定效应导致的结论。Herbert Hovenkamp 在 Federal Antitrust Policy-Competition Law and Practice 一书中进一步论证了专利劫持行为的表现形式，并重点阐述了其中的拒绝许可和搭售行为以及美国联邦委员会对该类行为的反垄断规制。同时 Koren Wong-Ervin 在 FRAND commitments for SEPs and Injunctive Relief 一书中指出为了防止专利劫持现象，应当对受 FRAND 承诺约束的标准必要专利权人申请禁令救济的权利给予适当限制。

2. 期刊类

国际上涉及本论文选题的期刊论文大体分为三类：第一类主要是针对标准制定组织的专利规则展开了研究，Roger G. Brooks 在 SSO Rules，Standardization，and SEP Licensing：Economic Questions from the Trenches 一文

中将标准制定组织概念化为技术创新者和市场建设实施者的合作,即直接竞争者和上下游竞争者之间的合作,认为平衡专利持有人和专利实施者之间的权利义务关系是标准制定组织专利规则的首要问题。Gary M. Fox 在 Understanding Nautilus's Reasonable-Certainty Standard: Requirements for Linguistic and Physical Definiteness of Patent Claims 一文中具体阐述了标准必要专利权人的信息披露义务的内涵,并论证了大多数标准制定组织将信息披露义务作为专利政策的原因以及信息披露义务对于技术创新的作用。Jeffrey Lewis 在 What is "FRAND" All About? The Licensing of Patents Essential to an Accepted Standard 一文中详细阐述了 FRAND 许可承诺的内涵,并认为 FRAND 许可承诺在性质上属于标准必要专利权利人自愿作出的、不可撤销的保证。针对具体事前承诺是否应当列入标准制定组织的专利规则, Garry A. Gabison 在 Worldwide FRAND Licensing Standard 一文中指出这种提前披露专利许可条款的行为具有非法的价格串谋的嫌疑。与之相反, Rudi Bekkers 与 Andrew Updegrove 在 A Study of IPR Policies and Practice Sofa Representative Group of Standards Setting Organizations Worldwide 一文中指出该规则可以向专利持有人施压,迫使其降低许可费率以增加其专利被纳入标准的机会,因此有利于标准的施行和推广。

第二类论文着眼于标准必要专利的构成要件以及专利标准化的影响。Paul Nihoul 在 Injunctions on Standard Essential Patents: In Search of A "Clear Bright Line"一文中阐释了标准必要专利的概念以及构成要件,指出其具有有效性、超地域性以及必要性的特点。Janet Freilich 与 Jay P. Kesan 在 Towards Patent Standardization 一文中论证了专利标准化为专利持有人所带来的市场竞争优势以及对专利许可造成的不平等谈判地位。Carl Shapiro 在 Navigating the Patent Thicket: Cross Licenses, Patent Pools, and Standard Setting 一文中首次指出了专利标准化可能产生的"专利丛林"现象以及随之产生的两种问题:一是阻碍效应问题,二是许可费叠加问题。同时 Michael A. Lavine 在 Ripples in the Patent Pools: The Impact and Implication of the Evolving Essentiality Analysis 一文中指出专利标准化对累积性创新可能造成的专利侵权风险,同时论证了排他性回授条款(Grand-back Clauses)对技术进步的阻碍。

第三类论文致力于研究标准必要专利权滥用的表现形式以及代表性国家对该行为进行的反垄断规制。Farrell J 以及 Shapiro C 就在 Standard Setting, Patents, and Hold-up 一文中论述了标准实施过程中标准必要专利权人的拒绝许可行为，并认为该行为构成滥用市场支配地位，同时论证了欧盟和美国对该行为通过关键设施原则以及反垄断抗辩制度进行的反垄断规制。R. Justin Koscher 在 A Patent Pool's White Knight：Individual Licensing Agreements and the Procompetitive Presumption 一文中指出了标准必要专利人可能利用专利池进行的专利权滥用行为，同时论证了"一揽子"许可合同中如回授条款、不质疑条款等限制性条款对竞争产生的负面作用。针对滥用标准必要专利权的行为，Claire Guo 在 Intersection of Antitrust Laws with Evolving FRAND Terms in Standard Essential Patent Disputes 一文中阐述了美国反垄断体系对标准必要专利权人滥用市场支配地位的认定方法以及规制手段。Renato Nazzini 在 Level Discrimination and FRAND Commitments under EU Competition Law 一文中论证了欧盟的反垄断规则以及欧盟委员会对违反 FRAND 承诺的标准必要专利持有人进行的反垄断规制。

## 三、创新之处

标准必要专利反垄断规制问题既涉及国际法、反垄断法、专利法和合同法的理论交叉，又涉及司法和执法实践具体应用的错综复杂的法律理论与实际问题，是让理论界和实践界都感到困惑又亟待解决的问题。本书立足于这种背景，以"标准必要专利反垄断规制国际比较研究"为题，从七个方面创造性地对该问题进行了全面深入的分析研究，并对其中一些疑难问题进行了细致的分析论证。本书的创新之处主要体现在以下几个方面：

1. 内容的创新：本书创造性地从专利基础性问题、FRAND 许可承诺和许可费、滥用市场支配地位、典型许可滥用行为、经营者集中、禁令救济和完善路径建议七个方面构建了针对标准必要专利反垄断规制问题的有机、系统、严密的研究论述体系。这在中国尚属首次，部分填补了我国对标准必要专利反垄断规制问题专门研究的空白。

2. 在我国研究标准必要专利反垄断规制法学理论中,创造性地引入法社会学、法经济学的研究方法展开论述。确定 FRAND 承诺的合理许可费是本书论述的重要法律问题之一,这需要论证:第一,许可费不应超过专利技术的相对递增价值;第二,许可费应基于标准中所有必要专利的数值比例确定;第三,应当防止许可费超过产品销售价格的一定比例。论证上述问题需采取法社会学、法经济学研究方法,法社会学研究方法要求法学研究者追踪商品价格构成的每一个环节;法律的经济分析通过对法律规则进行成本和收益分析及经济效率分析,使我们可以就法律实施的结果得出结论,并对特定的法律安排的社会价值作出评价。

3. 对完善标准必要专利反垄断规制法律路径提出了较丰富的建议,超越了其他论著。在国际层面,建议将 FRAND 原则纳入 WTO 的法律制度框架下,并进一步完善标准制定组织提出的知识产权规则,建立谈判联合机制和内部争议解决机制。国内层面:(1)在中国的《反垄断法》修改和制定反垄断指南中,应肯定专利权是专利法赋予专利权人的合法权利,除了明显伤害竞争的价格协调行为,对专利许可行为的反垄断审查应使用合理推定原则而非本身违法原则。(2)对滥用市场支配地位、歧视许可、许可搭售、拒绝许可、经营者集中、禁令救济的反垄断规制均提出了立法建议。(3)建议条件成熟时,我国有权机关对标准必要专利反垄断规制单独立法。

## 四、研究方法

1. 法社会学研究方法:这一研究方法要求法学工作者把研究目标指向具体之物,而非指向一般之物,法学研究者必须追踪从接受订单到向顾客交付成品过程中,无数的极其错综复杂的过程。在研究标准必要专利反垄断规制问题时,要关注相关市场认定需要考虑的一系列基本因素,如产品性质、价格等,考察该商品或者服务和其他较大程度可以替代的商品或者服务共同构成的市场。要关注通信行业的累积性标准必要专利,技术标准升级一直在路上,由 2G 的

CDMA 技术升级为 3G 的 W—CDMA，并进一步升级为 4G 的 LTE 技术和 5G、6G 的技术，新一代移动设备和基础设施必须后向兼容早期的技术标准，并要获得所有三代、四代、五代等的标准必要专利（这里边的标准必要专利的数额可能高达十几万个）。

2. 法经济学研究方法：有时，为了平衡专利权人和标准实施者的权益，在保护知识产权和维护市场竞争与社会公共利益之间达到效益最大化，有必要在标准必要专利反垄断规制个案中运用法经济学分析方法，分析各当事方的标准必要专利实力如何，与其他标准实施者已达成的许可协议相比是否存在歧视性许可条件以及颁发禁令是否分别会对市场竞争与消费者福利造成影响。实践中，反垄断法的适用与法经济学分析关系密切，比如在分析某经营者是否占据市场支配地位时，相关的法经济学分析方法有很多。法律推理通常采用事后视角分析法律纠纷，重点关注何种补救措施能使问题得到公正解决，而法经济学往往更重视调查某解决方案会对未来的行为产生什么影响，这一视角符合反垄断法维护市场竞争秩序的行为规制逻辑。因此，为了正确适用反垄断法对标准必要专利权人的垄断行为给予正当、有效规制，需要考虑在调查时运用法经济学的分析方法，考量在此种利益冲突下，哪种解决方案更有利于实现社会效益最大化。

3. 比较法研究方法：在比较法学内部，既可以对“法系”进行比较研究，也可以对法律规则体系特定方面的细节进行比较研究。为尽可能地把握标准必要专利反垄断规制问题的深刻内涵，本书比较分析了欧盟、美国、英国、日本等国家和地区的相关法律规定和标准必要专利许可纠纷的反垄断判例，深入研究了各国或地区对滥用市场支配地位、歧视性许可、许可搭售、拒绝许可和禁令制度的法律规定，还对将 FRAND 原则纳入 WTO 框架下的 TRIPs 协定中和巴黎公约强制许可的规定中进行了研究。通过对比分析这些法律规定和司法、行政执法实践，笔者发现了它们之间的差异点和相同点，并结合我国的实际情况，提出了适合我国国情的路径选择。

4. 案例研究方法：案例研究方法属于实地研究方法的一种，是由美国哈佛大学法学院创设，通常在研究之前需事先设定好问题方向和理论界定，并以此来引导资料的收集和分析。相对于其他研究方法,更能对案例进行充分的描述和系统的理解,对动态的相互作用过程与所处的情境脉络加以掌握,可以获得一个较全面与整体的观点。笔者在无限星球诉华为案(Unwired Planet v. Huawei)、苹果诉高通案(Apple v. Qualcomm)做出了标准必要专利的司法裁判后,聚焦和研读了一系列关于技术标准必要专利许可纠纷的司法案件,并以此为问题导向指引资料的收集和分析,具体包括华为诉中兴案(Huawei v. ZTE)、华为诉三星案(Huawei v. Samsung)、苹果诉摩托罗拉案(Apple v. Motorola)、Conversant 诉华为和中兴案(Conversant v. Huawei and ZTE)、微软诉摩托罗拉案(Microsoft v. Motorola)等。通过案例,笔者发现了各国对此问题的裁判路径并不相同,全球许可费率制度也存在一定的差异。以这种差异为问题导向分别从专利标准化、滥用市场支配地位、裁判路径、禁令制度以及完善建议几个方面系统论述了标准必要专利反垄断规制法律问题。

# 第一章 国际技术标准与标准必要专利

## 第一节 基础性问题研究

### 一、国际技术标准的分类和国际主要标准制定组织

技术标准通常是指标准制定机构通过协商一致而制定的有关技术要求和技术方案,以供某个相关行业通用和重复使用,从而确保工业产品和服务达到一定的质量和安全性要求。[①] 推行国际技术标准在经济全球化的今天尤为重要。TBT 协议[②]和 SPS 协议[③]都明确规定各成员在拟定技术性措施时,若存在相关国际标准或者该国际标准正在制定,则应使用该标准作为制定本国技术规章的基础。这有助于消除各国技术性措施的差异,进而避免非关税堡垒,促进国际贸易自由化的实现。因此,国际技术标准在国际贸易领域发挥着至关重要的作用,各国在制定自己的技术标准时,无疑应将国际技术标准作为制定基础。

---

① 参见杨帆:《国际技术标准与知识产权》,人民法院出版社 2006 年版,第 2 页。

② 《技术性贸易堡垒协议》(Agreement on Technical Barrier to Trade)。

③ 《关于实施卫生和植物卫生措施协议》(Agreement on Application of Sanitary and Phytosanitary Measures)。

各国企业要想生产出符合国际技术标准的产品,必然会使用标准中的专利技术,也就必然需要获得标准必要专利权人的许可,有国际标准助力,将促使知识产权人打开整个国际市场的大门,在竞争市场中占据支配地位。同时,国际技术标准也是各方面知识和经验的融合成果,是技术优化的体现。被纳入国际技术标准的专利虽然并不代表最高水平,但一定是各国先进技术整合的最优水平,从而使标准中专利更易获得消费者信赖。因此,若某个专利能被纳入国际技术标准,则会为该专利人带来强有力的竞争优势和市场吸引力。为此,促使自己的专利成果进入国际技术标准,成为知识产权人的终极目标。

技术标准是为产品或产品的生产过程建立技术规范的文件,定义了某一产品必须满足的技术要求:(1)国际标准化组织(International Organization for Standardization,ISO)规定,标准是以协商一致的方式制定并经公认机构批准的文件,通过普遍和重复使用为产品或生产过程提供一定的规则、准则或特点,其目标是在特定的环境中达到最佳的秩序。(2)技术标准以科学、技术和经验的综合加成作为制定基础,为先进技术的应用和传播提供了一种通用语言,在通过确保不同生产商生产的产品之间的技术兼容性为消费者带来便利的同时,也减少了技术创新的传播障碍,成为促进经济发展的基础设施之一。国际技术标准还可以通过提高技术产业透明度来增强生产商之间的技术交流,从而降低交易成本,促进技术创新和经济进步。(3)随着大数据时代的到来,全球经济也愈加依赖以技术标准作为基础的信息和通信技术产业,技术标准在国际贸易争端中发挥的作用也越来越大,各国试图通过掌握国际技术标准来为本国产业在国际市场上谋取竞争优势,技术标准的制定和推广也就成为各国产业规则的关键要素。①

### (一)法定标准与事实标准

根据制定主体的不同,技术标准可分为法定标准和事实标准。法定标准指

① See Jay Tate, *National Varieties of Standardization*, in Peter A. Hall & David Soskice eds., Varieties of Capitalism 2001, p. 442.

由政府或政府授权的标准化组织制定的技术标准。例如,由 ISO、国际电工委员会(IEC)、国际电信联盟(ITU)等国际标准化组织制定的相关技术标准。事实标准是指由某个企业或企业联盟制定,并获得市场普遍认可的技术标准。由概念可知,事实标准的制定主体主要分为两类:一类为占据垄断地位的单个企业,另一类为相关企业联盟。但由于实践中由某一企业独家制定并形成具有公认性的国际技术标准难度过大,因此绝大多数的事实标准都是由企业联盟所制定的。企业联盟形成事实标准主要分为三步:首先,由相关企业之间建立交叉许可关系,且通常是以专利池的方式形成企业联盟。其次,企业联盟将致力于利用其通过结合而形成的商业影响力不断提高其拥有的专利技术在相关市场的认可度。最后,将具有一定影响力的专利技术进行整合,从而形成相应的技术标准并推广到相关市场广泛适用。① 根据开放性程度的不同,企业联盟标准又可细分为开放性标准和封闭性标准。开放性标准指该标准除在企业联盟之间适用外,还允许将标准中的专利技术许可给其他企业使用。封闭性标准仅适用于企业联盟之间,且通常也不会向社会公开其标准内的专利情况,实践中多表现为私有协议的形式。当不存在相关替代技术时,这种封闭式标准就会导致其他竞争者无法进入市场开展有效竞争,从而产生垄断的现象。② 关于法定标准和事实标准之间的关系问题,相较于由企业或企业联盟制定的事实标准,法定标准的制定程序更为复杂,制定周期长,具有一定的滞后性。因此,在高新技术领域需要更为灵活的事实标准发挥作用,从而弥补法定标准的缺陷,同时在一定条件下,事实标准也可被转化为法定标准。③

### (二)强制性标准与自愿性标准

与公共利益有关的标准多为强制性标准,如环境标准、公共卫生标准等。

---

① 参见杨帆:《国际技术标准与知识产权》,人民法院出版社 2006 年版,第 3—4 页。

② 参见陈家骏:《公平交易法中行使专利权之不正当行为》,载《法令月刊》1994 年第 45 期。

③ See Susannah Sheppard, *Balancing Free with IP: If Open Course Solution Become de facto Standards, Could Competition Law Start to Bite*, International Free and Open Source Software Law Review 1, no. 2 (December 2009): 73 - 82, p. 76.

强制性标准所包含的产品的所有制造商都必须严格遵守该标准的要求以符合公共利益。换言之,正是为了保护公共利益才使得这些标准由政府机构加以制定并直接赋予了其法律约束力。国家禁止不符合强制性标准的产品生产、销售和进口。[①] 因此使用包含在强制性标准之中的专利对于生产商而言极为重要,受标准的必要性的影响,生产商无法绕过标准中的专利寻求其他专利技术,即要想生产出符合标准的产品,就不得不使用标准中的专利技术。这时虽然专利权人依照专利法的规定仍享有对该专利的专有权,任何人使用该专利技术都必须经过专利权人的同意,但若此时专利权人无正当理由拒绝许可,则会阻碍标准的推广,与制定强制性标准背后的公共规则相抵触。因此,将专利纳入强制性标准的同时,也要对专利权人进行一定程度的政府干预,以保障强制性标准的顺利施行从而保护公共利益。[②] 例如,美国《清洁空气法》第 308 条在规定固定污染源的性能的强制性标准时就规定,在国家紧急情况下或其他极端紧急情况下,或者与公共利益有关的情形下,法庭在聆讯后若认为专利权人拒绝以合理的商业条款将专利许可给任何必须使用该标准的生产商时,就可以对该专利进行强制许可。[③] 而自愿性标准是由公认机构批准的、不具有强制力的、为产品或生产方法提供规则的文件。[④] 自愿性标准又叫推荐性标准,在自愿性标准中,由于该标准是非强制的,仅有推荐性质,任何不认可该标准的企业都可以采用其他技术制造替代产品或者自行制定或采用其他标准,因此同一产品在竞争市场中可能同时具有多个自愿性标准,例如录像带录制技术就同时具有 VHS 和 Betamax 两种标准。[⑤] 故自愿性标准中包含的专利技术对制造商来说并不是必

---

① 参见丁道勤:《专利标准化的法律规制研究——从专利至上主义到创新至上主义》,中国法制出版社 2017 年版,第 50 页。

② See Jane K. Winn, *Governance of Global Mobile Money Networks: The Role of Technical Standards*, Washington Journal of Law, Technology & Arts 8, no. 3 (2013): 197 – 244, p. 213.

③ See Sections Ill and 112 of the Clean Air Act Refer to Standards of Performance for Stationary Sources. Clean Air Act § § Ill, 112; 42 U. S. C. § 7411, 7412 (2012).

④ See Tyrone Berger, *Balancing Barriers to Trade and Technical Standards: Potential Impact on ICT Industries*, International Trade and Business Law Review 18 (2015): 315 – 327, p. 321.

⑤ See Nuno Pires de Carvalho, *Technical Standards, Intellectual Property, and Competition—A Holistic View*, Washington University Journal of Law & Policy 47 (2015): 61 – 130, p. 72.

供国际交流的机会和平台。目前IEEE已经制定了1300多项现行技术标准,这些标准提高了产品的互操作性和功能性,也维护了美国国家电气标准的安全规范。

## 二、标准必要专利的特点和价值

由于国际技术标准在国际贸易中至关重要,因此进入国际技术标准的专利必须符合严格的条件,即必须属于必要专利。若一项专利是某项标准必不可少的组成部分,且无法避开也不存在替代技术,制造、出售、使用或操作符合标准的设备或方法也必然会侵犯该专利时,该专利就属于标准必要专利(standard essential patent,SEP)。① 具体而言,标准必要专利需要满足以下几个要件。首先为有效性,即该专利必须为有效专利,这里的有效包括形式上的有效性和实质上的有效性。从形式上看,该专利被标准纳入时必须仍在有效期内。若保护期限届满,则该专利就会流入公共资源领域,从而丧失专有性,②同时从实质上看,该专利还必须满足新颖性、创造性、实用性等要求。其次为超地域性,即该专利只需在某一地域有效即可。由于知识产权具有明显的地域性特点,一国的某项专利技术若想在其他国家受到同等保护,则原则上需要在该国另行申请授权。但当国际技术标准将某项专利纳入时,该标准就会在其所有成员国中适用,从而使该项专利突破原有的地域性,无须多国申请授权就可以占据世界市场的垄断地位。③ 最后为必要性,即该专利是某项标准必不可少的组成部分,无法避开且没有其他替代技术。同时需注意判断某项专利是否具有必要性并不是一蹴而就的,而需要标准制定机构定期进行评估。一旦出现新的技术可以替代该项专利,则必要性消失,必要专利的资格也就随之消失,这就是核心专利的

---

① See Liquor Zhang, *In Search of a Balanced Solution to Access to Standard Essential Patents in ICT Industry*, Nordic Journal of Commercial Law, 2013(1), p. 2.

② See Paul Nihoul, *Injunctions on Standard Essential Patents: In Search of a "Clear Bright Line"*, 6J. EUR. COMPETITIONL&PRAC, 2015, p. 15.

③ 参见杨帆:《国际技术标准与知识产权》,人民法院出版社2006年版,第36页。

流入流出机制。①

大多数的标准制定组织都在其专利规则中规定了专利权人的信息披露义务，即应在标准制定过程中及时披露其拥有的与该组织的标准制定工作有关的真实的专利状况。因此，对潜在的专利实施者而言，专利标准化可以使其查找和解析相关专利变得更加容易，降低检索成本。同时专利标准化也可以减少专利边界的模糊性，从而降低第三方侵权的风险。② 对专利持有人而言，专利标准化可以为其带来强有力的竞争优势。由于被纳入标准的专利均为必要专利，故各国生产商要想生产出符合标准的产品就必须使用该必要专利，且无法避开或者寻求替代技术。这样一来，就会使专利持有人和专利实施者之间处于不平等的谈判地位。③ 对专利持有人而言，国际标准的加持极大增加了该专利的潜在授权对象，扩宽了交易市场的大门。而对于每一个潜在的专利实施者而言，获得该专利持有人的授权是其唯一选择，否则就无法生产出符合标准的产品从而参与市场竞争。因此，这种不平等地位也为专利持有人在谈判过程中肆意施加不平等条件创造了机会。同时，由于技术标准以科学、技术和经验的综合加成作为制定基础，故被纳入标准的专利虽不一定代表最高水平，但一定是各国先进技术整合的最优水平，从而进一步增强了该专利的市场竞争力，使其更易获得生产者和消费者的信赖。④ 因此，目前各国企业都致力于将其持有的专利技术融入国际技术标准，从而在国际市场上占据支配地位。

## 三、专利标准化的创新阻碍风险

### （一）专利劫持

专利和国际技术标准的结合会使生产商对标准必要专利产生较强的依赖，

---

① 参见杨帆：《国际技术标准与知识产权》，人民法院出版社 2006 年版，第 127 页。

② See Jorge L. Contreras, *Fixing FRAND: A Pseudo-Pool Approach to Standards-Based Patent Licensing*, 79 Antitrust L. J. 47 (2013), p. 240.

③ See Janet Freilich & Jay P. Kesan, *Towards Patent Standardization*, Harvard Journal of Law & Technology (Harvard JOLT) 30, no. Special Symposium (2017): 233 - 256, p. 239.

④ 参见杨帆：《国际技术标准与知识产权》，人民法院出版社 2006 年版，第 35 页。

要想生产出符合标准的产品就必须获得该标准必要专利的授权，否则将面临侵权的风险，从而使得专利持有人和专利实施者之间处于不平等的谈判地位。具体而言，首先，采用国际技术标准是确保产品兼容性的关键。例如，Wi-Fi、USB和4G LTE等技术标准使不同供应商生产的商品实现了兼容，从而降低了产品开发和制造的成本，进而产生了网络效应，使消费者对该标准的依赖程度增加，从而进一步限制了生产商的选择范围。[①] 若生产商选择其他标准或采取其他替代技术，则其产品可能无法实现与其他产品的互联性和兼容性从而失去市场。其次，一旦某项标准被国际标准化组织批准并在市场上进行推广，生产商通常就会基于该标准在产品设计、生产和营销方面投入大量资金，若无法获得专利持有人的授权，则会直接造成前期投资的损失，这就产生了锁定效应（lock-in effect）。[②] 经济学家莱恩法拉以及略贝尔特将锁定效应定义为在双方的谈判过程中，买方预先进行的特定投资会提高另一方的议价能力，此时，另一方就可以主张一个不超过沉没投资的价格，这会对投资第一产业的动力造成严重破坏。[③] 将这种理论应用到专利许可谈判之中可以发现，这种情况会进一步增加专利持有人的谈判优势，即只要其主张的专利许可费不超过生产商已经付出的转换成本，一般而言生产商均会被迫同意，从而将损失降到最低。这样一来，专利持有人主张的专利许可费往往会明显高于其本身具有的技术价值，从而在损害生产商的利益的同时，产品生产成本的提高也会间接造成产品销售价格的上涨，最终损害消费者的合法权益。[④] 由此可知，专利标准化使得标准必要专利权人在许可谈判中处于绝对优势地位，这就诱发了专利劫持（Patent hold-up）现象。

---

① See NAt'L Research Council of the Nat'L Acads. , Patent Challenges for Standard-Setting in the Global Economy: Lessons from Information and Communications Technology 73 (Keith Maskus & Stephen A. Merrill eds. , Natl. Acad. Press 2013).

② See Kelly L. Moulla, *Reverse Payment Patent Settlements in Antitrust*, Journal of the Patent and Trademark Office Society 99, no. 4 (December 2017): 708 – 730, p. 721.

③ See Anne Layne-Farrar, Gerard Llobet & A. Jorge Padilla, *Preventing Patent Hold Up: An Economic Assessment of Ex Ante Licensing Negotiations in Standard Setting*, 37 AIPLA Q. J. 445, 455 (2009), p. 37.

④ E. g. , Renata Hesse, Deputy Assistant Attorney Gen. , Antitrust Div. , U. S. Dep't of Justice, Remarks at the ITU-T Patent Roundtable: Six "Small" Proposals for SSOs Before Lunch, at 5 (Oct. 10, 2012), http://www.justice.gov/atr/public/speeches/287855.pdf; DOJ-FTC, ANTITRUST & IPR, at 35 – 36.

Oliver Williamson 教授将劫持行为视为一种机会主义，是以诡计谋取私利的不正当手段，具体表现为有意误导、欺骗、混淆交易相对方的行为。[①] 标准制定词典于 2001 年将专利劫持定义为标准必要专利权人要求超过其专利技术价值的特许权使用费的能力，以及当生产者被锁定在某一标准之上时专利持有人要求过高的专利许可费的现象。FTC 将专利劫持定义为在侵权人为实施某一专利已经投入了大量成本之后，标准必要专利权人主张超过其获得该专利时能够取得的成本的专利许可费的现象。[②] 在实践中，专利劫持具体表现为标准必要专利权人在专利谈判中违反 FRAND 许可承诺要求过高的专利许可费的行为；在标准制定过程中故意隐瞒专利信息，在该标准被生产者使用后再行主张专利权利并索要高额许可费的专利伏击行为；在谈判过程中的主张明显不合理许可条款的行为以及标准必要专利权人为了索要高额许可费而对愿意基于 FRAND 条款进行谈判的专利实施者以申请禁令救济相威胁的行为。

早在 2002 年，万维网联盟（Worldwide Web Consortium，W3C）就曾声明："专利劫持已经成为一个实质的问题，使用于创新的资源分配效率变低，增加了专利持有人对整个相关市场所依赖的基础技术或基础设施进行不正当控制的可能性。"[③]专利劫持往往会使生产者被迫接受明显高于专利本身价值的许可费率，从而降低了产品的利润率，使生产者不得不相应减少未来的创新研发投入或者通过提高产品价格的方式将额外成本转嫁给消费者。[④] 因此可以看出，专利劫持不仅会对投资第一产业的动力造成严重破坏，阻碍技术创新，还会对消

---

① See Alexander Galetovic, Stephen Haber & Ross Levine, *An Empirical Examination of Patent Holdup*, Journal of Competition Law and Economics 11, no. 3 (September 2015): 549 – 578, p. 556.

② FED. Trade Comm'n, The Evolving If Marketplace: Aligning Patent Notice and Remedies wrr H Competition 191 n. 61 (2011) [hereinafter FTC, Evolving IP Marketplace].

③ See Daniel J. Weitzner, *Supplemental Comments, Before the United States Department of Justice and United States Federal Trade Commission Joint Round Tables on Competition and Intellectual Property Law and Policy in the Knowledge-Based Economy: Standards and Intellectual Property*, Antitrust Law and Patent Landscapes, World Wide Web Consortium (Nov. 6, 2002), https://www.w3.org/2002/11/15 – doj-ftc-ipr-weitzner-suppl.html. The Worldwide Web Consortium (W3C) is involved in the development of standards for the Worldwide Web including HTML and XML.

④ See Jamie Lee, *An Un(frand)ly Game: Preventing Patent Hold-up by Improving Standardization*, Journal of Business & Technology Law 10, no. 2 (2015): 375 – 392, p. 381.

费者的合法权益造成间接损害。为了防止专利劫持造成负面影响,目前各国大多数自愿性标准制定组织都制定了一系列的相关规则,包括授予符合条件的产品制造商专利许可证从而使其能够对国际技术标准进行顺利适用或者要求标准必要专利权人事先同意将会以公平、合理非歧视的条件提供该许可即作出FRAND许可承诺,否则不得将该专利纳入标准等规则。同时为了防止许可费率过高,一些标准制定组织通常也会要求专利持有人免费授予许可证或者按照FRAND标准授予许可。[①] 但由于FRAND许可承诺的内涵模糊不清,符合FRAND标准的许可费如何计算等也没有明确统一的方法,实践中标准必要专利权人滥用优势地位进行专利劫持的问题仍十分常见,成为反垄断和专利权交叉领域的热点难题。

## (二)专利丛林与专利许可费叠加

在无线电信和网络行业等高新技术产业,大多数技术标准都拥有成百上千项专利技术,每一种产品都是多种成分的组合,每种成分都可能包含一项或多项专利,[②]而这些专利只有组合在一起才能发挥其应有的功能,故这些标准必要专利之间处于互补关系。这种关系使标准必要专利体系成为一个相互重叠的知识产权网络,为此,Carl Shapiro教授提出了专利丛林(patent ticket)的概念,并指出专利丛林可能产生两种问题:一是阻碍效应,二是许可费叠加问题。阻碍效应,即若其中有一项专利的持有人拒绝向专利实施者授权许可或者以禁令救济相威胁,则会导致整个标准都无法施行,从而无法实现新技术的商业化。[③] 因此可以发现,专利丛林体系赋予了每一个专利持有人过于强势的谈判地位,为其滥用专利权利,谋求自身利益最大化埋下了隐患。大量研究表明,专利持有人愈加重视针对所有的潜在侵权人主张其专利权利,甚至将其竞争对手之外

---

① See Jorge L. Contreras, *Much Ado about Hold-up*, University of Illinois Law Review 2019, no. 3 (2019): 875 – 906, p. 885.

② See Ted Sabety, *Nanotechnology Innovation and the Patent Thicket: Which IP Policies Promote Growth?*, 15 ALB. L. J. SCI. & TECH. 477 (2005), p. 499.

③ See Carl Shapiro, *Navigating the Patent Thicket: Cross Licenses, Patent Pools, and Standard Setting*, Innovation Policy and the Economy 1 (2000), p. 120.

的生产商都包括在内，在实现专利收益最大化的同时，也达到了排除和限制竞争的目的。[①] 更严重的是，很多标准必要专利技术都涵盖了专利发布时已经广泛使用的技术和工艺，这使其他生产商也难以就这些专利进行其他替代发明，进一步限制了生产商的选择范围，若其无法获得该标准必要专利的授权，则可能会导致直接退出市场的后果。[②]

同时，当一项标准包含大量专利技术时，也可能出现许可费叠加（Royalty stacking）现象，即若生产者被迫向所有专利持有人分别支付专利特许权使用费，则这些专利使用费叠加在一起将会在总量上变得过高。[③] 因为每一个专利权人在谈判过程中都占据优势地位，都意图寻求自身回报的最大化，使静态垄断权力无限放大，故其向生产者索要的专利许可费往往会超过其专利本身的内在价值，从而使得生产者支付的总专利许可费明显过高。具体而言，若有 N 个专利持有人分别进行专利谈判，则其均衡加价水平就成为其垄断水平的 N 倍。例如，在 3G 蜂窝技术的案例中，一项新的电话通信标准包含 6800 多项专利，这些专利持有人针对每部电话所要求的专利许可费的总量甚至超过了该电话的单价。[④] 高昂的专利权使用费会降低新产品设计和开发的收益，对技术的创新和商业化造成严重阻碍。这是反公地悲剧理论的体现，即若一种资源同时具有多个看门人，要想利用该项资源必须获得所有看门人的授权，则该资源很可能无法得到充分利用。就专利授权而言，将会严重阻碍新技术的使用和推广。同时基于古诺互补效应（Cournot-complements effect），当多个投入所有者对其投入收取超过边际成本的费用时，就会提高下游产品的价格，而下游生产商提高

---

① See Einer Elhauge, *Do Patent Holdup and Royalty Stacking Lead to Systematically Excessive Royalties*, Journal of Competition Law and Economics 4, no. 3 (September 2008): 535－570, p. 544.

② See Robert Hahn & Hal Singer, *Assessing Bias in Patent Infringement Cases: A Review of International Trade Commission Decisions*, 21 Harv. J. L. Tech. 457, 467 (2008), p. 461.

③ See Ericsson, Inc. v. D-Link Sys., 773 F. 3d 1201, 1209 (Fed. Cir. 2014); In re Innovation IP Ventures, LLC, no. 2303, U. S. Dist. LEXIS 144061, at *62 (N. D. Ill. Sept. 27, 2013) ("If hold-up occurs, implementing the standard becomes excessively expensive for consumers, undermining the standard-setting process and jeopardizing further adoption of the standard").

④ See Michael R. Franzinger, *Latent Dangers in a Patent Pool: The European Commission's Approval of the 3G Wireless Technology Licensing Agreements*, 91 CAL. L. Rev. 1693, 1704, no. 69 (2003), p. 1699.

价格的行为同时也会为其他生产商施加负外部性，从而减少下游产品的需求量。① 由此可见，许可费叠加在导致价格上涨的同时，还会引发产品产出减少以及配置资源的浪费等一系列关联问题。如何确定单个专利合理的特许权使用费也是理论界研究的难题。Lemely 和 Shapiro 教授指出，单个专利的特许权使用费应当与其作为该产品的组成部分所具有的专利价值相一致，而根据美国联邦法院的现有判例，法院通常是根据产品的总价值确定单个专利的许可费率的，可见这个问题在理论界和实务界均存在较大争议，本书将在第二章中对其进行重点论述。②

由此可知，允许每个专利持有人分别和标准实施者进行双边专利许可谈判是造成专利丛林和许可费叠加问题的重要原因。因此，需要建立一个独立的机构代表这些专利持有人进行统一许可谈判。具体而言，采用专利池进行"一揽子"许可或者交叉许可似乎是解决这些问题的方法。当两个公司分别拥有制造该产品的两项核心技术时，即其均无法在不侵犯对方专利的情况下对该产品进行生产销售，那么从事后竞争的角度出发，建立专利池进行交叉许可是最好的解决方案。③ 因为对专利池内的单个的专利持有人而言，其可以一个相互协调的方式获得与其互补专利的许可，在制造产品时既不用担心侵权问题，在定价时也不会受到对方专利使用费的限制，从而降低交易成本，实现专利利益的最大化。对池外专利实施者而言，专利池的建立也为其获得"一揽子"许可提供了机会，与每一个专利持有人独立定价相比，将制造某个产品所包含的所有专利作为一个整体许可给第三方也将会明显降低总专利许可费的数额，同时也降低

---

① See Coumot Used the Example of Copper and Zinc Suppliers Selling to Manufacturers of Brass. Augustin Cournot, Researches Into the Mathematical Principles of the Theory of Wealth 99 – 116 (Nathaniel T. Bacon trans., Augustus M. Kelley Publishers 1971) (1838).

② See J. Gregory Sidak, *Holdup, Royalty Stacking, and the Presumption of Injunctive Relief for Patent Infringement: A Reply to Lemley and Shapiro*, Minnesota Law Review 92, no. 3 (February 2008): 714 – 748, p. 726.

③ See Zelin Yang, *Damaging Royalties: An Overview of Reasonable Royalty Damages*, Berkeley Technology Law Journal 29, no. Annual Review (2014): 647 – 680, p. 652.

了谈判成本。[①] 但这种以专利池的形式进行"一揽子"许可的方法也受到了部分学者的质疑，认为这是企业集体扼杀竞争的一种手段，从而减少商品的种类，从长远上看可能会给消费者带来损害。[②] 因此仍需反垄断法进行相应限制，综合评估其对竞争可能造成的影响。

### （三）累积性创新的专利侵权风险

技术创新具有明显的累积性，即一项技术的进步在很大程度上依赖其对过去的创新的应用。例如，5G、4G、3G 技术都是对原有的 2G 技术上的进一步创新和完善，都以上一代技术为重要依托。累积性创新又称模块化创新，即它以使用过去的创新技术作为系统改进的必要条件。累积性创新的成本相对较小，且不会对整个产品的功能造成中断，因此成为当代企业技术创新的主要类型。[③] 对已有的技术的搜索成本是累积性创新者所负担的首要成本，如果专利披露不充分，则很可能造成后续创新者无意识侵权或者从事重复研究。目前，大多数标准制定组织都规定了专利持有人的信息披露义务，这大幅度降低了后续创新者的搜索成本，有利于技术进步，同时采用专利池的形式同样可以降低累积创新者的搜索成本。例如，MPEG 授权协会就控制着许多工业标准的专利池，且对于每一个专利池 MPEG 都明确公布了其包含的所有专利及专利持有者的基本信息，还提供了有关每个专利与基础技术的相关性和在标准中的贡献程度等详细资料供后续创新者参考。[④] 但由于累积性创新技术的出现会使先前专利技术的价值急剧降低甚至完全被市场所淘汰，如何平衡原始创新者和累积创新者

---

① See Jamie Lee, *An Un(frand)ly Game: Preventing Patent Hold-up by Improving Standardization*, Journal of Business & Technology Law 10, no. 2 (2015): 375 – 392, p. 381.

② See Gregory K. Leonard & Mario A. Lopez, *Determining RAND Royalty Rates for Standard-Essential Patents*, Antitrust 29, no. 1 (Fall 2014): 86 – 94, p. 92; Gregory J. Werden & Luke M. Froeb, *Why Patent Hold-up does Not Violate Antitrust Law*, Texas Intellectual Property Law Journal 27, no. 1 (2019): 1 – 30, p. 22.

③ See Weimin Wu, *Patent Pools and Cumulative Innovation*, Rutgers Law Record 46 (2018 – 2019): 40 – 72, p. 46.

④ See MPEG – 2 Patent Portfolio License Illustrative Cross-Reference Chart, http://www.mpegla.com/main/programs/m2/Documents/m2CrossRefChart.pdf.

之间的权利义务关系是理论界研究的重点。若过度重视原始技术的专利保护，可能会妨害后续专利创新的动力，阻碍技术进步；若为保证后续创新的顺利实施对原始创新的专利权进行过度限制则又会挫伤原始创新的动机。

实践中原有专利的持有人为了防止后续专利创新使其原始专利被市场淘汰，往往会对后续创新者进行专利劫持，要求不合理的回授条款（Grand-back Clauses），但需注意，不是所有的回授条款都是违法的。回授条款分为排他性回授条款和非排他性回授条款。排他性回授条款要求被许可方改进的专利技术只能由许可方进行独占许可，被许可方不能将该改进的专利授权给他人使用。这极大地限制了累积创新者就该改进的专利进行获利的渠道，挫伤了其改进专利技术的动力。[①] 而非排他性回授条款要求被许可方就改进的专利技术承诺无偿提供给原有专利持有人使用，同时被许可方仍可以授权他人使用或自己使用该改进专利进行获利，这保护了累积性创新者改进专利的动力，也确保了原专利持有人能够无偿使用该改良专利继续获利，而不用顾虑原始专利会因后续改进而被市场淘汰，合理分配了原专利持有人和累积创新者就该改良专利所拥有的权利和收益。[②] 因此，非排他性回授条款非但不会对市场竞争造成负面影响，还会促进专利技术的传播和改良，从而促进技术进步。美国联邦最高法院在Transwrap案中也明确指出判断回授条款是否触犯反垄断法应当从其是否具有排他性的角度出发，重点分析该回授条款是否造成了明显减少竞争或非法垄断的实际后果。[③] 排他性回授条款将改良后的专利控制在原专利权人一人手中，不利于改良专利的实施和推广，极大地限制了竞争和技术进步，构成非法垄断行为。[④] 而非排他性回授条款并没有阻碍其他竞争对手使用改良专利技术，也就不会对市场竞争产生不良影响，因此不视为非法。

---

① See Michael A. Lavine, *Ripples in the Patent Pools: The Impact and Implication of the Evolving Essentiality Analysis*, N. Y. U. J. L. & BUS., 4(2008), p. 27.

② See Michael Abramowicz & John F. Duffy, *The Inducement Standard of Patentability*, YALEL. J. 120 (2011), p. 76.

③ See Transparent-Wrap Mach. Corp. v. Stokes & Smith Co. 329U. S. 637(1947).

④ See Transparent-Wrap, 329 U. S., p. 646 – 647.

## 第二节 国际标准制定组织的标准必要专利规则

Roger 教授将标准制定组织概念化为技术创新者和市场建设实施者的合作组织，也是直接竞争者和上下游竞争者之间的合作组织。[①] 一方面，将专利纳入标准赋予了专利持有人在专利许可谈判中过多的议价能力，使专利持有人极易滥用自己的优势地位进行专利劫持，以要求超过其专利本身价值的专利许可费或不合理的专利许可条款。此外，专利劫持也会增加谈判成本和交易的不确定性，阻碍技术创新。因此，标准制定组织都规定了详尽的专利规则，以有效约束专利持有者的行为。另一方面，标准制定组织的主要目标是通过合作创造价值，一个标准化的过程要想成功，必须从开发到标准制定再到标准实施都要给予包括专利持有人在内的标准制定参与者适当的激励。当标准制定组织的专利规则对专利持有人过于严苛时，专利持有人就会选择退出标准制定过程，从而在标准制定完成之后再进行获利，而无须承担任何的披露义务或作出任何承诺。例如，过去许多 EISI 的重要成员就曾因 EISI 不合理的专利规则选择退出标准制定过程。[②] 因此，如何平衡专利持有人和专利实施者之间的价值分配关系是标准制定组织制定专利规则所要考虑的首要问题。标准制定组织既要通过专利规则鼓励专利持有人参与标准制定以优化标准质量，同时也要限制专利持有人的议价能力从而确保标准的顺利实施和推广。综观目前各国际标准制定组织的专利规则，可以分为信息披露义务、专利许可承诺和禁令救济规则三种。而由于事实标准是市场实践的结果，其制定程序并不需要政府或政府授权的标准化组织的介入，只需规避相应的反垄断法的相关规制即可，这赋予了企

---

① See Roger G. Brooks, *SSO Rules, Standardization, and SEP Licensing: Economic Questions from the Trenches*, Journal of Competition Law and Economics 9, no. 4 (December 2013): 859 – 878, p. 865.

② See Roger G. Brooks & Damien Geradin, *Taking Contracts Seriously: The Meaning of the Voluntary Commitment to License Essential Patents on "Fair and Reasonable" Terms*, in Intellectual Property and Competmon Iaw: New Frontiers 389, 398 – 401, p. 399 (Steven Anderman & Ariel Ezrachi eds., Oxford Univ. Press 2011).

业联盟更大的自由和选择空间，也就更反映了知识产权的"私权"特性。[①] 因此，事实标准的专利规则更加灵活，其主要集中于解决专利进入标准前的评估以及专利授权许可两个方面。

## 一、信息披露义务

由于专利标准化会使得专利持有人在谈判中处于绝对优势地位，而过高的专利许可费会使标准无法得到广泛适用，因此标准制定组织在制定标准时往往会优先选择不存在专利权的技术。例如，JEDEC就曾承诺尽可能避免将专利技术纳入其公布的标准，或者至少确保被纳入标准的专利能够免费或以公平、合理、非歧视的条件对外授予许可。[②] 而现实是复杂的，会出现专利伏击等现象。[③] 为了遏制专利伏击的发生，绝大多数的标准制定组织都规定了专利持有人的信息披露义务。即标准制定过程中的每一个参与者都有义务披露其拥有的与该组织的标准制定工作有关的真实的专利状况，部分标准制定组织如JEDEC，还将正在申请的未决专利也纳入了披露范围。信息披露还可以降低后续创新者的搜索成本，防止无意识侵权和重复研究，有利于技术进步。[④] 然而，由于大多数标准制定组织规定的信息披露义务过于模糊，且标准制定组织也不会对专利持有人是否进行了信息披露主动进行审查，故该项义务全凭专利持有

---

① See Susannah Sheppard, *Balancing Free with IP: If Open Course Solution become de Facto Standards, Could Competition Law Start to Bite*, International Free and Open Source Software Law Review 1, no. 2 (December 2009): 73 – 82, p. 76.

② See A Emanuelson, Standardisation Agreements in the Context of the New Horizontal Guidelines, (2012) 33(2) European Competition Law Review 69 – 76, p. 72.

③ See Teresa Lorca Morales, *EU and US Declaration of War on Patent Ambush in Standardisation Processes: Peace Treaties on Both Shores of the Atlantic*, Competition Law Journal 12, no. 3 (2013): 326 – 337, p. 333. 实践中就出现了专利权人在标准制定过程中故意隐瞒其拥有的专利状况，以便将其专利纳入标准，在该标准被生产商广泛利用后再主张其专利权利，要求高昂的专利许可费的现象。这种行为构成专利伏击，属于滥用市场支配地位的非法垄断行为。

④ See Gary M. Fox, *Understanding Nautilus's Reasonable-Certainty Standard: Requirements for Linguistic and Physical Definiteness of Patent Claims*, Michigan Law Review 116, no. 2 (November 2017): 329 – iv.

人的自觉遵守。同时由于标准制定组织在性质上属于非政府组织,并无权进行行政处罚,只能由反垄断机构进行事后干预,故信息披露规则更像是一种自律性规范。大多数标准制定组织也没有规定违反信息披露义务的后果和处置规则,因此实践中专利持有人隐瞒专利状况进行专利伏击的现象仍比较多发。

## (一)专利伏击的典型案例

Rambus 案是专利伏击的典型案例。[①] Rambus 在美国特拉华州注册成立,以开发计算机内存技术为主要经营范围。Rambus 于 1992 年 2 月加入了 JEDEC,并参与到了制定 DRAM 计算机储存器标准的进程之中。[②] 但 Rambus 在标准制定的过程中没有按照 JEDEC 的专利规则披露其任何与 DRAM 有关的现有专利申请状况,1999 年年底,美国专利商标局授予了 Rambus 四项专利技术,且其均包含在 DRAM 的标准之中。其后,Rambus 收购了全球 DRAM 芯片 90% 以上的市场份额。2000 年开始,Rambus 开始向采用 DRAM 标准的计算机芯片生产商主张其拥有的专利权利,并对拒绝进行许可谈判的生产商提起诉讼,使美国和欧盟的反垄断机构开始调查 Rambus 和 JEDEC 的有关情况。2002 年,美国联邦贸易委员会(Federal Trade Commission,FTC)认为 Rambus 通过隐瞒其专利申请状况,并利用 JEDEC 将其拥有的专利技术纳入了 DRAM 标准,从而非法垄断了 DRAM 计算机内存技术的市场,违反了《谢尔曼法》第 2 条,构成欺诈。FTC 于 2007 年 2 月发布了最终意见,要求 Rambus 停止收取垄断性专利许可费,并要求 Rambus 此后严格遵守 JEDEC 的信息披露规则,在标准制定过程中完整及时地披露其专利或专利申请。后 Rambus 向哥伦比亚上诉法院(the District of Columbia Court of Appeals,DCCA)提出上诉。DCCA 认为欺骗行为本身不直接构成垄断,只有该欺骗行为产生反竞争的效果时,才能作为非法垄断行为进行规制,而 FTC 无法证明 Rambus 的不披露行为对竞争造成的损害。同时 DCCA 指出,JEDEC 规定的信息披露规则只粗略地要求专利持有人披露

---

① See Rambus Inc. v. Infineon Techs. AG, 318 F. 3d 1081, 1084 (Fed. Cir. 2003).

② See Michael J. Meurer, *Current Issues in Patent Law and Policy*, Harvard Journal of Law & Public Policy 39, no. 1 (Winter 2016): 71 – 78, p. 73.

其已有专利和正在申请的专利状况,而没有将在标准制定之后再提交或再修正的专利纳入信息披露的范围,而 Rambus 的四项专利申请都是在标准制定之后再进行修正的,是否属于 JEDEC 规定的信息披露对象存疑,因此 DCCA 撤销了 FTC 的决定。FTC 随后向联邦最高法院提出了调卷申请但被驳回,最终 FTC 的决定遭到搁置。

对此,欧盟委员会对 Rambus 也展开了反垄断调查,并指出 Rambus 利用其参与 DRAM 标准制定过程的便利,有针对性地修改和调整了其专利申请,从而将其专利技术涵盖在 DRAM 标准之中,且当时还存在在技术上和商业上均可行的替代技术,若 Rambus 在标准制定过程中严格遵守 JEDEC 的专利规则进行信息披露,则 JEDEC 很可能会选择无专利权的替代技术。① 因此欧盟委员会于 2007 年 8 月向 Rambus 发出反对声明,认为 Rambus 蓄意隐瞒其专利和专利申请,在该专利被纳入标准之后再收取明显不合理的专利使用费的行为违反了 JEDEC 的信息披露规则和基本诚信义务,也违反了《欧盟运条约》(Treaty on the Functioning of the European Union,TFEU)第 102 条,构成滥用市场支配地位的行为。对此,Rambus 作出全球性承诺,同意不对基于其作为 JEDEC 成员时采用 DRAM 标准的芯片收取专利使用费,而对后续的专利许可承诺收取不超过 1.5% 的特许权使用费,这也在一定程度上回应了 FTC 被联邦最高法院搁置的最终决定。此外,FTC 认为 JEDEC 的信息披露规则仍不完善,因此建议其增加簿记和记录保存要求。DCCA 在审理该案时也批评 JEDEC 信息披露规则"严重地缺乏明确的细节",具体而言,其没有明确规定成员信息披露的范围、时间、方式以及向谁披露等一系列必要内容,从而导致了其无法为 FTC 指控的欺诈行为提供有力的规则基础。②

---

① See Jeffery Atik, *The FRAND Ceremony and the Engagement of Article* 102 *TFEU in the Licensing of Standard Essential Patents*, Fordham International Law Journal 42, no. 3 (February 2019): 949 – 966, p. 951.

② See Kraig A. Jakobsen, *Revisiting Standard-Setting Organizations' Patent Policies*, Northwestern Journal of Technology and Intellectual Property 3, no. 1 (Fall 2004): 43 – 60, p. 51.

### （二）信息披露义务的不足和完善

通过 Rambus 案可以发现，标准制定组织模糊的信息披露规则为专利劫持行为提供了可乘之机。该案也促使其他标准制定组织重新审视并完善其建立的信息披露规则，以防止专利伏击现象的发生。[①] 但对于信息披露的对象是否应当包括正在申请中的未决专利，专利持有人在标准制定之后再行进行专利申请或修改未决专利使其被标准涵盖的行为是否违反信息披露义务，以及信息披露义务应当属于强制性义务还是自愿性义务等问题，不同的标准制定组织的态度也有所不同，尚需理论探讨研究。[②] 但专利过度披露的问题也十分突出，即专利持有人为了谋求专利收益最大化，都会想方设法将自己拥有的专利披露为必要专利。Goodman 教授和 Myers 教授在 2011 年对无线通信产业的标准必要专利进行研究时就发现，标准制定组织所宣称的必要专利中仅有 40% ~80% 实际上属于标准必要专利。[③] 然而绝大多数的标准制定组织都进行了免责声明，声明其没有证明其成员披露的专利是否有效的义务。比如 ISO/IEC 专利规则就规定，参与标准制定的当事方（包括提案的提交人和所有参与编写的相关人）应当积极披露其专利状况，但确定专利有效性的责任不归 ISO/IEC 负责。[④] 因此，若此后专利实施者和标准必要专利权人就专利的有效性和必要性发生争议时，仅能以诉讼的方式请求法院进行判断。

## 二、专利许可承诺

### （一）专利许可承诺的内涵

由于专利标准化将极大增强专利持有人的市场竞争力，为了防止专利持有

① See R Schellingerhout & P Cavicchi, *Patent Ambush in Standard-setting: The Commission Accepts Commitments from Rambus to Lower Memory Chip Royalty Rates*, 1 Competition Policy Newsletter 35 (2010).

② 参见单麟：《浅析标准必要专利信息披露义务》，载《中国发明与专利》2017 年第 2 期。

③ 参见唐要家：《标准必要专利许可滥用反垄断研究》，知识产权出版社 2020 年版，第 43 页。

④ 《ISO/IEC 导则》第二部分附录 H. 2。

人利用其在谈判中基于标准必要专利取得的优势地位，要求明显不合理的专利许可费或主张明显不合理许可条款，大多数标准制定组织均在专利规则中规定了专利持有人的许可承诺。例如，ETSI 制定的 3G 和 4G 标准就将专利持有人作出 FRAND 许可承诺（将在第二章研究 FRAND 许可承诺的概念和性质）作为了将其专利纳入标准的先决条件。FRAND 许可承诺是标准必要专利权人自愿作出的不可撤销的保证，即其承诺以公平、合理和非歧视的条件进行许可。① FRAND 许可承诺旨在保证标准必要专利权人获得充足的回报以激励创新，也致力于增强标准实施者的议价能力，从而减少标准实施的阻力。大多数标准制定组织将 FRAND 许可承诺的范围扩展到了全球，即要求专利持有人签订声明书保证向全球范围内不受限制的专利实施者提供符合本标准规定的 FRAND 许可，这有利于促进标准的广泛推行，同时减少谈判成本。② 但同时仍需注意，FRAND 许可承诺并不是专利持有人的唯一选择，大部分标准制定组织都将 FRAND 许可承诺列为其专利许可规则之一。③ 例如，ITU、ISO、IEC 都规定专利持有人可以在声明书中承诺在全球范围内无偿授予非排他性许可，或以合理的费率、合理的条款授予非排他性许可，且这些条款不能带有任何不公平的歧视。专利持有人也可以选择不作出任何许可承诺，但这可能会导致该专利被标准制定者直接排除。

### （二）IEEE-SA 新修订的专利许可承诺规则

由于大部分标准制定组织对 FRAND 许可承诺规定得过于粗略模糊，近年来完善专利规则中对于 FRAND 承诺的规定成为标准制定组织的改革建议的重点内容。2015 年 8 月，IEEE-SA 就对其专利规则进行了改革和修订，并进一步

---

① See Jeffrey Lewis, *What is "FRAND" All about? The Licensing of Patents Essential to an Accepted Standard*, CARDOZO 2 – 3 (Jun. 11, 2014), https://cardozo. yu. edu/ sites/default/files/Lewis. WhatIsFrandAllAbout. pdf [https://perma. cc/M8Y7 – C4ZM].

② See Jorge L. Contreras, *Frand Market Failure: IPXT'S Standards-Essential Patent License Exchange*, *Chicago-Kent Journal of Intellectual Property 15*, no. 2 (2016): 419 – 440, p. 427.

③ See Jorge L. Contreras, *Much Ado about Hold-up*, University of Illinois Law Review, no. 3 (2019): 875 – 906, p. 889.

细化了对 FRAND 许可承诺内涵的规定。[①] 新修订的专利规则定义了 FRAND“合理费率”的概念,合理费率指对专利持有人实施其标准必要专利的合理补偿,但不包括因将该专利纳入 IEEE 标准而产生的价值,[②]即专利持有人一旦作出 FRAND 许可承诺,就意味着其承诺不能收取超过其专利本身价值的专利许可费。合理费率的定义具有强制性,适用于 IEEE-SA 制定的所有标准中的必要专利,除非专利持有人拒绝作出 FRAND 承诺。同时修订的专利规则进一步细化了确定“合理费率”应当考虑的因素。首先,费率应当与该专利本质的发明特征对实施专利所实现的最小可销售兼容性所发挥的价值相匹配。该因素旨在确保专利使用费正确反映该专利的本身价值,而非其他附加价值。[③] 其次,应考虑该标准必要专利的最小可销售专利实施单位所贡献的价值,并同时考虑该标准中的其他基本专利所贡献的价值。这是为了缓解许可费叠加的问题,即防止专利持有人在对专利许可费进行定价时不考虑其对实施该标准总许可费的不利影响。最后,应考虑其他具有可比性的标准必要专利的许可费率,包括其他标准必要专利权人通过谈判确定的许可费率以及法院在诉讼过程中通过评估损害赔偿所确定的费率,但该费率不能是在禁令威胁的情况下获得的。[④] 修订的专利规则虽然规定了确定“合理费率”需要考虑的三个要素,但 IEEE-SA 在其后续发布的常见问题解释中表明,这三个要素仅起建议和指导作用,故其在性质上仅属于定价指南,实践中也可以考虑其他因素确定费率。[⑤]

---

① See IEEE Statement Regarding Updating of Its Standards-Related Patent Policy, Inst. Electrical & Electronics Engineers (Feb. 8, 2015), https://www.ieee.org/about/news/2015/8_february_2015.html [https://perma.cc/B2T7 - PQAL] [hereinafter IEEE Statement]. Those changes took effect on March 15, 2015; Understanding Patent Issues During IEEE Standards Development, IEEE Standards Ass'N 22 (Sept. 1, 2015), http://standards.ieee.org/faqs/patents.pdf [https://perma.cc/428S - TMLS] [hereinafter Understanding Patent issues].

② See IEEE-SA Standards Board by Laws: Approved Clause 6 of the SASB by Laws, IEEE Standards Ass'N, https://standards.ieee.org/develop/policies/bylaws/approved-changes.pdf, p. 2.

③ 参见唐要家:《标准必要专利许可滥用反垄断研究》,知识产权出版社 2020 年版,第 45 页。

④ See IEEE-SA Standards Board by Laws: Approved Clause 6 of the SASB Bylaws, IEEE Standards Ass'N, https://standards.ieee.org/develop/policies/bylaws/approved-changes.pdf, p. 2.

⑤ See IEEE Statement Regarding Updating of Its Standards-Related Patent Policy, Inst. Electrical & Electronics Engineers (Feb. 8, 2015), https://www.ieee.org/about/news/2015/8_february_2015.html [https://perma.cc/B2T7 - PQAL] [hereinafter IEEE Statement].

IEEE-SA 新修订的专利规则对 FRAND 许可承诺的完善一经公布也受到了多方的质疑和争论。许多技术开发公司认为,这种对合理费率的定义和考量因素的明确规定体现了对 FRAND 许可承诺更严格的规定,这进一步限制了标准必要专利权人的权利,反垄断学者 Gregory Sidak 在给美国司法部的建议信中声称 IEEE-SA 的这一规定促进了专利实施者之间的串通,将会导致强制性的统一许可条款的出现,从而大幅度降低对标准必要专利的补偿。① 而美国司法部认为首先 IEEE-SA 新修订的专利规则虽然对合理费率的确定进行了细化,但最终专利许可费率还是通过双方谈判协商一致确定的。② 其次,修订后的专利规则并没有强制规定任何专利许可费计算的具体方法,且合理费率的定义和三个考虑因素也不具有强制性,何况根据 IEEE-SA 的专利规则,就算专利持有人拒绝进行 FRAND 许可承诺其仍可参与到标准的制定过程中,因此美国司法部认为该专利规则并没有不当限制专利持有人的权利,不会对技术创新产生负面作用。③ 但若是按照欧盟反垄断的标准,欧盟法院的判例法普遍认为任何干扰定价体系的协调行为都会直接干扰市场力量的自由发挥,都视为对 TFEU 第 101 条的违反,④因此 IEEE-SA 这种试图确定具体的专利费率的做法无疑会被视为构成横向协调的垄断行为。为了避免欧盟委员会严格的反垄断审查,该项专利规则并未在其他标准制定组织中得到推广。

### (三)具体的事前承诺

标准制定组织除了会在其专利规则中规定专利持有人的许可承诺,还会鼓

---

① See Letter from J. Gregory Sidak, Chairman: "Criterion Economics LLC", to Renata Hesse, Deputy Assistant Att'y Gen., U. S. Dep't of Justice (Jan. 28, 2015) (on file with the Fordham Intellectual Property, Media & Entertainment Law Journal).

② See J. Gregory Sidak, *The Antitrust Division's Devaluation of Standard-Essential Patents*, 104 GEo. L. J. ONLINE 48, 56 – 60, p. 51 (2015).

③ See Letter from Renata B. Hesse, Assistant Att'y Gen., U. S. Dep't of Justice, to Michael A. Lindsay, Esq., Dorsey & Whitney LLP, p. 12 (Feb. 2, 2015) [hereinafter BRL] (on file with the Fordham Intellectual Property, Media & Entertainment Law Journal).

④ See Nicolas Petit, *The IEEE-SA Revised Patent Policy and Its Definition of Reasonable Rates: A Transatlantic Antitrust Divide*, Fordham Intellectual Property, Media & Entertainment Law Journal 27, no. 2 (Winter 2017): 211 – 252, p. 224.

励或要求专利持有人在标准被获得批准之前披露或与标准制定组织协调确定特定的许可条款和条件。例如,HDMI 联盟就规定创始发起人成员在声明中提供带有具体条款的专利许可承诺。VITA 的专利规则中也规定了工作组成员应披露最大许可费率和最具限制性的非专利权使用条款等关键性许可条款。[①] 这一做法引起了外界的争论,有学者认为,当一项标准存在多种替代技术方案时,专利持有人披露的最高许可费率的信息会成为标准制定组织决定将何种专利纳入标准的重要考量因素,因此该规则会向专利持有人施压,从而迫使其降低许可费率以增加其专利被纳入标准的机会。[②] 另一部分学者认为这种提前披露专利许可条款的行为具有非法的价格串谋的嫌疑。[③] 因此,大多数标准制定组织的专利许可承诺都仅限于 FRAND 许可承诺的最低标准,而不愿干预成员之间的争端,或避免因促进有关许可条款的达成而产生的任何反垄断风险。与具体的事前承诺的方式相比,FRAND 许可承诺赋予了标准必要专利权人通过事后谈判的方式更灵活地确定详细的许可条款的空间的能力。尤其是涉及标准必要专利和非必要专利交叉许可的背景下,FRAND 许可承诺在保障了标准必要专利权人必要的谈判自由的同时,也能够对专利权人的议价能力进行有效限制,从而防止专利劫持,降低交易成本。[④] 同时需要注意的是,大多数标准制定组织都没有规定违反 FRAND 承诺的制裁手段,一小部分标准制定组织将事后撤回对该专利的认可作为专利持有人违反 FRAND 承诺的制裁措施,但由于此时标准已经得到了广泛施行,该专利通过标准化获得的强大的竞争优势已无法随之撤回,且转换成本和锁定效应也已经发生,故这种制裁措施对专利持有人无法起到有效的震慑作用,实践中仍需依靠反垄断机构或法院介入,平衡专利

---

① See Letter from Thomas O. Barnett, Assistant Att'y Gen., US Dep't of Justice, to Robert A. Skitol (Oct. 30, 2006), https://www.justice.gov/sites/default/files/atr/legacy/2006/10/31/219380.pdf.

② See Rudi Bekkers & Andrew Updegrove, *A Study of IPR Policies and Practice Sofa Representative Group of Standards Setting Organizations Worldwide*, 34 (2012), http://sites.nationalacademies.org/ PGA/step/IP Management/PGA_072197, p. 95.

③ See Garry A. Gabison, *Worldwide FRAND Licensing Standard*, American University Business Law Review 8, no. 2 (2019): 139 - 170, p. 157.

④ See Timothy Simcoe, *Governing the Anti-commons: Institutional Design for Standard-Setting Organizations*, Innovation Policy and the Economy 14 (2014): 99 - 128, p. 107.

持有人和标准实施者之间的权利义务关系。[①]

## 三、禁令救济规则

### (一)禁令救济的内涵

禁令救济是指经专利权人申请,法院责令未经许可的专利实施者在专利有效期内停止侵权的救济方式。[②] 专利标准化赋予了专利持有人极大的市场竞争力,使得专利持有人在专利许可谈判中处于绝对优势地位。在实践中,标准必要专利权人极易滥用自己的优势地位违反 FRAND 承诺在谈判中主张明显不合理的许可条款,使标准实施者无法与其达成一致。但由于该基本专利对于实施标准来说具有必要性,即无法绕开该专利或寻求其他替代技术,因此为了能够生产出符合标准的产品参与市场竞争,标准实施者只能被迫未经许可而使用该专利。这时,标准必要专利权人就会以其专利权受到侵犯为由将专利实施者诉至法院,并提出禁令救济申请,以禁令救济为要挟,从而使专利实施者被迫签订明显有违公平的专利许可合同,这种行为属于专利劫持的具体表现形式之一。因此,禁令救济给专利持有人利用自己拥有的标准必要专利的外在价值作为许可谈判的筹码提供了可乘之机。Shapiro 和 Lemely 教授也称专利持有人以申请禁令相威胁很可能获得超过其专利对最终产品总价值的边际贡献的许可费,加剧专利劫持问题。[③] 同时由于标准必要专利权人也会针对市场上的竞争对手寻求此类救济,故在这种情况下批准其禁令救济申请在阻碍标准实施的同时也会产生巨大的反竞争的效应。[④]

---

① See Timothy Simcoe, *Governing the Anti-commons: Institutional Design for Standard-Setting Organizations*, Innovation Policy and the Economy 14 (2014): 99 – 128, p. 120.

② 参见刘健:《标准必要专利禁令救济规则比较研究》,载《研究生法学》2019 年第 6 期。

③ See Mark A. Lemley & Carl Shapiro, *Patent Hold-up and Royalty Stacking*, 85 Tex. L. Rev. 1991, 1992 – 1993 (2007), p. 1993.

④ See Shreya Prakash, *Injunctive Relief for Standard Essential Patent Holders: A Comparative Analysis*, NALSAR Student Law Review 11 (2017), p. 57.

## (二)标准必要专利权人滥用禁令救济的典型案例

eBay 案①是标准必要专利权人滥用禁令救济的代表性案例之一。eBay 公司想要使用 MercExchange 公司开发的一项标准必要专利组合,经过了数月的谈判后,双方并未达成一致,因不使用该技术 eBay 就无法生产出符合标准的产品参与市场竞争,故 eBay 只能被迫未经许可使用了 MercExchange 公司的该项专利。2001 年 9 月,MercExchange 公司向美国弗吉尼亚东区地方法院提起诉讼,起诉 eBay 侵犯了自己的专利权,并同时提出了禁令救济申请,要求 eBay 停止使用该专利技术。地方法院认为,虽然对被侵权人施以禁令救济被视为一种规范,但必须考虑是否满足公平四要件原则,即若不发布禁令原告是否会面临无法弥补的损害、原告拥有的其他救济措施是否充足、发布禁令是否符合公共利益、发布禁令是否有助于平衡原被告之间的权利义务关系。通过对这些要件进行评估之后,地方法院认为 MercExchange 公司曾向媒体公开表示了其将该专利进行对外许可的意愿,故不发布禁令也不会造成 MercExchange 公司遭受难以弥补的损害,因此驳回了 MercExchange 公司的禁令申请,后该案又上诉到了联邦巡回法院。联邦巡回法院对地方法院应用四因素分析的方法表示反对,认为一旦证明了专利具有有效性且满足了侵权行为的构成要件,则法院就应当批准被侵权人的禁令救济申请,除非专利权人拒绝许可阻碍了公众对该专利成果的重要需求,例如该专利技术涉及公共健康等重大社会公共利益。显然在本案中并不涉及公共利益问题,故联邦巡回法院撤销了地方法院对禁令申请的拒绝决定,认为在没有特殊情况的条件下,法院不能拒绝被侵权人的禁令救济申请。2005 年 11 月,美国联邦最高法院对该案进行了调卷,认为法院在决定是否批准原告的禁令救济申请时,必须采用四因素分析法作出决定,因此撤销了巡回法院的判决,将案件发回地方法院重审。Kennedy 大法官在该案中明确指出,虽然在历史上绝大多数的专利案件中法院只要认定了侵权事实的存在,就

---

① See MercExchange, L. L. C. v. eBay Inc. ,275 F. Supp. 2d 695 (E. D. Va. 2003) (no. 2:01 - CV - 736).

会批准专利权人的禁令申请,形成了停止侵权当然论的先例,但现代专利纠纷不同于历史上的专利侵权诉讼,开始出现了标准必要专利权人利用禁令救济作为谈判筹码向寻求专利许可的公司要求明显过高的专利许可费的现象,况且随着目前专利数量的急剧增加,专利的有效性和专利的权利范围都可能会受到质疑。因此不应当继续沿用停止侵权当然论处理该类案件,而应当对禁令救济申请进行谨慎审查。案件发回重审后,地方法院严格遵守联邦最高法院的裁判要旨,应用了四因素分析的方法再次处理 MercExchange 公司的禁令申请。地方法院认为 MercExchange 公司将申请禁令救济作为谈判筹码相要挟,就充分说明了其最终目的不是阻止其专利的应用,而是索要高额的专利特许权使用费,因此金钱赔偿就可以作为一种充分的救济方式,故地方法院作出终审判决驳回了其禁令申请。① eBay 案具有重要的历史意义,其确定的判断是否应当批准原告的禁令救济申请的方法和分析思路成为此后其他法院处理类似案件的重要参考,让禁令救济的适用回归衡平精神。同时该案之后理论界也开始认识到了标准必要专利权人利用禁令救济进行专利劫持的隐患并开展了一系列研究,试图对该类行为在反垄断法的角度上进行有效规制。②

### (三)标准制定组织专利规则对禁令救济的限制

为了防止标准必要专利权人利用禁令救济主张明显不合理的许可条款,新修改的 IEEE-SA 专利规则对专利持有人申请禁令救济的权利进行了一定的限制,要求专利持有人在声明书中承诺其将在全球范围内为不受限制的数量的申请人免费或按 FRAND 费率提供标准必要专利的许可,并不能附加任何不合理条款,不能具有任何歧视,同时承诺不得针对该标准必要专利申请禁令救济,除非专利实施者拒绝谈判或拒绝遵守法院裁判确定的 FRAND 许可费率。但仍需

---

① See Shreya Prakash, *Injunctive Relief for Standard Essential Patent Holders: A Comparative Analysis*, NALSAR Student Law Review 11 (2017), p. 61.

② See Alden F. Abbott, *US Government Antitrust Intervention in Standard-Setting Activities and the Competitive Process*, Vanderbilt Journal of Entertainment & Technology Law 18, no. 2 (Winter 2016): 225 – 246, p. 242.

注意,若标准必要专利权人未在诉状中申请禁令救济但在最后满足禁令救济的条件,则其仍可保留该项权利,[①]即在这种情况下只有通过诉讼阶段对专利实施者提出充分诉讼之后,标准必要专利权人才能寻求禁令救济。IEEE-SA 是唯一一个在专利规则中限制标准必要专利权人申请禁令救济的权利的标准制定组织。[②] 部分学者对 IEEE-SA 的这项专利规则表示反对,认为禁令救济是专利保护制度的重要组成部分,将激励上游市场创新回报归于专利持有人手中,主张若标准制定组织对标准必要专利权人申请禁令救济的权利进行过多限制,则可能产生反向劫持(Reversed Holdup)问题。[③] 专利侵权者只要声称专利持有人提议的费率与 FRAND 费率不符,就可对抗专利持有人申请禁令救济的权利,从而只要支付由法院按合理费率确定的损害赔偿金就可继续使用该专利。通过这种"先侵权后付费"的手段,专利实施者可以有效规避专利许可费谈判,从而将确定专利许可费率的负担转移到了法院,同时这也会纵容专利实施者事先侵权,引发道德风险。[④] Bharadwaj 教授认为 IEEE-SA 的这项专利规则将进一步降低标准必要专利权人对专利实施者的影响力,从而有可能挫伤专利持有人参与标准制定的动力。此外,因为这项规则和美国目前的判例法和行政决定相互冲突,故也可能会引起标准制定者和专利持有人之间的诉讼。[⑤] 至于标准制定组织是否有权对专利权人申请禁令救济的权利加以限制,理论上也存在争议。有学者认为,申请禁令救济的权利是专利权人所享有的当然的救济手段,故是

---

① See IEEE-SA Standards Board Bylaws § 6.2 (INST. of Electrical & Electronic ENG'RS 2017), http://standards.ieee.org/develop/policiesIbylaws/sb bylaws.pdf [https://perma.cc/HK5B - JF22] (emphasis added).

② See Patrick Neville, *MPEG LA's Use of a Patent Pool to Solve the CRISPR Industry's Licensing Problems*, Utah Law Review 2020, no. 2 (2020): 535 - vii.

③ See Lizaveta Miadzvedskaya, *Encouraging Frand-ly Negotiations: A Comparison of the United States and European Approaches to Allowing Injunctive Relief in Cases Involving Frand-Encumbered Standard-Essential Patents*, Washington University Global Studies Law Review 18, no. 3 (2019): 723 - 760, p. 741.

④ See Julie Brill Comm'r Fed. Trade Comm'n, *The Intersection of Patent Law and Competition Policy*, Keynote Address at the University of Colorado Law School, 5 (Oct. 3, 2012), available at http://www.ftc.gov/speeches/brill/121003patentip.pdf.

⑤ See Ashish Bharadwaj, Manveen Singh, *A Single Spark Can Start a Prairie Fire: Implication of the* 2015 *Amendments to IEEE-SA's Patent Policy*, Capital University Law Review 46, no. 4 (Fall 2018): 583 - 608, p. 600.

否批准其提出的禁令申请应当属于法官的自由裁量权,标准制定组织无权通过专利规则对标准必要专利权人行使该权利进行限制,故实践中大多数标准制定组织的专利规则中都没有对禁令救济进行相应规定。

## 四、事实标准中的专利规则

### (一)标准制定过程中的专利规则

根据 ANSI 的基本要求,事实标准的制定过程要同时满足以下要求:(1)开放性,即任何市场上的利益相关者都有机会参与标准制定,防止先进入标准制定组织的成员不当排除竞争者的参与,但这并不意味着要求标准制定组织接纳所有参与者的条件都必须是相同且平等的。例如,标准制定组织的会费就可以根据参与者的规模、行业、收入而进行相应调整,这是完全正当的。[①] 美国法院在审理类似案件时也曾表示,标准制定组织可以自行规定合理的入会条件,即使该条件排除了某些潜在的参与者。[②] 例如,CD 数字存储标准就要求专业且封闭的行业团体才有资格参与标准制定。(2)平衡性,即参与标准制定的成员应当代表广泛的利益,不能由某个代表特定利益的主体主导标准制定过程,从而避免不当操控。因此目前标准制定组织在制定专利规则时都尽可能广泛地扩宽其成员资格的范围,以防止受到不当排斥的指控。(3)程序正当性,即将专利纳入事实标准的过程应公开透明。例如,3G 标准就建立了专门的数据库用于记录标准制定过程中每个工作组会议的参与者名单和讨论的时间,以及参与者在每一个主题讨论中的技术贡献,从而使标准的制定程序更加公开透明,也增加了标准中专利的可信度。(4)共识性,即建立科学合理的决策机制,只有一定

---

① See Jorge L. ,*Contreras*: *Implementing Procedural Safeguards for the Development of Bioinformatics Interoperability Standards*,Northern Kentucky Law Review39,2(2012),p. 96.

② See Nat'l Ass'n of Review Appraisers & Mortg. Underwriter v. Appraisal Found,64F3d1130,1133(8th Cir. 1995).

数量的成员达成共识时才能获得批准。[①]

同时由于大多数的事实标准都是通过企业之间建立专利池的方式形成的，若其专利规则不能保证池中专利的必要性，则会对市场竞争造成严重阻碍。[②]具体而言，首先，若专利池中存在多种替代技术，因池中专利之间构成交叉许可关系且大多以统一的条件对外进行"一揽子"许可，这将会消除替代专利持有人之间应有的竞争关系，有专利垄断的嫌疑，同时也为非法价格串谋提供了可乘之机。[③] 其次，若允许非必要专利进入专利池与其他必要专利进行交叉许可，则非必要专利持有人可以以最低成本使用池中所有专利。而对于必要专利持有人而言，因存在替代技术，非必要专利的价值远不如其拥有的标准必要专利，这就为非必要专利持有人对其他成员的研究成果"搭顺风车"提供了可乘之机，从而极大地挫伤了其他成员进行专利革新的动力。[④] 因此，池中专利是否具有必要性是反垄断机构评估专利池是否具有反竞争风险的重要考虑因素，大多数的标准制定组织都会在其专利规则中规定必要专利的流出机制，以保证池中专利的必要性。例如，DVD－6C 标准专利池在其专利规则中就规定了专利定期审查制度，指派独立的第三方专家组对池中专利进行四年一次的审查，不符合必要专利构成要件的专利将会被及时移出专利池，从而确保池中专利的有效性，以防范限制竞争的反垄断指控。[⑤] 综上所述，反垄断机构在对事实标准制定过

① See Todd Carpenter, *Electronic Publishing Standards*, Science Direct, https://www.sciencedirect.com/topics/computer-science/de-facto-standard.

② "标准是把尺子，在某个领域里建立一种标准，意味着所有的技术都要与这个标准所兼容。为了达到这种兼容的效果，多个专利权人可以组成专利池，通过交叉许可的方式兼容对方的技术标准，并整合成一个能够达到较高水平的技术高地。事实上，标准的制定过程也是专利池形成的过程，如 LTE 标准中包含了大量的专利技术，蓝牙标准以及光纤通信技术标准中也涵盖了大量的专利技术，这些专利与标准融合成一体，自然形成了天然的专利池。由于专利池中的专利对标准的实施具有重要的作用，因此能够进入专利池中的专利权人都是掌握核心技术的企业厂商，对标准的制定具有很强的话语权。"参见赵雪：《标准必要专利全球许可法律问题研究》，中国政法大学 2020 年博士学位论文，第 19 页。

③ See Wiiko van Weert & Filip Ragolle, *The New EU Technology Licensing Rules*, 1(2004), http://les-benelux.org/levell/news/ttber.pdf, p. 3.

④ 参见王先林：《知识产权与反垄断法：知识产权滥用的反垄断问题研究》，法律出版社 2001 年版，第 282—283 页。

⑤ See Andrew Schreiber, *Go (En) Fish: Drawing CAD Files from the Patent Eligibility Pool*, IDEA: The Journal of the Franklin Pierce Center for Intellectual Property 58, no. 1 (2017): 1－64, p. 37.

程中的专利规则进行审查时,首先,应审查其专利规则是否能够确保竞争者平等地参与到事实标准的制定过程中,以及是否具有一套公平透明的专利纳入机制和标准制定程序。其次,还应审查其专利规则是否可以确保池中专利的必要性,是否确立了必要专利的流入和流出机制,从而从动态上保障池中专利始终为必要专利。

### (二)专利的授权许可规则

不同事实标准之间的专利许可规则差别较大,不具有相当的普遍性,但却具有一定的规律可言。Cohen 和 Nelson 教授根据行业复杂性的不同将产品的价值离散而独立的称为离散产品行业,而产品的价值依赖其互补的配件的为复杂产品行业。通过分类发现,离散产品行业标准制定组织的专利规则更倾向于使用专利技术来阻止竞争对手生产替代产品进入市场与其竞争,因此更易围绕产品形成封闭式标准,对其他竞争者造成进入堡垒,即形成私有协议仅用于企业自己生产,而不对外披露。这种私有协议会对市场竞争产生严重阻碍,甚至会造成双重垄断现象。具体而言,在网络效应和转换成本的双重作用下,开发另一种标准的成本和难度都十分巨大。因此,许多生产商放弃了通过开发替代技术直接与自然垄断者在上游市场竞争的战略,而试图通过实现与自然垄断者产品的兼容从而转到二级市场之上参与竞争。但若自然垄断者拒绝透露互联互通信息,则二级市场的竞争也会被消除,从而使自然垄断者能够将其在上游市场的垄断地位渗透到二级市场,占据双重垄断地位。[①] 因此,私有协议往往会被反垄断机构认定为构成非法垄断。针对该类问题,欧盟反垄断机构在主动审查该专利规则对市场竞争造成的影响的同时,也致力于采取规则激励等优惠措施,从而促使阻碍市场竞争的封闭式标准向开放式标准转变。[②] 而在产品价值具有互补性的复杂产品行业中,其标准制定组织的专利规则更倾向于将专利用

---

① See Michael J. Meurer, *Current Issues in Patent Law and Policy*, Harvard Journal of Law & Public Policy 39, no. 1 (Winter 2016): 71 – 78, p. 75.

② See European Commission, *Communication from the Commission-A Digital Agenda for Europe*, p. 15.

于谈判和许可。[①] 例如,DVD 标准中的3C 标准和6C 标准的专利许可规则也都将联合许可作为其基本方式,即建立专门的专利许可机构,按照统一的条件(如格式合同)统一实施"一揽子"许可。DVD - 6C 标准就是由专门的许可负责机构(DVD-FLLC)从事对外许可,而 DVD - 3C 标准由其成员飞利浦公司负责。联合许可是开放性标准中必要专利最主要的许可方式,在有效防止了专利许可费堆积问题的同时,这种统一的格式合同也极易包含对被许可方十分不利的条款,使专利实施者处于被动地位,例如要求不合理的特许权使用费、主张排他性回授条款、不质疑条款等限制性条款等。因此,反垄断机构在审查事实标准的标准制定组织专利授权许可规则时也应将是否具有限制性商业条款作为审查重点。[②]

## 第三节 国际组织、代表性国家的标准制定组织及其标准与反垄断法的关系

### 一、欧盟

#### (一)欧盟标准制定组织

欧洲标准化是一个由市场需求发起的多方建立共识的过程。[③] 欧盟第1025/2012 号法规正式声明了欧洲标准化组织(ESOs)为欧洲标准的制定者,其由欧洲标准化委员会(CEN)、欧洲电工标准化委员会(CENELEC)和 ETSI 三

---

① See Wesley M. Cohen, Richard R. Nelson & John P. Walsh, *Protecting Their Intellectual Assets: Appropriability Conditions and Why U. S. Manufacturing Firms Patent (or Not)*, NBER, Working Paper No. 7552, Feb. 2000.

② See Teresa Lorca Morales, *EU and US Declaration of War on Patent Ambush in Standardisation Processes: Peace Treaties on Both Shores of the Atlantic*, Competition Law Journal 12, no. 3 (2013): 326 - 337, p. 331.

③ See Jeffey Blumenfeld, *Should FRAND Excuse "Efficient Infringement"?*, Criterion Journal on Innovation 5 (2020): 143 - 156, p. 151.

部分组成。[①] CEN 聚集了欧洲 33 个国家的国家标准制定机构，所制定的欧盟标准涉及化学产品、材料以及建筑等方面。CENELEC 负责电工工程领域的标准化工作，且其制定的标准大多为自愿性标准，有助于降低合规成本，促进欧盟单一市场的发展。CENELEC 还与 IEC 保持着紧密的合作关系，使其制定的一些标准有机会被 IEC 采用而变成国际技术标准。ETSI 主要制定信息和通信技术方面的标准，涉及无线电、广播和互联网技术等多个方面。ETSI 还允许相关行业的制造商直接参与到标准制定的过程中，从而制定出符合市场需求的技术标准。而政府除负责对这些标准制定组织提供资金支持之外，还肩负着制定与标准相关的法规、监督指导标准制定组织的行为等多重任务。[②]

### （二）标准与欧盟反垄断法的关系

欧盟的执法系统是一个综合性的公共机构，其负责调查并有权下令终止违法行为并对其进行相应制裁，同时执法机构也受欧盟法院的全面法律审查，从而确保其执法行为的合法性。[③] 自欧盟成立以来，竞争规则一直被视为成员国建立共同市场的关键因素，其以保护消费者福利作为目标。[④] 欧盟的反垄断规则主要集中于 TFEU 的第 101 条和第 102 条，其主要解决禁止的反竞争协议（包括定价协议）、价格歧视以及公司间合并和滥用市场地位的问题。具体而言，第 101 条的目标是以保证资源的有效配置来保护市场竞争，第 1 款明令禁止企业之间扭曲欧盟市场竞争的串通行为，第 2 款规定了协议无效的情形，第 3 款规定了第 1 款所述行为的豁免情形，第 102 条对滥用市场地位的行为进行了

---

① See Kristen Jakobsen Osenga, *Ignorance Over Innovation: Why Misunderstanding Standard Setting Organizations Will Hinder Technological Progress*, University of Louisville Law Review 56, no. 2 (2018): 159 – 218, p. 167.

② See Key players in European Standardisation, https://ec. europa. eu/growth/single-market/european-standards/key-players_en.

③ See Proceedings for the Application of Articles 101 and 102 TFEU: Key Actors and Checks and Balances, EU. Commission Competition, https://ec. europa. eu/competition/antitrust/key_actors_en. pdf.

④ See Chris Townley, *Which Goals Count in Article* 101 *TFEU?: Public Policy and Its Discontents*, King's College London—The Dickson Poon School of Law.

规定。[①] 这些条款在欧盟执法系统内主要由竞争总局(DG Competition)来负责执行,所有案件都将先进行初步评估审查,再由局长决定是否进行进一步调查。DG Competition 将其执法重点放在了那些可能对市场竞争造成不利影响或者损害消费者权益的案件之上。[②] 由于专利被纳入标准之后使得专利持有人的议价能力增强,专利持有人的专利劫持行为也被列入 DG Competition 审查的重点。

标准与欧盟竞争法之间的关系在欧盟层面由 2011 年《欧盟委员会关于 TFEU 第 101 条适用于横向合作协定的指南》进行了规定,其用专章介绍了标准化过程中应当注意的问题,以确保标准制定过程中的有效竞争和透明度,从而避免标准制定后可能发生的垄断问题,也为评估竞争对手之间各类协议提供了详细指导。[③] 该指南强调,尽管标准通常具有通过促进内部市场之间的经济渗透来增加竞争的效果,同时也有利于激励企业进行技术创新,但标准在特定情况下也可能会对竞争造成不利影响,具体表现在标准化过程中成员事先集体谈判许可条款减少价格竞争、取消专利技术的回赎权、制定排他性或歧视性的许可条款将其他竞争者排除在标准之外三个方面。具体到标准必要专利的许可方面,《欧盟委员会关于技术转让协议适用 TFEU 第 101 条的指南》也强调专利许可本身就是利于竞争的,因为其有利于促进专利技术的传播,从而激发许可方和被许可方的创新动力。因此大多数专利许可协议并不限制竞争甚至反而会促进竞争。因此,在判断标准必要专利权人的许可行为是否构成非法垄断时,应当评估其对市场竞争的综合作用,从而决定是否对其进行反垄断规制。

---

① See Damien M. B. Gerard, *The Effects-based Approach under Article* 101 *TFEU and Its Paradoxes*: *Modernisation at War with Itself*?, University of Louvain-CeDIE.

② See Alison Jones, Brenda Sufrin, *EU Competition Law*: *Text*, *Case*, *Materials*, *Fifth Edition*, Oxford University Press, 2014.

③ See (2011) OJ C 11/1.

## 二、美国

### (一)美国的标准制定组织

美国政府在2014年向OECD提交的标准制定报告中指出美国的技术标准发展是以部门为基础,以市场为导向的,且美国制定并使用的标准大多为自愿性标准。① 其将标准的形成过程分为两类:一类为美国企业通过合作的方式建立标准制定组织制定相关技术标准;另一类为在激烈的市场竞争中通过标准战将自己的技术纳入事实标准。美国将标准制定组织分为三类。第一类是由地区标准机构(如ANSI)认可的标准制定组织(standards-developing organizations, SDOs),SDOs具有公开参与、利益平衡、异议解决等制度体系和协商一致的决策程序,有资格制定美国国家标准。② 例如,美国材料实验协会(ASTM)、IEEE。若SDOs制定的标准能够得到国际标准制定组织的认可,其制定的标准还有可能上升为国际技术标准。第二类是由特定技术领域的大型联合体或标准化论坛构成的标准制定组织,其通常只从事于某个特定行业的标准制定,且由于其没有经过美国区域标准机构的认定,故无法制定正式的国家标准。例如,第三代合作伙伴计划(3GPP)以及万维网联盟(W3C)。第三类标准制定组织为未经认可的单一技术联盟,类似于SDOs中的单个工作组。由于其关注的范围最窄,仅局限于某一技术标准的制定,故这类标准制定组织的成员之间通常仅通过签订合同的方式进行合作和管理,成员间关系松散,而不像SDOs那样成立单独的

---

① See Submission to Working Party No. 2 on Competition and Regulation, United States-Intellectual Property & Standard Setting, Organization for Economic Co-operation & Development [OECD] Doc. DAF/COMPJWD (2014) 116 (Dec. 8, 2014), https://www. ftc. gov/system/files/attachments/us-submissions-oecd-other-international-competition-foralstandardsettingus. oecd. pdf [https://perma. cc/6QB2 – KAWL] (internal quotation marks and footnote citations omitted).

② There is a good argument for reversing the SSO and SDO labels, since all SSOs "develop" standards, but only accredited SDOs have the authority required to "set" them. In the interest of compatibility with prior literature, this paper does not seek to overturn the conventional usage.

非营利组织进行有序管理,[①]具有代表性的有 HDMI 论坛以及 Wi-Fi 联盟。同时美国政府也肯定了这些由私营主体制定的技术标准的积极作用,认为其可以降低产品价格、实现产品兼容性、促进国际贸易。

### (二)标准与美国反垄断法的关系

当专利被纳入标准之后,美国反垄断机构的审查重点就从专利持有人之间限制竞争的联合行为转变为侧重关注单个专利持有人的单方面行为。[②] 尽管技术标准具有显著的积极作用,但美国司法部和 FTC 在 2007 年的知识产权报告中指出,标准制定组织的参加者大多为特定行业内的竞争对手,他们之间有可能通过相互串通操控标准制定组织从而制定出最符合其共同利益的技术标准,在减少了市场竞争和消费者选择的同时,甚至会控制相关市场的发展方向,最终构成非法垄断行为。[③] 美国联邦最高法院认为标准必要专利权人进行专利劫持的行为应首先应用专利法和合同法的相关理论和法条解决,只有当其不足以阻止对市场竞争造成的伤害之时,才有必要援引反垄断规则进行规制。[④] 具体而言,合同法允许合法的、出于商业动机的合同谈判,但专利劫持的行为构成不适当的、机会主义的合同要求,一般而言应用合同法就能进行有效规制。[⑤] 而且即使假定在某些情况下合同法的救济手段不够完善,仍可以援引如禁反言、不当得利等衡平法原则规制专利劫持这种带有明显机会主义的行为。因此,反垄

---

① See Timothy Simcoe, *Governing the Anti-commons: Institutional Design for Standard-Setting Organizations*, Innovation Policy and the Economy 14 (2014), p. 104.

② See Timothy Simcoe, *Governing the Anti-commons: Institutional Design for Standard-Setting Organizations*, Innovation Policy and the Economy 14 (2014), p. 106.

③ U. S. Dep't of Justice & FED. Trade Comm'n, Antitrust Enforcement and Intellectual Property Rights: Promoting Innovation and Competition (Apr. 2007), p. 34 – 35, http://www. justice. gov/sites/defaultfiles/atr/legacy/2007/07/11/222655. pdf [http://perma. cc/7T6Z-MMWV] [hereinafter 2007 Report].

④ The Following Summary Analysis of the Case Against Antitrust Intervention to Cure Hold-ups Draws Upon Thomas A. Lambert, *Respecting the Limits of Antitrust: The Roberts Court Versus the Enforcement Agencies* (Heritage Found. Legal Memorandum No. 144, 2015), http://thf-media. s3. amazonaws. com/2015/pdf/LM144. pdf [http://perma. ccfRC3V-FFUB].

⑤ See Restatement (Second) of Contracts § § 89, 175 – 76 (Am. Law Inst. 1981); Uniform Commercial Code § 2 – 209 (Am. Law Inst. & Unif. Law Comm'n 2012).

断法应作为兜底条款加以适用。

至于如何正确处理标准制定组织与美国反垄断法之间的关系，一般而言，二者的兼容性主要由《竞争对手合作反垄断指南》①和《知识产权许可反垄断指南》②进行评估。根据美国反垄断法的规定，标准制定可能产生两类问题：一是违反《谢尔曼法》第 1 条的共谋；二是违反《谢尔曼法》第 2 条的垄断行为。但由于标准制定过程中的政府干预可能会存在缺乏专业知识、监管捕获以及政府支持锁定等一系列问题，故美国公共规则尽量回避针对标准制定组织制定任何一刀切的规则，为标准制定组织保留了充分的自治空间。此外，作为横向合作的一种方式，标准制定组织有时也会面临反垄断审查。③ 美国司法部认为针对标准制定组织的专利规则在进行反垄断调查时也应防止过度威慑，以合理规则作为标准对其相关活动进行评估，确实违法的也应对标准制定组织免除 3 倍的损害赔偿而采取实际损失标准，从而防止过度限制标准必要专利权人的谈判能力而产生反向阻碍效应。④ 换言之，若专利实施者事先知道标准必要专利权人只能以较低的许可费率进行专利许可，且就算其因侵权而被起诉也不会受到禁令的威胁，则这将不当地提高专利实施者的议价能力，专利侵权的现象也会愈加严重，从而挫伤专利持有人将其技术纳入标准的动力，进而降低标准的质量以及依赖该标准的产品或服务的质量。

美国反垄断机构对于标准制定组织在相关专利规则中规定的，在标准制定过程中集体协调许可条款也采取了较为宽松的规则。⑤ 例如，针对 2006 年 VITA 制定的事前披露某些关键性标准必要专利许可条款（如最高价格条款）的

---

① Antitrust Guidelines for Collaborations Among Competitors, Issued by the Federal Trade Commission and the US Department of Justice (April 2000).

② Antitrust Guidelines for the Licensing of Intellectual Property, Issued by the US Department of Justice and the Federal Trade Commission (April 1995).

③ See American Society of Mechanical Engineers v. Hydro Level Corporation, 456 US Supreme Court 556 (1982).

④ 参见唐要家：《标准必要专利许可滥用反垄断研究》，知识产权出版社 2020 年版，第 54 页。

⑤ See Alden F. Abbott, *US Government Antitrust Intervention in Standard-Setting Activities and the Competitive Process*, Vanderbilt Journal of Entertainment & Technology Law 18, no. 2 (Winter 2016): 225 – 246, p. 243.

专利规则,美国司法部采取了合理推定原则,认为 VITA 的该项专利规则虽然属于对许可条款的事前集体协调,但并没有设定实际的许可条款,仍保留了专利权人和每一个潜在的被许可人单独谈判的权利,只是专利权人应受到其单方面声明中承诺的关键许可的限制。因此,这种仅限制了个别要约要件的事先集体谈判不属于涵盖横向定价行为的非法协议。[①] 2007 年的 IEEE 的专利规则给了专利持有人更多的选择空间,专利持有人可以在其声明书中从以下五项中选择一项进行专利许可承诺:(1)不提供任何的专利许可保证;(2)声明标准中不涵盖其任何专利;(3)承诺不对标准实施者主张专利权利;(4)承诺按照 FRAND 条款进行许可;(5)承诺最高价格条款或限制性非价格条款。同时 IEEE 的专利规则还规定若专利持有人选择第 5 项进行专利许可承诺,IEEE 将在标准评估环节将不同专利持有人针对该项的具体承诺进行比较,判断哪种承诺最有利于标准的实施,从而将其列为确定纳入标准的专利的考量因素之一。美国司法部认为这将促进专利持有人在专利纳入标准阶段的相互竞争,从而提供最具吸引力的许可条款。[②] 因此,IEEE 的专利规则非但没有非法的价格串谋的嫌疑,还会激励专利持有人事先披露专利信息,供标准制定者和专利实施者进行参考。

---

① See Gerald F. Masoudi, Deputy Assistant Att'y Gen., Antitrust Div., US Dep't of Justice, *Antitrust Enforcement and Standard Setting: The VITA and IEEE Letters and the "IP2" Report*, Remarks at the Spring Meeting of the Am. Intellectual Prop. Law Ass'n 4 (May 10, 2007) (footnotes omitted), http://www.justice.gov/atr/speech/antitrust-enforcement-and-standard-setting-vita-and-ieee-letters-and-ip2 - report [http://perma.cc/GVP2 - Z3VC] [hereinafter Masoudi Remarks].

② See Letter from Thomas O. Barnett, Assistant Att'y Gen., US Dep't of Justice, to Robert A. Skitol (Oct. 30, 2006), https://www.justice.gov/sites/default/files/atr/legacy/2006/10/31/219380.pdf; Letter from Thomas O. Barnett, Assistant Att'y Gen., US Dep't of Justice, to Michael A. Lindsay (Apr. 30, 2007), https://www.justice.gov/atr/response-institute-electrical-and-electronics-engineers-incs-request-business-review-letter.

## 三、中国

### (一)中国标准制定组织

中国标准的制定工作起初是由政府全权负责的,且全为强制性标准,用于在计划经济中规范大规模生产,但自1989年中国施行《标准化法》以来,中国的标准体系增加了利益相关企业作为制定主体,除强制性标准之外还纳入了自愿性标准。[①] 近年来,中国政府认为标准在技术开发中至关重要,是国际产业竞争力的重要组成部分,故中国从2015年开始加大了制定标准规则的力度,国务院出台了《深化标准化工作改革方案》以及《国家标准化体系建设发展规划(2016—2020年)》,以在公认的国际组织中参与至少一半的标准起草和修订工作、加强中国在国际标准化组织中的参与度并增加在标准制定机构担任领导职务的人数、向海外推广中国标准为目标,完善了我国的标准化体系,也提升了标准化的水平。这些规划方案反映了一种双管齐下的制度战略,即通过加强中国在国际标准化组织中的参与以及鼓励其他国家实施中国标准来全方位增加中国标准的世界影响力。[②] 因此,从2016年到2020年,在这些规则的影响下,中国企业参与国际多边机构和行业联盟的数量显著增多,在标准起草委员会也发挥了更大的影响作用。例如,中国企业作为投票成员参与5G标准制定的数量截至2020年1月达到了110个,与2011年相比增长了一倍之多。目前,国家标准化委员会正在制定《中国标准2035》,其致力于为5G互联网、物联网、人工智能等未来关键技术领域制定全球标准,体现了中国重塑全球科技产业标准的目

① See Jack Kamensky, *Standards Setting in China-Challenges and Best Practices*, The US-China Business Council, February 2020, p. 3.

② See the US-China Business Council, *China in International Standards Setting-USCBC Recommendations for Constructive Participation*, https://www.uschina.org/sites/default/files/china_in_international_standards_setting.pdf, p. 2.

标,将对全球下一代技术产生重要影响。①

和欧美国家由行业和市场主导的标准体系不同,中国的标准体系主要由政府主导,与国家规则密切相关,分为国家标准、行业标准、地方标准、协会标准、和企业标准五类。② 国家标准是适用于全国的技术规范,除特定行业之外,由国家标准化管理委员会(SAC)负责制定,由其下属技术委员会(TC)或小组委员会(SCs)具体起草。SAC 在性质上通常被视为政府部门的一个分支机构,受到国务院的监督,其成员由国有企业、国家研究机构和高校的专家组成,体现了政府的全程主导作用。③ 国家标准又分为强制性国家标准和自愿性国家标准。强制性国家标准又被称为"国标"标准,涉及人类健康、环境和国家安全方面,所有企业都必须严格遵守国标标准。自愿性国家标准仅有指导和推荐作用,企业不需要强制执行。2017 年《标准化法》修订之后,除国家标准之外,其他标准制定主体都不能制定强制性标准。但在某些如环境保护、医药健康等涉及国家安全的特定领域,之前制定的一些强制性行业和地方标准仍有所保留。行业标准由相关行业的监管机构发布并在国资委进行注册。针对特定行业的技术标准在没有国家标准规定的范围内,由行业标准加以规定。若针对某一特定标准行业标准已有规定后又颁布了国家标准,则行业标准就应当及时废除。地方标准由省级政府或省政府授权的设区的市政府制定,并在国资委进行登记,其仅适用于制定机构的管辖范围之内,规定的内容限于国家标准和行业标准没有规定的事项。协会标准又叫社会组织标准,是 2017 年获得法律地位的一种新型标准分类。在民政部合法注册的任何社会组织都可在不涉及国家标准、地方标准和行业标准的范围内制定协会标准。协会标准的制定程序更加灵活高效,其可以弥补由政府主导的国家标准、产业标准和地方标准制定过程周期过长的缺陷,

---

① See Alexander Chipman Koty, *What is the China Standards* 2035 *Plan and How Will it Impact Emerging Industries*?, https://www. china-briefing. com/news/what-is-china-standards - 2035 - plan-how-will-it-impact-emerging-technologies-what-is-link-made-in-china - 2025 - goals/.

② 参见丁文严、韩萍:《标准必要专利保护的中国路径——"标准必要专利保护法律问题研究"研讨会综述》,载《法律适用》2018 年第 19 期。

③ 参见邓志红、Ethan Ma:《涉及中国企业的标准必要专利许可谈判及诉讼:最新进展与风险分析》,载《电子知识产权》2019 年第 1 期。

特别是在一些如人工智能、区块链等迅速发展的科技前沿领域,可以先行制定协会标准以满足不断变化的市场需求。[①] 企业标准由公司独立制定,但在施行之前要向政府先行申报。企业标准仅适用于公司内部,且其水平不能低于现存的国家标准或行业标准。目前制定高质量的企业标准已经成为企业展现其产品优势,吸引消费者的重要手段。[②]

### (二)标准与中国反垄断法之间的关系

关于标准与中国反垄法之间的关系,最早规定于我国《反垄断法》,[③]但该条仅原则性地规定经营者滥用知识产权,排除和限制竞争的做法应适用反垄断法进行规制,而并没有规定知识产权滥用的判断标准,且在实践中也从未出现因标准必要专利的许可引发反垄断问题的情形,直到 2013 年华为诉 IDC 案的发生。2013 年,深圳中级人民法院作出判决,认为 IDC 公司滥用市场支配地位将其标准必要专利和其他非必要专利捆绑许可,同时违反 FRAND 许可承诺向华为收取歧视性的专利许可费,从而对 IDC 作出了 300 万美元的罚款。[④] 这是 FRAND 许可承诺第一次出现在中国的标准必要专利案件中,也是第一个涉及反垄断问题的标准必要专利许可纠纷。该案使中国意识到了标准必要专利权人滥用其市场优势地位进行专利滥用从而对市场竞争造成不利后果的风险,开始完善与标准必要专利有关的反垄断体系和相关法律。[⑤] 2015 年 12 月,国务院发布了《关于新形势下加快知识产权强国建设的若干意见》,其在第 12 条强调要完善知识产权垄断监管机制,要求下级行政机关全面开展反垄断工作。同时

---

① 参见陈学宇、郑志柱:《我国标准必要专利问题的司法政策研究——技术进步视野下的检视》,载《法治论坛》2020 年第 1 期。

② See Jack Kamensky, *Standards Setting in China-Challenges and Best Practices*, The US-China Business Council, February 2020, p. 4.

③ 2007 年《反垄断法》第 55 条规定,经营者依照有关知识产权的法律、行政法规规定行使知识产权的行为,不适用本法;但是,经营者滥用知识产权,排除、限制竞争的行为,适用本法。

④ See Liu Ning Yuan, ed. , *A Study of Chinese Antitrust Law Enforcement from Competition Law's Perspective*, Law Press China, 2015, p. 7.

⑤ 参见董新凯:《反垄断法规制标准必要专利　运用时的利益平衡——兼评〈关于滥用知识产权的反垄断指南(征求意见稿)〉》,载《学术论坛》2019 年第 4 期。

该条也注意到了标准必要专利可能具有的反竞争的风险,规定要完善标准必要专利的 FRAND 许可规则和停止侵权适用规制。具体而言,意见要求下级行政机关在设计反垄断指南时将 FRAND 许可规则纳入,用来监督标准必要专利权人的行为,防止专利劫持的现象发生。① 2019 年 1 月,国务院反垄断委员会公布了《关于知识产权领域的反垄断指南》,为滥用知识产权的行为适用反垄断法提供了重要指引。指南对知识产权人滥用知识产权的具体表现形式和相应的反垄断规制都做了详细规定,同时其第 11 条规定了判断标准制定过程是否阻碍竞争应考虑的因素,②第 27 条规定了判断标准必要专利权人是否占据市场支配地位的考虑因素以及对标准必要专利权人申请禁令救济是否会阻碍竞争的判断方法。相较于《反垄断法》《专利法》等基本法来讲,该指南在知识产权滥用的反垄断规制领域更加明确具体。

---

① See Nigel Naihung Lee, *The Recent Development of China's Anti-Monopoly Law on Standard Setting Organization's Patent Pooling Arrangements and the Issues of Incorporating Patent Misuse Doctrine as the Antitrust Review Standard*, Maryland Series in Contemporary Asian Studies 2015, no. 4 (2015): 1 - 52, p. 10.

② 参见国务院反垄断委员会《关于知识产权领域的反垄断指南》第 11 条规定,本指南所称标准制定,是指经营者共同制定或参与制定在一定范围内统一实施的涉及知识产权的标准。标准制定有助于实现不同产品之间的通用性,降低成本,提高效率,保证产品质量。但是,具有竞争关系的经营者共同参与标准制定可能排除、限制竞争,具体分析时可以考虑以下因素:(1)是否没有正当理由,排除其他特定经营者;(2)是否没有正当理由,排斥特定经营者的相关方案;(3)是否约定不实施其他竞争性标准;(4)对行使标准中所包含的知识产权是否有必要、合理的约束机制。

# 第二章　FRAND 许可承诺的法律性质和许可费反垄断规制研究

## 第一节　FRAND 许可承诺的法律性质

尽管 FRAND 声明已经成为许多标准化组织在标准制定过程中被要求提供的一份承诺书,但其具体内容一直缺乏明确的阐释。这种概括性特点使得标准实施后尚未就 FRAND 声明的法律属性达成共识,实践中的理解差异导致了标准必要专利许可纠纷裁决思路的分歧。[①] 比如在标准必要专利权人与标准实施者之间尚未就专利许可协商达成一致时,仅凭 FRAND 许可承诺是否能够认定二者之间存在专利实施许可的合同法律关系,再如违反 FRAND 声明的行为应依据哪一部法律进行规制,这些问题都在学界引起了争议。因此,正确理解 FRAND 声明的属性及其法律效果具有重要的理论及现实意义。

---

① 参见管育鹰:《标准必要专利权人的 FRAND 声明之法律性质探析》,载《环球法律评论》2019 年第 3 期。

## 一、第三方利益合同说

通常情况下,合同具有相对性,只在当事人之间发生法律效力。但有时也会出现例外情形,如美国的《合同法重述》(第 2 版)第 17 条所述:如果合同有第三方受益人,即虽然不是当事人但是合同履行指向直接受益人的,该第三人享有履行合同的请求权。这种对第三人利益合同的承认突破了合同的相对性限制。无独有偶,英国 1999 年通过的《合同第三方权利法案》规定,在合同明确了第三方对合同有请求权的情形下,第三方享有独立的合同履行请求权。① 在微软诉摩托罗拉案②中,美国法院将摩托罗拉向 IEEE 和 ITU 作出的 FRAND 声明视为两者之间签订的有约束力的合同,该合同内容是按照 FRAND 原则对标准必要专利实施许可。法院在该案中直接指出微软公司是摩托罗拉与 IEEE 和 ITU 合同的第三方受益人。同样地,在无限星球诉华为案中,英国法院分析指出无限星球与 ETSI 之间构成第三方利益合同,作为标准必要专利权人的无限星球应受到 FRAND 声明的约束。③ 在同时采纳第三方利益合同说的英美两国,法院在分析 FRAND 声明所产生的法律效果时,观点却不完全一致。美国法院在审理与苹果和摩托罗拉案相关联的一起诉讼中,认为标准必要专利权人一旦做出 FRAND 声明,面对愿意支付合理许可费的标准实施者,不应当提出禁令救济。而英国法院审理无限星球诉华为案时指出,FRAND 声明产生的约束,仅在无限星球拒绝签订符合 FRAND 条款的许可合同时通过法院拒绝其侵权禁令的救济请求时得以体现。显然,美国法院以第三方利益合同的理论视角进行的阐释更加符合标准实施者的利益。

大陆法系国家中也有类似于上述第三方利益合同说的合同法理论。比如,

---

① See Contracts (Rights of Third Parties) Act 1999, Chapter 31. 转引自管育鹰:《标准必要专利权人的 FRAND 声明之法律性质探析》,载《环球法律评论》2019 年第 3 期。

② See Microsoft Corp. v. Motorola, Inc., 854 F. Supp. 2d 993, 999 (W. D. Wash. 2012).

③ 参见管育鹰:《标准必要专利权人的 FRAND 声明之法律性质探析》,载《环球法律评论》2019 年第 3 期。

德国法律中规定有利他合同,以是否直接赋予第三人主张债务履行的权利为依据,分为真正的和不真正的利他合同。受益人有债务履行请求权的真正利他合同与英美法律实践中所运用的第三方利益合同更为相似,但在司法实践中,大陆法系国家的法院未援引利他合同理论来解决标准必要专利纠纷。①

我国也有关于真正利他合同的规定,参见《民法典》第 522 条第 2 款之规定。② 不过,想要运用该款来解释 FRAND 声明首先面临一个问题,即 FRAND 声明是否构成在标准必要专利权人与标准化组织之间产生债权债务关系的合同。有学者指出,FRAND 承诺本身过于抽象,就内容的明确程度来说不符合中国法律要求的合同法的构成要件。③

## 二、默示许可说

所谓默示许可说,是指在某些情形下,许可双方没有以口头或者书面的形式确定专利权人不会就另一方使用其专利产品或方法的行为提起侵权诉讼,因此让被控侵权人产生合理信赖,从而正当地推定专利权人已经同意其实施专利的一种专利许可形态。④ 就法律渊源而言,专利默示许可来源于英美合同法上的默示条款,即虽然合同本身没有明确规定,但在纠纷发生时由法院确认的、合同中应当包含的条款。⑤ 尽管默示条款的概念源于合同法,但在实践中渐渐适用于专利许可制度。其中,美国联邦最高法院最早对专利默示许可进行了较为明确的阐释,在 1927 年的 De Forest 无线电话公司诉美利坚合众国案中,法院分

---

① See Unwired Planet v. Huawei,[2017] EWHC 711(Pat).

② 我国《民法典》第 522 条第 2 款规定,法律规定或者当事人约定第三人可以直接请求债务人向其履行债务,第三人未在合理期限内明确拒绝,债务人未向第三人履行债务或者履行债务不符合约定的,第三人可以请求债务人承担违约责任;债务人对债权人的抗辩,可以向第三人主张。

③ 参见朱理:《标准必要专利的法律问题:专利法、合同法、竞争法的交错》,载《竞争政策研究》2016 年第 2 期。

④ 参见袁真富:《基于侵权抗辩之专利默示许可探究》,载《法学》2010 年第 12 期。转引自范宇鑫:《专利标准化下的默示许可制度——以〈专利法〉第四次修改为视角》,载《中山大学研究生学刊(社会科学版)》2017 年第 2 期。

⑤ 参见杨圣坤:《合同法上的默示条款制度研究》,载《北方法学》2010 年第 2 期。

析指出:“专利权人使用的任何语言或采取的任何行动,只要它能够让他人正当地推定专利权人已经同意其实施专利,则可以构成一种许可,并可以在专利侵权诉讼以此为由进行有效抗辩”①。

至于默示许可的理论基础,英美主要依据衡平法上的禁止反言原则。依据禁止反言原则,如果被控侵权人实施专利是基于对专利权人行为的信赖,则专利权人不得据此声称被控侵权人侵犯其专利。② 有学者认为可以将 FRAND 声明视为构成专利默示许可的依据,因为标准必要专利权人作出同意以符合公平、合理、非歧视原则的条件进行专利许可的承诺时,标准实施者有理由相信只要其支付合理的许可费,必要专利持有者就会许可其使用专利。在这种情况下,权利人不能以专利侵权为由向标准实施者主张惩罚性赔偿和禁令救济,只能请求判定支付许可费。③ 标准必要专利权人不得作出与 FRAND 承诺相违背的行为,这符合专利默示许可保护专利实施人合理信赖利益的最终目的。④

在大陆法系理论中,诚实信用原则与衡平法的禁止反言原则有着类似之处,其中对合理信赖利益的保护构成了标准必要专利默示许可制度的正当性基础。⑤ 尽管大陆法系的合同法理论中存在专利默示许可制度,但是其适用前提往往是在许可合同已经有效成立的情况下,而且仅针对标准必要专利权人在标准制定过程中未披露其专利信息的不诚信行为。比如我国最高人民法院在 2014 年判决的张某廷与子牙河公司案中明确地提出,如果标准参与者在标准制定过程中,已对其拥有的专利信息予以充分披露,则不需要适用默示许可制

---

① De Forest Radio Tel. Co. v. United States,273U. S. 236 (U. S. 1927). 转引自范宇鑫:《专利标准化下的默示许可制度——以〈专利法〉第四次修改为视角》,载《中山大学研究生学刊(社会科学版)》2017 年第 2 期。

② See Stickle v. Heublein, Inc. ,716 F. 2d 1550,1559 (Fed. Cir. 1983). 转引自朱雪忠、李闯豪:《美国专利间接侵权默示许可抗辩的反思与借鉴》,载《法律科学(西北政法大学学报)》2018 年第 2 期。

③ See Lichtman Douglas Gary, *Understanding the RAND Commitment*, Houston Law Review, Vol. 47, p. 1024(2010).

④ 朱雪忠、李闯豪:《美国专利间接侵权默示许可抗辩的反思与借鉴》,载《法律科学(西北政法大学学报)》2018 年第 2 期。

⑤ 参见范宇鑫:《专利标准化下的默示许可制度——以〈专利法〉第四次修改为视角》,载《中山大学研究生学刊(社会科学版)》2017 年第 2 期。

度。[①] 尽管该内容因为学界对构建专利法定许可是否合理的争议最终被删除，但可以看到就我国而言，并没有支持 FRAND 声明本身构成专利默示许可的法律基础。[②]

## 三、单方法律行为说

实践中有法院采用单方法律行为说来看待 FRAND 声明，例如在西电捷通诉索尼案中，北京知识产权法院审理指出："FRAND 声明仅系专利权人作出的承诺，系单方民事法律行为，仅基于涉案 FRAND 专利许可不能认定双方已达成了专利许可合同。"[③]该学说否定了第三方利益合同说及默示许可说中认定合同已经存在的基础，并且未将这一单方法律行为的法律效果延伸至是否颁发禁令等问题，反而以一种更为谨慎的态度去审视 FRAND 声明本身。但是，就法律行为的构成要件而言，按照萨维尼给出的定义，法律行为是"行为人创设其意欲的法律关系而从事的意思表示行为"[④]。具体而言，法律行为需要有三个要件，第一，行为人实施了一定的行为，这种行为可以是作为也可以是不作为；第二，行为人具有一定的意思表示，这种意思表示是为了达到一定的法律效果；第三，法律行为能够引起法律关系的产生、变更和终止。从 FRAND 声明来看，因为其本身的概括性很难推定标准必要专利权人真实的意思表示及其相应的法律效果，因此很难构成标准意义上的单方法律行为。此外，单方法律行为人往往可以给自己设定义务，而不得给他人设定义务。但在实际的标准必要专利纠纷解决

---

① 参见袁真富：《标准涉及的专利默示许可问题研究》，载《知识产权》2016 年第 9 期。

② 原国务院法制办公室 2015 年 12 月公布的《中华人民共和国专利法修订草案（送审稿）》第 85 条规定：参与国家标准制定的专利权人在标准制定过程中不披露其拥有的标准必要专利的，视为其许可该标准的实施者使用其专利技术。

③ 管育鹰：《标准必要专利权人的 FRAND 声明之法律性质探析》，载《环球法律评论》2019 年第 3 期。

④ 转引自李艳秋：《法律行为概念的检讨与反思》，载《北京理工大学学报（社会科学版）》2008 年第 5 期。

中，法院一般会将 FRAND 原则扩张解释为双方当事人都应遵守的谈判义务。[①]

## 四、要约邀请说

在摩托罗拉诉微软案中，德国曼海姆法院认为摩托罗拉向 ITU 提交的 FRAND 声明只是邀请标准实施者进行协商的意思表示，既不构成利他合同，也不构成针对不特定第三人的有约束力的要约。[②] 要约邀请，是一方当事人邀请对方当事人向自己发出要约的、旨在订立合同的意思表示，从性质上讲是一种事实行为。[③] 就标准必要专利权人作出 FRAND 声明的行为而言，基于声明内容的原则性虽然不构成要约，但是确实向不特定的标准实施者表示出了愿意以公平、合理、无歧视原则进行标准必要专利授权许可的意思，在这一层面上是构成要约邀请的。至于该要约邀请的法律效果，有学者认为类似于合同缔结过程中的先合同义务，标准必要专利权人应当在专利许可过程中履行诚信谈判义务。[④] 依据双方在谈判过程中是否进行了善意积极的谈判、哪一方违背了诚信原则而判定是否应当颁发禁令救济或者是否构成专利侵权更为合理。

## 五、其他学说

上述四种学说只是关于 FRAND 声明属性的主要观点，还有许多其他见解，比如华为诉 IDC 公司案中，我国法官认为 FRAND 承诺应理解为"标准必要专利权人对标准实施者及潜在的标准实施者负有的以符合 FRAND 条件许可的义

---

① 参见管育鹰：《标准必要专利权人的 FRAND 声明之法律性质探析》，载《环球法律评论》2019 年第 3 期。

② See Thomas F. Cotter, *Comparative Law and Economics of Standard-Essential Patents and FRAND Royalties*, Tex. Intellectual Property Law Journal, Vol. 22, p. 318(2014). 转引自管育鹰：《标准必要专利权人的 FRAND 声明之法律性质探析》，载《环球法律评论》2019 年第 3 期。

③ 参见王家福主编：《中国民法学 · 民法债权》，法律出版社 1991 年版，第 280—284 页。

④ 参见管育鹰：《标准必要专利权人的 FRAND 声明之法律性质探析》，载《环球法律评论》2019 年第 3 期。

务,该义务与供水供电等垄断企业所担负强制缔约责任相似"①,但因为此强制缔约义务有限制当事人自由合意之嫌,且缺乏相应的法律依据,因此未得到广泛认可。由此可见,基于FRAND声明本身的原则性及各国法律渊源的差异,想要界定FRAND承诺的法律性质非常困难,目前在理论界和实践中也并未就其性质及法律效果形成统一认识。面对这种莫衷一是的状况,很多法院在司法实践中选择回避FRAND声明的法律性质问题,将说理重点转向FRAND原则是双方均应遵守的谈判义务并据此判定各自的法律责任。比如在2015年的华为诉中兴案中欧盟法院将FRAND声明视为一种承诺,但没有就此进一步论证。这种做法虽然省去了定义FRAND法律性质的麻烦,但是不同法系、不同国家之间理解上的差异还是体现在了司法判决与执行中。比如同样就摩托罗拉以微软侵犯其标准必要专利权为由向法院主张禁令救济,德国法院认为摩托罗拉主张侵权救济没有构成威胁性索赔,据此颁发了禁令;②而美国法院依据第三方利益合同说,认为标准必要专利权人无权请求禁令救济,因此判决不予执行德国法院颁发的禁令。鉴于此,未来在FRAND声明属性的问题上还是有必要尝试统一认识,以便确保司法的一致性与权威性。

## 六、专利实施许可的FRAND承诺

### (一)FRAND承诺纳入专利规则的必要性

专利权的排他性意味着未经专利权人许可则任何人都无权实施该专利。而国际技术标准进入实施阶段后,各国企业要想生产出符合标准的产品,必然会使用标准中的专利技术,也就必然需要获得标准必要专利权人的许可,这将导致专利权人和专利实施者之间的地位失衡,就专利权人而言,授权的对象遍

① 转引自赵威、赵雪:《贸易摩擦下美国域外专利管辖实践及我国应对》,载《理论视野》2019年第9期。

② 参见赵启杉:《竞争法与专利法的交错:德国涉及标准必要专利侵权案件禁令救济规则演变研究》,载《竞争政策研究》2015年第2期。

布各成员国,范围广泛,可供选择。对于专利实施者而言,对象却是唯一的,无选择余地可言。这种地位的失衡就会为专利权人滥用其专有权利,拒绝许可从而排除竞争,或者附加不合理条件等提供了可乘之机。因此,ISO把专利权人的许可承诺列入必要专利进入标准的先决条件。

### (二)FRAND承诺的内涵

FRAND专利许可承诺,即专利权人承诺愿意在公平、合理且非歧视的条件下与申请人协商订立专利许可协议。[①] 如果要求使用权利持有人技术的许可要约被认为是公平合理的,则专利持有人无正当理由不能拒绝。FRAND许可条款规定了专利持有人在特定条件下授予许可的义务,改变了专利权纯粹的财产权属性。但与此同时,标准必要专利权人仍具有决定专利使用费率的权利,虽然其受到一般行业惯例的限制。因此,FRAND许可条款是财产规则和责任规则的融合,平衡了专利持有者获得公平报酬和标准实施者对标准必要专利的顺利实施之间的利益冲突,并为双方开创更大的灵活空间。

### (三)FRAND承诺规定的缺陷

另外,由于ISO坚守在标准产生过程中的"中立地位",即标准必要专利权人是否真正履行信息披露义务和FRAND承诺,ISO概不负责。而且在标准实施阶段的专利许可谈判中,ISO也明确表态自己不会介入。这样一来,标准必要专利权人履行相应的义务也就缺乏权力机构约束。再者,FRAND承诺规定得过于笼统抽象,缺乏可操作性,因此,FRAND承诺被视为"不完整的合同"。实践中对于FRAND承诺的解释和应用都是不确定的,需要进一步定义。而且ISO/IEC专利规则中也无任何条款规定标准必要专利权人违反FRAND承诺的后果,导致实践中FRAND承诺丧失了其应有的约束力。一些标准必要专利权人甚至试图以攻击FRAND全球许可的有效性来摆脱其束

---

① 参见《ISO/IEC导则》第一部分第2.14条第2款。

缚。例如在美国发生的 Inter digital Communications 公司诉 ZTE 公司案。[①] Inter digital Communications 公司拥有的一项专利涉及不同的无线电标准，且该公司也为全球许可制作了不同的要约，而 ZTE 公司则希望将许可限于美国境内适用。由此可见，由于 ISO 关于标准必要专利权人的义务规定得不尽完善，且没有规定违反该义务的后果。实践中标准必要专利权人为了追求自身利益的最大化，违反 FRAND 承诺，以不正当的手段行使专利权，以限制竞争，巩固自己的垄断地位的现象屡见不鲜。这就构成了知识产权的滥用，落入了反垄断法的规制范围。具体表现为标准制定阶段隐瞒专利真实状况，标准实施过程中的拒绝许可以及在许可合同中附加限制性商业条款等行为。

## 第二节 FRAND 许可费问题

### 一、许可费收取的原则

专利标准化后，从业者要参与该行业的竞争就必须实施标准必要专利。由于标准必要专利具有垄断性和不可替代性，专利持有人基于其在必要专利许可市场的优势地位及逐利心理，极有可能在进行许可谈判的过程中对交易对手提出不利的许可条件，如以请求停止侵害或颁发禁令为要挟，攫取高额许可费，甚至是拒绝专利许可。此举不仅会严重影响被许可方的经营活动，还会导致技术标准难以实施，这就严重背离了技术标准化的目的和初衷。[②] 为了避免此类情况的发生，大多数标准组织在知识产权规则和政策中都要求成员在申请将专利纳入标准时作出 FRAND 承诺（Fair，Reasonable and Non-discriminatory terms）或者 RAND 承诺（Reasonable and Non-discriminatory terms），即以公平、合理、无歧

① See No. 1:13 - cv - 00009 - RGA，2014 WL2206218，at * 2（D. Del. May 28，2014）.

② See Alexander Italianer，*Innovation and competition*，Sep. 21，2012，at 6，http://ec. europa. eu/competition/speeches/text/sp2012_05_en. pdf. 转引自王晓晔：《标准必要专利反垄断诉讼问题研究》，载《中国法学》2015 年第 6 期。

视的条件将其必要专利许可给所有制造、使用或者销售相关产品的人。[①] 标准必要专利许可费率作为授权许可协议的重要条款,自然也要符合 FRAND 原则,甚至在判断某一许可行为是否符合 FRAND 承诺时,许可费率可以作为决定性因素。但需要说明的是,标准必要专利的许可费分为负担 FRAND 许可义务的标准必要专利许可费以及不负担 FRAND 许可义务的许可费,本书旨在分析前者在确定时应遵循的原则。

### (一)公平原则

"公平"是一个高度抽象的概念,在不同的研究视角下,学界对其所下的定义也不尽相同。其中,比较具有普遍性的提法是:公平是指社会制度规则的公正、平等,是社会对每个人权利和义务的合理分配。[②] 它强调人与人之间的一种平衡关系。投射到专利许可谈判的场景中,则是要求标准化组织对专利许可的双方都施加责任和义务。[③] 进一步而言,标准必要专利许可费率应当彰显了基于双方平等谈判而形成的利益合理分配的结果。比如在华为诉 IDC 案中,法官曾在判决书中提到"许可费率应使专利持有者获得应有的回报,又不至于使得专利实施者因高额的许可费被排除在市场之外"[④],即公平的许可费率应当是平衡必要专利许可双方当事人利益的结果。标准必要专利的持有人有义务促进技术标准的广泛实施,那么在谈判过程中就不宜提出过高的许可费率来阻碍专利的实施者或潜在的实施者获得许可。相应地,标准必要专利的实施者有义务秉持着善意与专利权人协商确定许可费率。若其中任何一方违背自己的义务,就会产生不公平的结果。比如实践中标准必要专利权人利用权力要挟专利使用人,拒绝专利许可或者获取高额的许可费,就造成了所谓的专利劫持。与此

---

① See the U. S. Department of Justice and the Federal Trade Commission, *Antitrust Enforcement and Intellectual Property Rights*: *Promoting Innovation and Competition*, Issued on April 2007, at 36, https://www.justice.gov/sites/default/files/atr/legacy/2007/07/11/222655.pdf(Last visited on August 30,2020).

② 参见田翠琴:《公平正义的内涵与历史演变》,载《学习与实践》2001 年第 11 期。

③ 参见谢宜霖:《标准必要专利"公平、合理、无歧视"许可费率计算方法探究》,深圳大学 2018 年硕士学位论文,第 31 页。

④ 广东省高级人民法院民事判决书,(2013)粤高法民三终字第 305 号。

相对应，当专利实施者恶意地利用 FRAND 原则的不确定性，故意不支付或尽量少支付专利许可费，使专利持有人无法获得合理的报酬或补偿，就出现了专利反向劫持。① 以上两种情况都是一方利用自己的优势地位对另一方当事人作出的不利行为，以此确定的许可费率是有违公平原则的。

### （二）合理原则

有学者认为，理想状态下，无论是标准必要专利还是普通专利，如果许可方和被许可方在平等、自愿的基础上经过协商所达成的许可费，就是“合理的”许可费。② 这种观点体现了对主体的自由意志的保障，将意思自治置于 FRAND 费率的核心。换句话说，当事人在协商过程中提出的许可费率，哪怕高于真实的 FRAND 许可费率，法院也不应一味地加以否定，而是要给许可双方充分的自由协商的空间，这样有利于发挥市场在多边贸易的技术标准定价中的决定性作用。③ 比如在微软诉摩托罗拉案中，微软的专家证人在计算专利许可方 802.11 专利包的最高费率时，没有严格排除许可方在该标准中拥有的非标准必要专利，因此曾提出一个比法院的计算结果高的许可费率，这表明理性的实施者愿意在合理范围内支付较高的许可费率。④

在华为诉 IDC 案的判决中，法院则明确指出，许可费的合理性包括标准必要专利许可费自身的合理性和相比较的合理性。⑤ 法院在分析许可费自身的合理性时考虑到很多因素：（1）许可费高低应考虑实施该专利或类似专利所获得的利润，以及该利润在被许可人相关产品销售利润或销售收入中所占的比例。专利许可费只能是产品利润的一部分而不应是其全部，因为一个产品的产出除

---

① 参见刘婧：《标准必要专利的许可费率分析》，载《商讯》2019 年第 12 期。

② 参见李剑：《标准必要专利许可费确认与事后之明偏见——反思华为诉 IDC 案》，载《中外法学》2017 年第 1 期。

③ 参见马一德：《多边贸易、市场规则与技术标准定价》，载《中国社会科学》2019 年第 6 期。

④ 本案庭审之时，摩托罗拉和微软关于 802.11 标准主张的必要专利的数量都有显著降低，法庭根据新确定的专利数量估算出的费率低于微软以 Via 许可 802.11 专利池为基础计算出来的每单元 6.5 美分的费率。

⑤ 广东省高级人民法院民事判决书，(2013) 粤高法民三终字第 305 号。

了技术支持,还有资本、被许可方经营劳动的投入。(2)一个标准往往包含多个必要专利权人,专利权人之间只能主张与其专利比例相对应的产品利润。(3)标准必要专利权人要求被许可人就其非标准必要专利支付许可费是不合理的。(4)由于创新的技术才是专利权人的贡献所在,所以必要专利持有人仅能够就其专利权而不能因标准而获得额外利益。① 从经济学的角度出发也是如此,"合理"的许可费率,即标准必要专利权人的收益,应当限制在因其专利技术本身而获得的经济价值,不应当包括专利被纳入标准后而产生的额外价值。② 有经济学家曾说,对于潜在标准实施者来说,为得到标准必要专利所支付的许可费应低于该专利未成为标准且仍存在替代技术时的许可费率。③ 实践中,专利权人倾向于夸大自己所持有的必要专利对于某项标准或最终产品的贡献度,当一项标准中纳入大量必要专利时,就会引发费率堆叠的问题,对标准实施者来说就形成了不合理的许可费率。至于标准必要专利许可费相比较的合理性,其内涵和下文中的"无歧视"原则一致,故放在下文论述。

### (三)无歧视原则

对于"无歧视",学界对其定义存在一定分歧。部分学者认为"无歧视"应当是对所有的标准实施者一视同仁,部分学者则认为"无歧视"应体现为"专利权人与相同状态的公司进行交易时实施一致的许可条件,不得区别对待"④。也就是说,如果被许可人的条件相当,那么他们被要求的许可费率也应大致相当。实践中,比起严格按照某一计算公式计算许可费率,与其他标准实施者获得的许可费率进行比较更为直观,也为更多被许可方所选择。比如华为诉 IDC 案

---

① 广东省高级人民法院民事判决书,(2013)粤高法民三终字第305号。

② 参见谢宜霖:《标准必要专利"公平、合理、无歧视"许可费率计算方法探究》,深圳大学2018年硕士学位论文,第12页。

③ See Mark Lerley & Carl Shapiro, *A Simple Approach to Setting Reasonable Royalties for Standard-Essential Patents*, (November 5, 2013) Stanford Public law Working Paper No. 2243026, p. 10, https://papers.ssrn.com/sol3/papers.cfm?abstract_id=2243026, (Last visited on August 2, 2020).

④ Richard J. Gilbert, *Deal or No Deal? Licensing Negotiations in Standard-Setting Organizations*, 7 Antitrust Law Journal (2011), p. 855.

中,华为将 IDC 授权给苹果、三星等公司的专利许可条件与其向自己发出的要约条件进行比较,发现无论是以一次性支付专利许可使用费为标准,还是以专利许可使用费率为标准,IDC 拟授权给华为的专利许可费都远高于苹果、三星等公司。因此华为以违背非歧视原则为由将 IDC 诉至法院。

综上所述,标准必要专利许可费率应当遵循公平、合理及无歧视的原则,这也是标准化组织知识产权规则和政策中 FRAND 承诺所具体要求的。上文虽然对公平、合理、无歧视三项原则分别展开了论述,但三者的内涵实际是相互交织的。对许可双方利益进行平衡后得出的公平的许可费率往往是合理的,不具有自身合理性的许可费率也会使专利权人或标准实施者觉得不公平。同时,相比较的合理性其实也是无歧视的要求,三个原则之间相互联结,同时符合才会构成双方都能接受的标准必要专利许可费率,才能促进标准的广泛采用与技术的持续进步。

## 二、许可费的计算方法

许可协议要与涉诉当事人之间可能达成的协议具有"可比性"。[①] 具有"可比性"理想状态下,标准必要专利的许可费率是由许可方和被许可方在平等、自愿的基础上协商确定的。正所谓个人是个人利益的最佳判断者,双方协商决定的许可费率,才是最符合二者利益的。但是由于标准产生的"锁定"等因素的影响,现实中就专利许可费率常常产生纠纷。理论界就确定合理的标准必要专利许可费提出过一系列方法,如事前拍卖法、事后仲裁法、Shapley 值法等,但由于众多复杂的商业因素及操作困境,应用并不广泛。[②] 实践中,法院在审理这类纠纷时,也逐步发展出不同的计算方法。下文旨在对目前为止司法实践中主要涉及的计算方法进行梳理,并简要分析了每种方式的优势及缺陷。

---

① 参见郭禾、吕凌锐:《确定标准必要专利许可费率的可比协议法研究》,载《中国物价》2020 年第 1 期。

② 参见陈永伟:《FRAND 原则下许可费的含义及其计算:一个经济学角度的综述》,载《知识产权》2017 年第 7 期。

## (一)自上而下法

自上而下法又称为 Top-down 方法,该方法首先要求评估特定标准中所有必要专利的整体费率或整体价值,然后再根据专利权人所持涉案专利对标准的技术贡献度来确定许可费。该方法也被称为专利价值评估法,其基本法理是:专利权人仅能就其专利技术创造的价值获益。①

司法实践中,运用自上而下法的典型案例是 TCL 诉爱立信案,该案中法院所采用的专利价值计算公式概括为:标准必要专利许可费 = 整体费率 × 权利人未到期的标准必要专利数量/标准中必要专利总量。

首先,在确定整体费率阶段,TCL 援引了爱立信单独或与其他标准必要专利所有者联合发表的公开信息,其中包括涉及 2G/3G SEP 的整体费率的新闻稿以及关于 4G/LTE SEP 总价值的官网声明。② 尽管爱立信反对称其此前发表的公开信息只是对许可费的猜想和预测,但有学者提出专利持有人为商业目的公开作出的许可费声明应当被推定具有约束力,视为专利持有人应当履行的义务。③ 法院认为以上信息公开于标准制定之前,避免了专利锁定带来的影响,又依据爱立信凭借相关声明击败了竞争对手的事实,采纳了公开信息中承诺的整体费率,即 2G/3G 累计费率为移动通信产品 ASP 的 5% ,4G 累计费率的下限和上限分别为 ASP 的 6% 和 10% 。④

其次,在计算爱立信标准必要专利的份额时,根据计算公式,需要确定标准中必要专利的总量。此时必要性分析是判定总量的关键,法院基于 TCL 公司

---

① 参见赵启杉:《标准必要专利合理许可费的司法确定问题研究》,载《知识产权》2017 年第 7 期。

② 2002 年 NTT DoCoMo 公司、爱立信公司、诺基亚公司和西门子公司达成谅解协议,约定各方就 2G/3G SEP 的整体费率不超过移动通信产品 ASP 的 5% 。2008 年 4 月,爱立信在其官网发表声明称,其持有的专利价值占 4G/LTE SEP 总价值的 20% ~25% ,而 4G/LTE SEP 总价值将占移动设备产品 ASP 的 6% ~8% 。

③ See Jorge L. Contreras, *A Market Reliance Theory for FRAND Commitments and Other Patent Pledges*,2015 Utah L. Rev. 479,vi (2015). 转引自郭禾、吕凌锐:《确定标准必要专利许可费率的 Top-down 方法研究——以 TCL 案为例》,载《知识产权》2019 年第 2 期。

④ 参见郭禾、吕凌锐:《确定标准必要专利许可费率的 Top-down 方法研究——以 TCL 案为例》,载《知识产权》2019 年第 2 期。

的分析结果和爱立信的反对意见，最终决定2G、3G、4G标准必要专利总量分别为365个、953个和1481个。① 关于爱立信未到期的标准必要专利数量，依据TCL的必要性分析，爱立信公司拥有的2G、3G、4G SEP数量分别为12个、19.65个和69.88个；依据爱立信的必要性分析，其拥有的2G、3G、4G SEP数量分别为12个、24.65个和111.51个。法院根据双方的数据分别计算了爱立信标准必要专利的数量份额。但是若仅凭数量份额就确定爱立信所持有的标准必要专利在相应标准中的价值，就默认了标准中每个专利的价值是相等的。事实上，少部分专利构成了标准的核心特征，而大部分专利是微不足道的，因此要对爱立信公司所持必要专利的重要性或贡献性加以分析，才能确定相对准确的价值份额。②

最后，美国法院在审理此案的过程中，对Top-down方法做出了创新，即引入了专利的地区实力比例（Regional Strength Ratio）。基于专利的地域性特征，某项专利技术在一个国家或地区获得专利权，并不意味着在其他国家和地区也获得了专利权。为了降低判决执行的难度，法官依据爱立信在不同地区专利实力的显著差异，划分为美国、欧洲、其他地区而分别确定各地区的许可费率。③ 基于此，法院将Top-down方法的计算公式改进为：权利人标准必要专利许可费 = 整体费率 × 权利人未到期必要专利数量/标准中必要专利总量 × 地区实力比例。最终，通过计算得出的许可费率远低于爱立信公司要约中主张的许可费率。因此，法院判定爱立信主张的许可费率不符合FRAND原则。

评价：Top-down法考虑到了标准的整体费率，避免了bottom-up方法中可能出现的许可费堆叠问题。此外，这种方法确定的许可费不易受到提起标准必

---

① See TCL v. Ericsson (U. S. – C. D. Cal). Case No. SACV 14 – 0341 JVS(DFMx) (8 November 2017).

② 参见郭禾、吕凌锐：《确定标准必要专利许可费率的Top-down方法研究——以TCL案为例》，载《知识产权》2019年第2期。

③ 假设爱立信公司2G、3G、4GSEP在美国的实力比例均为100%，法院认定2G和3G专利在欧洲地区实力比例分别为72.2%和87.9%；2G、3G、4G专利在其他地区的实力比例分别为54.9%、74.8%和69.8%。

要专利侵权的案件数量的影响,可以遏制原标准必要专利持有者的私掠行为。[①] 但是Top-down方法在司法运用中也面临一些挑战,比如在确定标准中所有必要专利的整体费率时,整体费率本身的准确合理是计算最终许可费合理的先决条件。实践中,标准必要专利权人在进行专利许可时往往与被许可人就许可费约定保密条款,法官在搜集证据确认涉案标准的所有必要专利许可费率时就存在很大阻碍。面对信息的缺乏,审理TCL案的法院采信了爱立信公司公开发表的新闻稿或声明中提及的2G、3G、4G整体费率作为计算标准。虽然具有一定参考价值,但法院忽视了协商整体费率的标准必要专利权人之间存在大量交叉许可,则其公开的所谓标准的整体费率可能远低于不持有标准必要专利的被许可人需要支付的费率。[②] 此外,以静态视角确定相关技术标准的整体价值,当标准出现改进纳入有价值的新功能时,之前确定整体价值方法的合理性就存疑。[③] 为解决这些问题,有学者提出通过标准必要专利持有者和实施者集体式费率谈判(collective rate negotiation)共同确定整体费率。[④] 通过联合谈判,不仅帮助标准化组织的成员确定各标准的整体费率,并且还可以商定各必要专利持有人所占整体费率的份额。这种方法最大限度尊重了技术标准市场主体的意志,谈判的结果也较易得到相关行业主体的认可,有利于纠纷的避免与解决。

值得提及的是,TCL案中法院将爱立信未到期的标准必要专利数量/标准中必要专利总量的比值作为相关标准必要专利的技术贡献度,该方法实际将标准价值在各必要专利之间进行均等分配,当涉案专利数目规模较大时,具有一定普遍适用性。但涉及关键性的必要专利时,就存在不合理之处。实际上,各国法院在衡量专利贡献度时,除了使用上述专利计数法,还有其他的计算方案,

---

① 参见郭禾、吕凌锐:《确定标准必要专利许可费率的Top-down方法研究——以TCL案为例》,载《知识产权》2019年第2期。

② See Stasik & Eric, *Royalty Rates and Licensing Strategies for Essential Patents on LTE (4G) Telecommunication Standards*, les Nouvelles, September 2010, p. 114, https://www.lesi.org/, (last visited on August 10, 2020).

③ 参见马一德:《多边贸易、市场规则与技术标准定价》,载《中国社会科学》2019年第6期。

④ See Robert A. Skitol, *Concerted Buying Power: Its Potential for Addressing the Patent Holdup Problem in Standard Setting*, 72 Antitrust L. J. 727, 735 (2005).

包括提案贡献法、引用贡献法、替代技术法等。[①] 比如 In re Innovatio IP Ventures 案中,霍尔德曼法官突破了单纯以数量占比确定涉案专利技术贡献度的做法,通过参考有关第三方数据,区分计算了标准中不同专利组合的价值贡献率。[②] 因此,根据不同的情形采用不同的方法计算技术贡献度,才能得出最符合 FRAND 原则的许可费率。

### (二)可比协议法

可比协议法是指法院基于标准必要专利许可费率纠纷双方的情况,寻找通过自由协商达成的、交易条件基本类似的可对比许可协议,来计算合理许可费的方法。该方法的法理基础在于:行为人是自己行为所获利益的最佳判断者,[③] 即在双方平等协商的基础上,自愿签订的专利许可协议一定是对双方都有利的。被理性的被许可方所接受的标准必要专利许可费率,也可以推定为是公平合理的。在涉及标准必要专利许可费纠纷案件中,各地区法官都曾使用过可比协议法,由于华为诉 IDC 案是中国法院审理并做出终审判决的首个标准必要专利许可费纠纷案,下文着重对此案例进行分析。

华为公司与 IDC 公司均是 ETSI 的成员。2009 年 9 月,IDC 公司曾发表声明,称其拥有无线通信领域 2G、3G、4G 技术标准下的大量标准必要专利及专利申请,并承诺将遵循公平、合理、无歧视的 FRAND 原则授权标准组织的其他成员实施其专利。[④] 华为公司是无线通信设备生产商,为了符合中国对通信产品的技术标准要求,华为请求 IDC 公司就其在中国的相关标准必要专利进行许

---

① 提案贡献法:以涉案专利在技术标准制定过程中被作为提案的次数为依据,计算其对最终技术标准的贡献度。引用贡献法:根据涉案专利在后续专利申请文件中被引用的次数来证明其贡献度。替代技术法:根据在采用该专利时其他可替代技术选项的多少,以及相对于其他选项的贡献值增量认定其贡献。参见马一德:《多边贸易、市场规则与技术标准定价》,载《中国社会科学》2019 年第 6 期。

② See In re Innovation IP Ventures. LLC,2013 U. S. Dist. LEXIS 144061 (N. D. Ill. ,Sept. 27, 2013).

③ 参见赵启杉:《标准必要专利合理许可费的司法确定问题研究》,载《知识产权》2017 年第 7 期。

④ 参见祝建军:《标准必要专利使用费条款:保密抑或公开——华为诉 IDC 标准必要专利案引发的思考》,载《知识产权》2015 年第 5 期。

可。[①] 在许可谈判过程中，IDC 公司提出就 2G、3G、4G 标准中其拥有的所有必要专利进行应支付许可费的、全球性的、非排他性的许可，并要求华为公司将其所有专利给予 IDC 公司免费许可。还坚称不同意任何一项要约均视为对整体邀约的拒绝。但是，华为公司认为 IDC 公司对其主张的专利许可费，远高于其已授权给苹果、三星等公司的许可费，故拒绝了其要约。在华为秉持着善意谈判态度的情况下，IDC 公司以侵犯专利为由于 2011 年分别向美国特拉华州地方法院、美国国际贸易委员会（ITC）起诉华为公司，并请求对华为公司启动 337 调查，禁止华为公司制造、销售、进口 3G 产品。[②] 在此背景下，华为公司以 IDC 公司为被告向深圳市中级人民法院提出两起诉讼，一起请求法院判令停止 IDC 滥用市场支配地位行为，并请求损害赔偿；另一起请求法院按照 FRAND 原则判定 IDC 的专利许可费。

一审中，法院曾提出计算标准必要专利合理许可费的四个注意要点，但原被告双方均未向法院提出自己所主张的许可费的计算方法。受限于当事人所举证据，法官最终选择适用可比协议法来确定许可费率。[③] 在选取可比协议时，一审和二审法院认为 IDC 公司与三星公司的许可协议是在 IDC 公司在美国起诉三星的背景下签订的，因此存在受胁迫的可能性，不符合“自由协商达成协议”的条件，不能作为参考依据。而 IDC 公司与苹果公司达成的许可协议基于双方自愿，再加之苹果公司和华为公司经营状况相当，因此更适合作为进行比较的许可协议。在选定可比较协议后，法院责令 IDC 公司披露其与苹果公司所签订的标准必要专利许可费率合同，但是 IDC 公司以与苹果公司之间签订有保密协议为由，将许可费率及其计算方式视为商业秘密拒绝披露。在这种情况下，华为公司根据 IDC 公司公开的年度财务报告推算出其在许可期间向苹果公

---

① (2013)粤高法民三终字第 305 号。

② 参见祝建军：《标准必要专利使用费条款：保密抑或公开——华为诉 IDC 标准必要专利案引发的思考》，载《知识产权》2015 年第 5 期。

③ 一审法院提出的四个要点：(1)与相关专利技术利润即专利产品销售总利润之间的关系；(2)标准必要专利自身价值与标准价值之间的剥离；(3)将标准必要专利许可与非标准必要专利许可相剥离；(4)参照行业惯例，考虑专利许可费所占产品利润的比例和多个专利权人之间专利许可费的分配比例。参见赵启杉：《标准必要专利合理许可费的司法确定问题研究》，载《知识产权》2017 年第 7 期。

### (三)综合其他因素分析法

上述分析中的可比较协议法和自上而下法都需要在相应的证据材料基础上加以适用,当缺乏具有可比性的协议或技术贡献度难以确定时,法院会综合各种因素来分析合理的标准必要专利许可费率。

比如微软诉摩托罗拉案[①]中,Robart 法官结合假想谈判法、可比较专利组合许可费率以及第三方专业机构的评估模型后,才最终确定了涉案 H.264 标准必要专利及 802.11 标准必要专利的 FRAND 许可费率。其中,假想谈判法是美国法院裁判专利许可费时经常采取的方法,它的分析思路起初以 Georgia-Pacific 框架[②]为基础,在该案中,Robart 法官根据标准必要专利许可的特点,将 Georgia-Pacific 框架中原有的 15 个要素修改为 11 个要素。修改后的框架强调:(1)用于比较的历史许可费率必须是在双方自由协商的过程中达成的,且符合 FRAND 原则;(2)不允许标准必要专利权人利用优势地位拒绝许可,限制竞争;(3)强调在评估时关注专利技术本身的价值,而不是该专利技术被纳入标准后所产生的额外价值;(4)关注涉案专利对标准的贡献以及标准的相关功能对侵权人产品的贡献;(5)考虑涉案专利在纳入标准之前的其他可替代技术,对比其增值;(6)避免专利劫持和专利费用堆叠。[③] 以上考量因素均需结合具体的证据确认,Robart 法官认为当事人所举证的许可协议均不具备充分的可比性,经考量,最终选择参照可比较的专利池许可费并进行适当修正后对涉诉标准必要专利许可费加以确定。比如微软诉摩托罗拉案中,法院依据 Via Licensing 802.11 专利池确定的费率、ARM 公司与 Martell 公司就 WiFi 芯片的许可费、InteCap 公司评估的许可费这三项参考指标,最终取其平均值来确定摩托罗拉

---

① See Microsoft Corp. v. Motorola, Inc., 2013 U.S. Dist. LEXIS 60233, at *268 (W.D. Wash., Apr. 25, 2013).

② Georgia-Pacific 框架源于 Georgia-Pacific Corp. v. U.S. Plywood-Champion Papers. Lnc。

③ 参见顾萍、杨晨:《域外技术标准化中的标准必要专利权人承诺研究——合同法、专利法与竞争法视角》,知识产权出版社 2016 年版,第 100、104 页。

所持有的 802. 11 专利池的合理许可费率下限。①

这种综合性的分析方法在缺乏直接可比的参考协议及大量的专利价值评估证据时,可以作为补充加以灵活运用。但是使用专利池许可费作为计算 FRAND 许可费的基准,哪怕进行了一定程度的修正,也难以避免误差。②

综上所述,司法实践中,法院确定标准必要专利 FRAND 许可费时大致有两种分析路径,即技术路径和商业路径。技术路径以进行专利价值评估为基本特征,具体包括自上而下法和自下而上法,商业路径则更强调市场因素在标准必要专利许可双方谈判过程中的决定作用,注重市场主体自由协商的可比协议法是代表。值得注意的是,法官在审理标准必要专利许可费纠纷案件时,有时是多种方法结合使用,比如 TCL 诉爱立信案中法官同时使用了自上而下法和可比协议法,再如 Unwired Planet 案中法官以可比协议法为基本的计算方法,同时将专利价值评估法作为验证方法。这种多种方法并用的方式更有利于法院作出公正合理的判决。此外,大多数涉及标准必要专利许可费的司法判决中,法院最终只是确定一个许可费率范围,比如微软诉摩托罗拉案中专利权人的 H.264 SEP 包许可给微软相关产品的 RAND 许可费的最高点与最低点的计算。③而华为诉 IDC 案是全球首个由法院确定标准必要专利具体许可费率的案件。因此在未来的司法实践中,为了更多地实现在市场规则指引下作出符合双方利益的判决,应当尽量就 FRAND 许可费率划定一个范围。

### 三、确定 FRAND 许可费的法经济学方法

#### (一)有效成分定价规则(ECPR)法

有效成分定价规则(Efficient Component Pricing Rule,ECPR)是在合理使用

---

① 参见谢宜霖:《标准必要专利"公平、合理、无歧视"许可费率计算方法探究》,深圳大学 2018 年硕士学位论文,第 16 页。

② 参见赵启杉:《标准必要专利合理许可费的司法确定问题研究》,载《知识产权》2017 年第 7 期。

③ 参见谢宜霖:《标准必要专利"公平、合理、无歧视"许可费率计算方法探究》,深圳大学 2018 年硕士学位论文,第 15 页。

费纠纷中已经得到了实际应用的经济模型。[①] 该方法由 Swanson 和 Baumol 于 2005 年创设,他们认为任何实质上背离 ECPR 的费用都应当被视为对 FRAND 承诺的违反。Swanson 和 Baumol 将专利被标准纳入的过程比喻为竞标过程,当专利持有人在其专利被纳入标准之前进行事先出价时,为了使自己的专利成功"中标",专利持有人就会与预期的事后收益进行有效竞争,从而使标准制定组织产生一个有效成果。[②] ECPR 法旨在确定一个合理的专利许可费率从而促使争议双方之间达成利益平衡,即在确保专利持有人至少能够通过许可获得不少于其通过拒绝许可而获得的利润的同时,也能保证被许可方获得因其使用该专利技术的效率优势而可能获得的全部利润。[③] 为了实现这一平衡,ECPR 法建立了一个基本公式,确定了专利持有人应当收取的隐性专利许可费,即"Pi = Pfi – ICi",其中 Pi 代表使用该专利每单位所应收取的特许权使用费,Pfi 指专利持有人使用该专利技术所制造的最终产品每单位的价格,ICi 指专利权人使用该专利除生产最终产品之外每单位所产生的增量成本。简言之,ECPR 所确定的专利使用费的数额应当等于最终产品的单位价格减去除生产最终产品之外投入的边际成本。这为专利许可费与专利持有人的最终产品价格建立了直接正相关关系,使专利持有人无论是自己使用该专利生产最终产品还是将该专利许可给他人使用,都能获得相同数额的单位利润,从而有利于防止专利持有人为了排挤竞争者而拒绝许可的现象。

虽然 ECPR 法在专利许可费纠纷中发挥了实际作用,但其同时也存在许多缺陷,从而限制了其适用范围。首先,该经济模型建立在所有专利持有人都处于一种大致平等的竞争关系的前提之上,且均为垂直整合关系。但在实践中由于标准制定组织成员的公司规模和商业模式都存在明显差异,有些公司单纯从

---

① See Hal J. Singer & Kyle Smith, *What Does an Economist have to Say about the Calculation of Reasonable Royalties*, Intellectual Property Law Bulletin 14, no. 1 (Fall 2009): 7 – 22, p. 11.

② See Anne Layne-Farrar, Jorge A. Padilla & Richard Schmalensee, Pricing Patents for Licensing in Standard Setting Organizations: Making Sense of FRAND Commitments 15 – 17 (Centro de Estudios Monetarios y Financieros, Working Paper no. 0702, 2007) (Spain).

③ See Daniel G. Swanson & William J. Baumol, *Reasonable and Nondiscriminatory (RAND) Royalties, Standards Selection, and Control of Market Power*, 73 Antitrust L. J. 1, 57 (2005), p. 30.

事专利授权而不制造产品对外进行销售，即属于非执业实体，该类公司的许可收入为其全部收入来源，此时 Pfi 的数值无法确定，ECPR 公式也就无法应用。同时有些公司属于垂直整合公司，即其既从事专利授权又同时利用该专利制造最终产品在下游市场参与竞争。由于在 ECPR 模型下专利许可费与专利持有人的最终产品价格存在直接正相关关系，因此该类公司对最终的许可成本拥有不成比例的控制权，故其与单纯从事专利授权的非执业公司相比拥有更为强势的议价能力。[①] 其次，由于最终产品可能包含多种产品，故那些纵向一体化公司也具有控制最终价格从而影响许可成本的可能，使非一体化公司处于不利地位，特别是当产品的销售价格和边际成本接近时。再次，ECPR 法将所有标准必要专利对标准所做的贡献视为同等价值的做法也与实际情况存在较大出入。在实践中，不同的标准必要专利因其有效性的不同对标准的重要程度也是不同的。而 ECPR 这种只关心效率和价格问题的计算方法会促使专利持有人尽可能地提高其纳入标准的专利数量以收取较高的专利使用费。这就可能导致拥有大量有效性存疑的专利的公司收取的专利许可费甚至超过为标准贡献了更大价值只是数量较少的专利持有人的现象，在造成不公平待遇的同时也会对标准质量产生不利影响。最后，Layne Farrar 与 Padilla 教授指出当生产一个产品同时需要多个专利或者需要多个交叉许可时，应用 ECPR 法分配每个专利持有人所应获得的专利使用费也会变得几为困难。[②] 同时在 ECPR 法的适用范围问题上，Swanson 和 Baumol 指出，法院应当适当地拒绝承担监管机构的职能，特别是在定价问题上，故也没有必要对所有涉及专利许可费纠纷的案件都按照 ECPR 法进行计算。因此他们建议当一个涉及特许权使用费争议的案件同时在下游市场产生了反竞争效应时，ECPR 法可以为法院判断争议费用是否符合 FRAND 承诺提供指导。另外，Swanson 和 Baumol 还强调即使有证据证明标准

---

① See Damien Geradin et al., *Competing Away Market Power? An Economic Assessment of Ex Ante Auctions in Standard Setting*, 4 EUR. Competition J. 443, 453 - 454 (2008).

② See Anne Layne-Farrar, Jorge A. Padilla & Richard Schmalensee, Pricing Patents for Licensing in Standard Setting Organizations: Making Sense of FRAND Commitments 15 - 17, p. 17 (Centro de Estudios Monetarios y Financieros, Working Paper no. 0702, 2007) (Spain).

必要专利权人的定价未能遵守 ECPR 法,也不足以证明该行为同时违反了反垄断法。[①] 因此,法院应当正确认识 ECPR 法所发挥的作用,处理好专利权法和反垄断法之间的关系。

## (二)夏普利值法

Layne-Farrar 教授等于 2007 年主张使用夏普利值法计算 FRAND 许可费率,主张基于每项专利对于标准的边际贡献对专利持有人进行补偿。ECPR 法是一种居于市场竞争和有效定价的非合作性规则,而夏普利值法则是基于公平原则的一种经济模型,建立在 John von Neumann 和 Osker Morgenstern 提出的博弈论的基础之上。[②] 其并不考虑市场情况以及效率问题,为公平分配专利持有人的利益提供了公理化方案。[③] 夏普利值法将标准中的专利分为两类:一类为由于存在经济上可行的替代品而面临竞争的专利,又称弱专利;另一类为对标准特定部分具有独特贡献的专利,又称强专利。弱专利虽然对于标准也是必不可少的,但由于存在替代解决方案,因此对标准的边际贡献是有限的。而强专利直接决定该标准的某些特性,能够对该标准的实施产生决定作用。由于大多数的技术标准都是由少数强专利和大量弱专利组成的,Layne-Farrar 建议在标准进入实施阶段之前根据是否存在竞争替代品以及替代品的数量来评估每项专利的价值。[④] 具体而言,通过期权定价的方法将专利价值与可替代技术的可用性联系起来,若一项专利技术存在经济上可行的技术替代,则其特许权使用费应当低于那些不存在替代技术的强专利,这也是夏普利值法的正当性逻辑基础。Shapiro 教授也指出,若发明一项专利的难度和成本很小,专利技术对最终产品的贡献微乎其微,则其应有的特许权使用费必然也会明显降低。夏普利值

---

① See J. Gregory Sidak, *Fair and Unfair Discrimination in Royalties for Standard-Essential Patents Encumbered by a FRAND or RAND Commitment*, Criterion Journal on Innovation 2 (2017), p. 319.

② See Alvin E. Roth, *The Shapley Value as a von Neumann-Morgenstern Utility*, 45 Econometrica 657 (1977).

③ See Pierre Dehez & Sophie Poukens, *The Shapley Value as a Guide to FRAND Licensing Agreements*, Review of Law and Economics 10, no. 3 (November 2014): 265 – 284, p. 268.

④ See Layne-Farrar and Lerner (2006) for a Review of Various Methods for Valuing Patents.

法规定了四个原则来对专利持有人的利润进行公平分配：(1)效率原则，即将总特许权使用费分配给所有专利持有人而不存在任何剩余；(2)匿名原则，即专利持有人获得的价值与其索赔的顺序无关；(3)虚拟原则，又叫作空玩家原则，即若专利持有人对该标准的边际贡献为零，则其获得的回报也为零；(4)可加性原则，即对多个专利持有人而言无论是单独进行分析还是作为单个参与者一起分析，都不会影响对每个专利持有人的利润的数值。同时，夏普利规则还具有对称性，即归属于任何参与者的价值仅基于其对标准整体价值的贡献，若两个专利持有人拥有的专利 a、b 为标准贡献了相同的价值，则 a 和 b 的夏普利值就是相同的。①

夏普利值法使得专利持有人所应获得的许可费的数额仅取决于该标准必要专利对该标准的边际价值即专利质量，而与该专利持有人的市场份额或与其他专利的组合实力或在其他标准中的价值无关，对标准贡献更多的专利持有人将获得更多的利润，受到了标准制定者的认可。由于夏普利值法更强调公平原则，故对欧盟竞争主管机构更具有吸引力；而以效率为主的美国竞争主管机构则更倾向于采用 ECPR 法。但实践中应用夏普利值法确定 FRAND 许可费率时也产生了诸多问题。首先，夏普利值法要求每个专利持有人明确知悉参与标准制定的其他专利持有人的基本专利的价值，从而能够识别其他参与者的边际贡献。然而，识别全部标准必要专利是十分困难的，且每项专利价值也是随时间变化的，因此专利持有人获得信息的成本太高，以至于夏普利值法在实践中很少用于专利许可谈判。其次，夏普利值法采取的专利技术的方法是具有缺陷的，经济学家们也对这种使用数字比例进行专利计数的方法表示了疑问。② 因为该方法考虑了标准制定者的参与顺序，在某些排序中，甚至可能会把实际上应排除在标准之外的专利在其替代专利被标准纳入之前被计算在内，从而导致

① See J. Gregory Sidak, *The Meaning of Frand, Part I: Royalties*, Journal of Competition Law and Economics 9, no. 4 (December 2013): 931 - 1056.

② Final Determination of Rates and Terms, Determination of Rates and Terms for Preexisting Subscription Services and Satellite Digital Audio Radio Services at 49, No. 2006 - 1 CRB DSTRA (U. S. Copyright Royalty Board Jan. 10, 2008).

计算上的错误。[①] 同时,调整某个标准制定者的参与顺序或从标准中添加或删除某个专利都会导致夏普利值的变化,从而增加了该方法对专利价值评估错误的可能。[②]

### (三)增量价值法

增量价值法又被称作 Bottom-up 法,最初以经济学的有偿商品定价理论为基础,其只关注专利被纳入标准之前的事前价值,要求直接评估标准必要专利事前的价值增量。具体而言,需要首先明确在标准达成之前可以选择的其他替代性专利,其次则需要确定相比于其他可替代性技术,标准必要专利为最终产品添附的价值是多少。[③] FTC 在 2011 年度知识产权报告中曾推荐使用该方法计算 FRAND 许可费,并指出"纳入标准的专利技术相对于仅次于它的最佳替代方案的增值,就是被许可人在谈判中愿意支付的合理许可费的上限"[④]。这一方法的优势在于它充分考虑了相关专利在纳入标准时的竞争状况,引进市场竞争的因素有助于人们明晰该技术的价值及其增量所在。[⑤]

但是由于增量价值法总是孤立地评估每项专利对产品价值的贡献,即每一项专利使用费都是单独确定的,而不会将标准中其他专利的特许权使用费考虑在内,故如果专利实施者被迫向所有专利权人支付许可费,很容易导致费率堆

---

① See Anne Layne-Farrar, A. Jorge Padilla & Richard Schmalensee, *Pricing Patents for Licensing in Standard Setting Organizations: Making Sense of FRAND Commitments*, 74 Antitrust L. J. 671, 693 (2007).

② See David J. Salant, *Formulas for Fair, Reasonable and Non-Discriminatory Royalty Determination*, 7 J. IT Standards & Standardization Res. 67 (2009).

③ See Gregory K. Leonard & Mario A. Lopez, *Determination RAND Royalty Rates for Standard-Essential Patents*, 29(1) Antitrust, 88(2014). 转引自李剑:《标准必要专利许可费确认与事后之明偏见——反思华为诉 IDC 案》,载《中外法学》2017 年第 1 期。

④ See US Federal Trade Commission, *The Evolving IP Marketplace: Aligning Patent Notice and Remedies with Competition* (2011 - 3), https://www.ftc.gov/reports/evolving-ip-marketplace-aligning-patent-notice-remedies-competition. (Last visited on August 4, 2020).

⑤ 参见李剑:《标准必要专利许可费确认与事后之明偏见——反思华为诉 IDC 案》,载《中外法学》2017 年第 1 期。

叠并致总量过高。[①] 此外,增量价值法还将导致标准必要专利权人过度主张专利的"必要性",这种过度宣称行为也会夸大相应的技术贡献价值。[②] 在司法实践中,纠纷所涉及的标准化产品往往包含数千项专利和其他投入,相较于其他投入,法官也会无意识地倾向于强调有争议的专利价值。[③] 如果不同辖区的法院对同一标准下的不同标准必要专利的许可费都按照Bottom-up方法计算,那么就会引发费率堆叠,进而提高标准实施者的生产、销售成本,最终损害相关消费者的利益。[④] 此外,某项专利对标准的价值贡献增量的量化过程极其复杂,不同的主体也会看重不同的方面,再加之一个标准中往往包含多个专利,一旦诉讼涉及多个标准必要专利,其价值增量的计算过程就会更加庞杂,因此这种定价方法的现实适用性也存在很大挑战。[⑤] 例如,Robart法官在微软诉摩托罗拉案中就明确指出,在实践中将专利的价值与其对标准的增量贡献建立有效联系很难得以实施。[⑥] 同时由于法院在应用增量价值法确定许可费率时往往只会关注正在裁决的涉诉专利,而很少会考虑相同标准中的其他专利状况,因此可能会导致不同法院为同一标准设定了不同的总特许权许可费率的情形。例如司法实践中就曾出现在五个不同案件中不同法院为Wi-Fi标准设立了5项不同的总许可费率的情形。

---

① See Ericsson, Inc. v. D-Link Sys., Inc., 773F. 3d 1201 (Fed. Cir. 2014).

② 参见马一德:《多边贸易、市场规则与技术标准定价》,载《中国社会科学》2019年第6期。

③ See William F. Lee & A. Douglas Melamed, *Breaking the Vicious Cycle of Patent Damages*, 101 Cornell L. Rev. 385, 466 (2016). 转引自郭禾、吕凌锐:《确定标准必要专利许可费率的Top-down方法研究——以TCL案为例》,载《知识产权》2019年第2期。

④ 参见郭禾:《确定标准必要专利许可费率的Top-down方法研究——以TCL案为例》,载《知识产权》2019年第2期。论文中,笔者以2013年到2014年,美国法院对802.11Wi-Fi标准所涉35项SEP作出的五份许可费判决为例,计算得出占该标准中SEP总数1.17%的35项SEP,其所需支付的许可费占到了产品销售价格的4.5%。

⑤ 参见Anne Layne-Farrar等:《计算"公平、合理、无歧视"专利许可费损失办法》,载《竞争政策研究》2015年第3期。

⑥ See Microsoft Corp. v. Motorola, Inc., No. C1O - 1823JLR, 2013 WL 2111217, at *13 (W. D. Wash. Apr. 25, 2013).

## 四、确定 FRAND 许可费的司法方法

### （一）乔治亚—太平洋要素法

20 世纪 90 年代中期，在 Rite-Hite 诉 Kelley 案中，[①]美国联邦巡回法院在假设性谈判的基础上批准了 15 个乔治亚—太平洋要素[②]作为确定合理的特许权使用费的考量标准。直至今日，美国联邦法院仍将乔治亚—太平洋要素视为将合理特许权使用费的计算与假设性谈判中的争议事实建立有效联系的介质。[③]因联邦巡回法院的高度认可，如今乔治亚—太平洋要素法也成为美国地方法院确定合理专利许可费的可接受性框架。[④] 但在实践之中，法院对这一框架的适用并不一致，法院具有较大的自由裁量权。有的法院在确定许可费率时仅会考虑乔治亚—太平洋要素的一部分，例如在 2007 年的 X-tra Light 诉 Acuity Brands 案中，陪审团指令中仅考虑了 15 个要素中的 11 个要素。[⑤] 有些法院则严格按照 15 个要素进行逐一判断，还有些法院甚至会自行加入其他要素进行

---

① See Rite-Hite Corp. v. Kelley Co. ,56 F. 3d 1538,1555 (Fed. Cir. 1995) [citing Georgia-Pac. Corp. v. U. S. Plywood Corp. ,318 F. Supp. 1116,1119 (S. D. N. Y. 1970)]; Unisplay, S. A. v. Am. Elec. Sign Co. ,69 F. 3d 512,517 n. 7 (Fed. Cir. 1995) (stating that "[a] comprehensive list of relevant factors in determining a reasonable royalty is set out in [Georgia-Pacific]").

② 1. 许可人现有的许可费标准；2. 侵权人使用其他类似专利所支付的许可费率；3. 许可的性质和范围（排他性/非排他性，限制性/非限制性）；4. 许可人维持专利垄断的既订政策和营销计划；5. 许可人和被许可人的商业关系；6. 销售具有专利特性的产品对于被许可方推广其他产品的作用；7. 专利期限和许可期限；8. 根据该专利生产的产品的当前普及率；9. 该专利相对于已用于达到类似效果的已有专利的优势；10. 专利发明的性质以及商业化特征；11. 侵权人利用该专利的程度；12. 在特定行业适用该专利的可能的利润或定价；13. 可变现利润中属于发明创造的部分；14. 专家的意见和证明；15. 许可人和被许可人在假设性谈判的基础上可能达成的许可费率。

③ See Laser Dynamics, Inc. v. Quanta Comp. , Inc. ,694 F. 3d 51,60 n. 2 (Fed. Cir. 2012) ("This court has sanctioned the use of the Georgia-Pacific factors to frame the reasonable royalty inquiry. Those factors properly tie the reasonable royalty calculation to the facts of the hypothetical negotiation at issue").

④ E. g. , Emblaze Ltd. v. Apple Inc. ,52 F. Supp. 3d 949,955 (N. D. Cal. 2014) ("The Georgia-Pacific factors are used in the 'hypothetical negotiation' approach to determining a reasonable royalty").

⑤ See X-tra Light Mfg. , Inc. v. Acuity Brands, Inc. , No. 04 - cv - 1413,2007 WL 835360 (S. D. Tex. Feb. 16,2007) (at Instruction No. 17, listing eleven factors that closely track eleven of the Georgia-Pacific factors).

判断。例如,在 2007 年的 Omega 诉 Fortin 案中,法院除考虑了 15 个乔治亚—太平洋要素之外,还将一个正常谨慎的人在假设谈判中应当考虑的任何经济要素列为第 16 个要素。① 同时,尽管乔治亚—太平洋要素在美国得到了广泛应用,但联邦巡回法院并未对每个要素进行详细评估和解释,也没有对这些要素的相对权重作出任何指导,导致地方法院适用乔治亚—太平洋要素时更多的是基于习惯和先例,而缺乏科学分析,无法平衡各要素之间的关系。乔治亚—太平洋法院本身也认识到"没有一个公式可以将这些要素基于其相对重要性进行评级,也没有一个公式能够将该要素的经济意义有效转化为经济等价物"②。因此可以发现,实践中法院很难将这个要素进行综合分析和协调,使乔治亚—太平洋要素并没有得到规范系统的适用。③

从 15 个要素的内容出发进行分析,其本身在实际应用过程中也产生了诸多争议。要素 1 和要素 2 涉及可比许可证,即将专利权人现有的许可费标准以及专利实施者使用其他类似专利所支付的许可费率纳入考虑范围,这可能导致某些受锁定效应或禁令威胁影响的许可费率也被列入比较范围,从而使最终确定的许可费率数值偏高。④ 联邦巡回法院在 Ericsson 诉 D-link 案中指出,要素 4 可能会对确定 FRAND 许可费产生误导作用,该因素考虑了专利持有人维持专利垄断的既定政策和营销计划,一旦作出 FRAND 许可承诺,就不能维持垄断的政策,因此确定 FRAND 特许权使用费时不应将要素 4 纳入考虑范围。⑤ 同时,联邦巡回法院还指出由于 FRAND 许可是无歧视的许可,因此不应将要素 5 即"许可人和被许可人的商业关系"考虑在内。要素 8 考虑了根据该专利生产的

---

① See Omega Pats. , LLC v. Fortin Auto Radio, Inc. , No. 6:05 – cv – 1113 – Orl – 22DAB, 2007 WL843344 (M. D. Fla. Feb. 12, 2007).

② Georgia-Pac. Corp. v. U. S. Plywood Corp. , 318 F. Supp. 1116, 1120 – 1121 (S. D. N. Y. 1970), modified sub nom. Georgia-Pac. Corp. v. U. S. Plywood-Champion Papers, Inc. , 446 F. 2d 295 (2d Cir. 1971).

③ See Arthur J. Gajarsa, William F. Lee & A. Douglas Melamed, *Breaking the Georgia-Pacific Habit: A Practical Proposal to Bring Simplicity and Structure to Reasonable Royalty Damages Determinations*, Texas Intellectual Property Law Journal 26, no. 1 (2018): 51 – 112, p. 57.

④ See William F. Lee & A. Douglas Melamed, *Breaking the Vicious Cycle of Patent Damages*, 101 Cornell L. Rev. 385, 391 (2016), p. 418 – 420.

⑤ See Ericsson, 773 F. 3d at 1230.

产品的当前普及率，但该必要专利在标准进入实施阶段后必然会获得更高的受欢迎度，若在确定许可费率时将该因素考虑在内，则结果就可能会受专利纳入标准之后产生的附加价值的影响，而不仅仅是该专利本身的事前价值。在专利诉讼中，考虑事后信息可能会使得法官忽略对涉诉专利事前重要性以及自身价值的评估，从而增加了“事后偏见”的风险，也更易造成结果偏差。[①] 同时法院指出要素 9 将该专利相对于已用于达到类似效果的已有专利的优势列入考虑范围，但有时该标准必要专利并未对现有技术进行任何改进，实施该专利技术也相比于已有模式也并没有明显优势，但这种情况下潜在的被许可方要想实施该标准，也必然需要获得该项专利的授权许可，因此此时要素 9 就将变得无关紧要。[②] 可以发现，乔治亚—太平洋要素法存在固有要素权重模糊以及过度重视事后信息的问题，从而导致了对合理的特许权使用费评估结果的不可预测性和不准确性。因此，法院应当充分排除锁定成本对专利许可费的影响，将重心置于考虑专利持有人如何对涉诉专利许可进行事前估价，即应将假设性谈判建立在被指控的侵权人实施该标准之前，从而更准确地评估一项专利真实的经济价值。[③]

## （二）数量比例法

2005 年 9 月，数量比例法的概念在 TSI 大会讨论中被正式提出。在数量比例法下，专利持有人将按照其持有的标准必要专利的数量占标准中专利总数的比例获得整个标准总特许权使用费的一部分。它将所有的基本专利放置于一个公平的竞争环境之中，赋予了拥有相同数量的专利持有人相同的市场力量，

---

① See Bernard Chao et al. , *Why Courts Fail to Protect Privacy*: *Race*, *Age*, *Bias and Technology*, 106 CAL. L. Rev. (forthcoming 2018) (manuscript at 25 – 26) (on file with authors) (discussing hindsight bias and studies on the same).

② See J. Gregory Sidak, *Apportionment*, *FRAND Royalites*, *and Comparable Licenses after Ericsson v. D-Link*, University of Illinois Law Review 2016, no. 4 (2016): 1809 – 1870, p. 1858.

③ See Arthur J. Gajarsa, William F. Lee & A. Douglas Melamed, *Breaking the Georgia-Pacific Habit*: *A Practical Proposal to Bring Simplicity and Structure to Reasonable Royalty Damages Determinations*, Texas Intellectual Property Law Journal 26, no. 1 (2018): 51 – 112, p. 54.

而将专利的质量考虑在内。① 例如,若一项标准中共有 100 项专利技术,专利持有人 A 拥有其中 10 项,专利持有人 B 拥有其中 30 项,则专利持有人 B 的专利组合的许可费就为 A 的 3 倍。数量比例法由专利池利益分配问题发展而来,有利于整体降低交易成本,提高池内成员利益分配的效率和公平性。② 目前数量比例法作为一项提议在欧盟获得了一定程度的适用,如在 2005 年的电信公司诉高通案中,欧盟委员会就选择了该种方法确定专利持有人的许可费率。③ 但美国标准制定组织认为,数量比例法会阻碍新技术进入市场,特别会对小型或新技术公司造成损害,也具有严重损害竞争环境的可能,因此并未对其进行认可和适用。

首先,数量比例法建立在将一项标准中的所有必要专利都视为具有同等价值的基础之上,这受到了 OECD 的强烈诟病,认为该项假设是不切实际且无意义的。因为某一专利或专利组合的经济价值本质上取决于它为该标准或最终消费者提供的利益,专利及其代表的权利是不能被赋予相同价值的,这也远不是简单的专利数量函数可以代表的。④ 其次,数量比例法具有扼杀创新的危险。因为在该方法之下,每项基本专利的价值都被视为是相同的,该基准将最高特许权使用费授予拥有专利份额最多的公司,这将促使标准制定者尽可能多地将其拥有的专利技术纳入标准,也会促使拥有广泛知识产权的公司有意拆分其拥有的专利,申请大量略有不同的专利,以最大限度地提高其拥有的专利数量。这促使了边际专利的申请,使无效专利和非必要专利的数量显著增加。此外,由于特许权使用费的总数是一定的,在专利价值相等的条件下,新专利的加入将导致专利持有人在累积专利中的份额被稀释。因此,这也可能诱发现有的标准制定者投票拒绝在标准中引入新专利技术的现象。⑤ 最后,将专利许可费率

---

① See Jim Harlan & Hope Shimabuku, *Standards & Patents: The Increased Interplay between the Two*, International In-House Counsel Journal 4, no. 14 (Winter 2011): 1 – 10, p. 5.

② See *Pricing Patents for Licensing in Standard Setting Organisations: Making Sense of FRAND Commitments*, at 4 (Nov. 2006), http://papers. ssrn. com/sol3/papers. cfm? abstractid = 937930.

③ 参见唐要家:《标准必要专利许可滥用反垄断研究》,知识产权出版社 2020 年版,第 97 页。

④ See I Rahnasto, *How to Leverage Intellectual Property Rights: Intellectual Property Rights, External Effects and Antitrust in the Communication Industry*, academic dissertation (University of Helsinki, 2001), p. 604.

⑤ See Damien Geradin & Miguel Rato, *Frand Commitments and EC Competition Law: A Reply to Philippe Chappatte*, European Competition Journal 6, no. 1 (April 2010): 129 – 174, p. 158.

与专利权人持有的专利数量直接挂钩,还会导致许可费率的不稳定性和不可预测性。因为标准中必要专利的数量是随时会发生变化的,例如,一些专利可能会在任意时间点过期或者失去必要性,从而直接影响其他所有专利持有人的许可费率。因此,在数量比例法下,需要对标准中专利进行定期审查,一旦标准中增加了新专利或已有专利过期,都会导致许可费率的重新计算,这将大大增加交易成本。同时,专利持有者也无法预测其所拥有的专利的未来价值,这将挫伤其继续投入资源进行专利创新或标准开发的动力,从而使标准的整体效益降低。[①] 因此,由于数量比例法本身存在的缺陷,大多数标准制定组织以及监管机构都拒绝将其作为计算 FRAND 许可费率的手段。例如,在 2006 年 ETSI 的知识产权特设委员会会议上,大多数 ETSI 成员都反对应用数量比例法确定特许权使用费的分配份额。[②]

### (三)FRAND 许可费的计算基础

确定计算合理使用费率市场金额的方法主要有整体市场价值规则(Entire Market Value Rule, EMV)以及最小可售专利实施单元规则(Smallest Salable Patent Practicing Unit, SSPPU)两种。EMV 规则将整个最终产品作为计算特许权使用费的基础金额,而不是仅使用相关组件作为基础,但其适用需要满足一定的条件。美国联邦巡回法院于 2009 年在 Lucent 诉 Gateway 案中指出,只有在专利权人能够证明其拥有的专利技术使得最终产品具有的相关功能是客户需求的基础的情况下,才能申请适用 EMV 规则。[③] 在 2010 年的 Laser Dynamics 诉 Quanta 案中,法院也表示 EMV 规则在确定特许权使用费的金额中应当谨慎适用。只有当该专利特征实质上为整个最终产品创造了重要价值或

---

① See D Geradin, Standardization and Technological Innovation: Some Reflections on Ex-ante Licensing, FRAND, and the Proper Means to Reward Innovators 29 World Competition 511(2006).

② See OECD, Directorate for Financial and Enterprise Affairs & Competition Committee, *Background Note by the Secretariat-Roundtable on Competition, Patents and Innovation*, 25 May 2009, 15.

③ See Lucent Technologies versus Gateway. 580 F. 3d 1301 (Fed. Cir. 2009).

者达到了客户需求的基础的程度时，才能将整个最终产品作为基础。[①] 简言之，若该专利技术与下游创新之间存在协同效应，即涉诉专利技术的经济贡献已经对整个最终产品的价值或销售额造成了影响，则就可以适用EMV规则确定被侵权专利的经济价值。而仅证明该专利技术对最终产品的使用或商业可行性是有价值的是不够的，必须是专利特征本身就推动了消费者对产品的需求，或实质上创造了整个产品价值的程度。若专利持有人不能证明其满足EMV规则，则法院不得使用侵权人就最终产品的总收入作为“合理性审查”的基础。在利润损失的背景下，EMV规则通常用于评估与侵权产品一起销售的非侵权产品是否可以纳入损害赔偿基数之中的问题，使标准必要专利权人具有更多的机会获得超额回报。但由于实践中判断专利技术是否构成了最终产品的核心以及是否决定了该产品的整体市场价值难度较大，因此EMV规则在适用中也受到了一定限制。[②]

SSPPU规则以侵权人出售的最小可销售单元作为计算特许权使用费的基础金额。在Ericsson诉D-link案中，法院对EMV规则与和SSPPU规则相关联的“证据原则”之间的区别进行了详细分析。法院指出，最终合理的特许权使用费必须以专利发明为最终产品增加的增量价值为基础。而证据原则的意义在于指导法院按照发明价值分摊损害赔偿金。证据原则的含义在于，若多组分产品存在争议，而专利权人无法证明其专利特征对最终产品的其他特征组合具有价值，则法院不能依照EMV规则对整个产品的价值进行评估，而应当适用SSPPU规则，以侵权人出售的最小可销售单元作为计算基础。[③] 可以发现，法院对SSPPU规则的适用条件的解释正是对EMV规则适用的限制。然而，即使在符合条件的情形下，SSPPU规则也不应被法院强制适用。因为在实践中以4G LTE标准为代表的许多大型竞争性行业已经形成了基于最终产品计算特许权

---

① See Laser Dynamics, Incorporated v. Quanta Computer, Incorporate, 2010 WL 2331311 (E. D. Tex. June 9, 2010).

② See Jonathan D. Putnam & Tim A. William, The Smallest Salable Patent-Practicing Unit (SSPPU): Theory and Evidence (September 6, 2016), https://ssrn.com/abstract=2835617.

③ See Ericsson, Inc. v. D-Link Sys., Inc., 773 F.3d 1201, 1226 (Fed. Cir. 2014), p.1226-1227.

使用费的先例,若强制适用 SSPPU 规则则会被视为对这种长期存在的商业惯例的忽视,造成对专利损害赔偿核心原则的违反。[①] 美国联邦巡回法院也曾表示法院需要通过对具体案件和具体事实进行个案分析来决定正确的损害赔偿措施,应避免对专利损害赔偿的严格限制,同时也不应解读专利法没有规定的条件和限制。[②] 因此,SSPPU 规则在性质上只能视为对法院适用 EMV 规则的限制和指导,防止法官过度重视最终产品价值的作用。同时,也应当注意到,SSPPU 规则是法院的产物而不是市场的产物,不应当被用于限制许可方和被许可方自愿的私人商业谈判,否则就构成了对私人交易中合同自由的限制。而且将 SSPPU 规则用于私人谈判也是不现实的,因为这要求谈判双方就单个专利和单个组件进行逐一谈判,也必定会产生极高的交易成本,因此在涉及大型专利组合时双方更倾向于就整个专利组合或主要专利类别进行许可。[③]

## 第三节 FRAND 原则下标准必要专利许可费的反垄断规制研究

### 一、违反 FRAND 承诺的表现形式

关于标准必要专利权人违反 FRAND 承诺的行为在何种条件下属于垄断行为,一种极端观点认为,任何违反 FRAND 许可承诺的行为都必然违反反垄断法;另一种极端观点认为,因为违反 FRAND 承诺的行为属于违反合同的违约行为,不可能同时违反反垄断法。[④] 这两种观点在实质上都错误认定了 FRAND 承

---

① See Eric Stasik, *Royalty Rates and Licensing Strategies for Essential Pa-tents on LTE (4G) Telecommunication Standards*, LES NOUVELLES, at 114 (Sept. 2010), http://www. investorvillage. com/uploads/82827/files/LESI-Royalty-Rates. pdf.

② See Mark Snyder, *SSPPU: A Toll for Avoiding Jury Confusion*, Sedona Conference Journal 17, no. 1 (2016): 373 - 396, p. 390.

③ See Mark Snyder, *SSPPU: A Toll for Avoiding Jury Confusion*, Sedona Conference Journal 17, no. 1 (2016): 373 - 396, p. 391.

④ See A. Douglas Melamed & Carl Shapiro, *How Antitrust Law Can Make FRAND Commitments More Effective*, Yale Law Journal 127, no. 7 (May 2018): 2110 - 2141, p. 2117.

诺和反垄断法之间的关系。由于专利法并没有创造反垄断豁免权,故判断一个违反 FRAND 许可承诺的行为是否应纳入反垄断法的规制范围,关键在于结合个案判断该行为是否对市场竞争造成了损害。[①] 若违反 FRAND 许可承诺的行为并没有产生反竞争效应,则可能单纯构成违约行为,应适用对违约的非反垄断处罚。

## (一)拒绝许可

拒绝许可又分为简单拒绝许可和附条件拒绝许可。简单拒绝许可是指标准必要专利权人单纯拒绝将专利许可给某一个或某一类公司使用,实践中通常表现为拒绝将专利许可给竞争对手使用,导致其无法生产出符合标准的产品从而被迫退出市场,因其直接影响市场准入并具有反竞争效应,故应被纳入反垄断法的规制范围。[②] 而附条件拒绝许可是指专利持有人只有在潜在的专利实施者满足一定条件的情况下才同意将专利许可给其使用,且该条件是具有反竞争效应的,例如搭售或独家交易条款以及如忠诚折扣、捆绑折扣等为表现形式的准独家交易条款。[③] 针对无条件、单方面拒绝许可的行为进行反垄断审查时必须慎重,除判断其是否具有反竞争效应之外,还要判断该专利是否为必要专利。原因在于若对简单拒绝许可的行为施以严厉的反垄断规制,则会促使规模较小的企业过度依赖主导企业开发的专利技术,而挫伤自身企业对创新和技术改进方面投入的积极性。[④] 因此,专利技术具有必要性是拒绝许可行为触犯反垄断法的必要条件,若潜在的专利实施者可以寻求在经济上可行的替代技术,则专利权人拒绝许可的行为就不会阻碍其参与市场竞争,因此该行为就不应受到反垄断法的规制。故即使专利权人做出了 FRAND 许可承诺,受该承诺限制的也

---

① See Herbert Hovenkamp, *FRAND and Antitrust*, Cornell Law Review 105, no. 6 (September 2020): 1683 - 1744, p. 1686.

② See J. Gregory Sidak, *Tournaments and FRAND Royalties*, Criterion Journal on Innovation 1 (2016), p. 107.

③ See J. Gregory Sidak, *Negotiating FRAND Licenses in Good Faith*, Criterion Journal on Innovation 5 (2020), p. 11.

④ See 3B Phillip E. Areeda & Herbert Hovenkamp, Antitrust Law q 768 93 94 (4th ed., 2015).

仅为其最终产品中的标准必要专利部分,而不要求专利权人就其最终产品的所有技术都要公平、合理、非歧视地许可给他人使用。

## (二)不合理的高许可费

在2013年的微软诉摩托罗拉案中[①],Robert法官创制了认定专利许可费是否违反FRAND许可承诺的考虑因素。他将FRAND许可费率的计算类比为反垄断损害数额的衡量标准,认为分析FRAND许可费率的行为和计算反垄断损害结果的行为在目的上和结构上是相似的。其分析逻辑如下,标准本身的实施虽然极大增强了专利持有人的市场力量,但由于受FRAND承诺的约束,标准的实施本身并不会对市场竞争产生负面作用,反而会通过提高产品之间的互联性来促进创新。受FRAND承诺的影响,标准必要专利权人只能收取反映其专利权事前价值的特许权使用费,而不能通过垄断定价利用标准赋予的增量垄断力量。但若专利权人违反了FRAND许可承诺,利用标准赋予其的市场力量向专利实施者收取高于在专利进入标准之前其在市场竞争中本可以收取的费用,由此产生的差额就类似于通过排他性行为获得垄断权的公司的超额收费,也反映了标准必要专利权人利用标准进行的事后机会主义剥削。[②] 该案之后,理论界产生了是否可以将收取违反FRAND承诺的高许可费的行为直接视为非法垄断行为的争论。Joseph Kattan教授认为,FRAND许可承诺在本质上属于合同法上的契约义务,在应用谢尔曼法之前,应当有充分的证据表明合同法的执行不足以保护反垄断利益。[③] 通过专利法与反垄断法的关系可知,标准必要专利权人违反FRAND许可承诺收取不合理的高许可费不一定必然违反反垄断法,即只有其同时对市场竞争造成损害时,才应被纳入反垄断的规制范围。[④]

---

① See Microsoft Corp. v. Motorola, Inc., No. C1O - 1823JLR, 2013 WL5397931 (W. D. Wash. Sept. 4, 2013).

② See Fei Deng, Gregory K. Leonard & Mario A. Lopez, *Comparative Analysis of Court-Determined FRAND Royalty Rates*, Antitrust 32, no. 3 (Summer 2018): 47 - 53, p. 50.

③ See Joseph Kattan, *FRAND Wars and Section* 2, 27 ANTITRUST, Summer 2013, p. 32 - 34.

④ See William H. Page, *Judging Monopolistic Pricing: F/RAND and Antitrust Injury*, Texas Intellectual Property Law Journal 22, no. 2 (2014): 181 - 208, p. 202.

## 二、国际组织、代表性国家对违反 FRAND 承诺的许可费的反垄断规制

### (一)欧盟

欧盟的反垄断规则主要集中于 TFEU 的第 101 条和第 102 条,用于规制反竞争协议(包括定价协议)、价格歧视以及公司间合并和滥用市场支配地位等非法垄断行为。当标准必要专利权人收取违反 FRAND 承诺的特许权使用费时,若许可协议已经签订,则既属于 TFEU 第 101 条规定的反竞争协议,也构成第 102 条规定的滥用市场地位的行为。若许可协议尚未签订,则只能适用 TFEU 第 102 条加以规制。① 欧盟在其 2011 年发布的《横向协议指南》中也明确指出,要使标准必要专利许可协议不在 TFEU 第 101 条禁止的范围内,标准化组织制定的专利规则就必须保证专利持有人能够按照 FRAND 许可承诺对外许可其拥有的标准必要专利。② 具体而言,标准制定组织的专利规则需要在标准制定阶段要求专利持有人做出不可撤销的书面承诺,承诺将按照 FRAND 条款将专利许可给他人使用。同时仍需注意,指南并没有明确指出不符合 FRAND 条款的专利许可协议必然具有反竞争效应,故仍然需要对此进行个案分析,判断该行为对市场竞争的实际影响。③

在 2014 年的摩托罗拉案中,欧盟委员会认为若做出 FRAND 许可承诺的标准必要专利权人针对潜在的自愿被许可人申请禁令救济,则可能会违反 TFEU

---

① See D. Geradin, *Reverse Hold-Ups*: *The* (*Often Ignored*) *Risks Faced by Innovators in Standardized Areas*, in the Pros and Cons of Standard Setting 101, (Presentation delivered at the Konkurrensverket: Swedish Competition Authority, 12 Nov. 2010), http://www. konkurrensverket. se/globalassets/english/research/presentation-by-damien-geradin-reverse-hold-ups-theften-ignored-risks-faced-by-innova tors-in-standardized-areas. pdf (Accessed 17, May 2017).

② See Guidelines on the applicability of Art. 101 of the Treaty on the Functioning of the European Union to horizontal co-operation agreements ("Guidelines on horizontal cooperation agreements") [2011] OJC11/1, para. 283.

③ See Renato Nazzini, *Level Discrimination and FRAND Commitments under EU Competition Law*, World Competition 40, no. 2 (June 2017), p. 225.

的第 102 条,即构成滥用市场支配地位的行为。[①] 欧盟委员会认为,根据标准必要专利权人的 FRAND 许可承诺,潜在的专利实施者有理由期望标准必要专利权人按照 FRAND 许可费率与其签订专利许可协议。同时考虑锁定效应的反竞争影响,由于标准必要专利不具有在经济上可行的替代技术,故若标准实施者无法使用该标准专利生产产品,则会被直接排斥在市场之外,从而限制消费者的选择并对下游竞争造成损害,足以认定为违反 TEFU 第 102 条的滥用市场支配地位的行为。德国法院在华为诉中兴案中也指出,一般而言,行使与知识产权有关的专有权本身不会构成对 TFEU 第 102 条的侵犯,但若该专利为标准必要专利,且专利持有人已经做出了 FRAND 许可承诺,且 FRAND 承诺是该专利被纳入标准的先决条件,则标准必要专利权人收取违反 FRAND 许可承诺的特许权使用费的行为就构成滥用市场支配地位。[②]

通过对欧盟上述案例的分析可以发现,做出 FRAND 许可承诺的标准必要专利权人有义务按照 FRAND 许可费率将专利许可给任何标准实施者使用。但同时又引发了另一个问题,这种许可义务是否同时限制非执业实体。对纵向一体化的专利持有人而言,其同时也在技术领域利用该标准必要专利生产符合标准的产品,其收取明显超过 FRAND 许可费率的特许权使用费的行为能够直接不当提高其他竞争者的生产成本,从而维持其在竞争市场中的垄断地位,无疑构成对 TEFU 第 102 条的违反。[③] 而对于那些做出 FRAND 许可承诺的非执业实体而言,其收取高额许可费的行为必然属于违反 FRAND 许可承诺的违约行为。但对于其是否同时违反了 TEFU 的第 102 条,虽然非执业实体本身不生产符合标准的产品,也就不在市场上直接参与竞争,即使这种收取高额许可费的行为不具有排他性仅有利用性,但该行为会限制产品的产量或造成产品价格上涨,最终会损害消费者的合法权益,因此属于违反 TEFU 第 102 条的滥用市场支配地位的行

① See Case No. AT. 39985 Motorola-Enforcement of GPRS Standard Essential Patents C (2014) 2892 final, recitals 285 - 289.

② See Joshua D. Wright, *SSOS, Frand and Antitrust: Lessons from the Economics of Incomplete Contracts*, George Mason Law Review 21, no. 4 (2014): 791 - 810, p. 801.

③ See R. Nazzini, The Foundations of European Union Competition Law: The Objective and Principle of Article 102, 275 - 277 (Oxford: OUP 2011).

为。由此可知，与美国《谢尔曼法》不同，TFEU 第 102 条不仅规制对竞争对手的反竞争排斥行为，还规制通过操控市场竞争损害消费者合法权益的行为。①

### （二）美国

美国反垄断法由谢尔曼法案、克莱顿法案和 FTC 法案三大联邦立法组成。《谢尔曼法》第 2 节禁止垄断、企图或串谋垄断，克莱顿法案禁止“不公平的竞争方法或实践”，而《FTC 法案》规制的非法垄断的行为比谢尔曼法案更广。② 例如在美国反垄断法体系下，除非造成了排除竞争的效果，标准必要专利权人违反 FRAND 承诺收取高额许可费的行为并未被法院认定为违反《谢尔曼法》第 2 节的非法垄断行为，但 FTC 可以根据《FTC 法案》第 5 节的规定将这种行为认定为利用机会主义的违规行为，进而通过行政执法的方式对该行为进行规制。其原因在于《谢尔曼法》第 2 节仅规制排他性行为，即无正当理由故意获取或维持的垄断地位，而不包括那些通过合法方式获得垄断地位之后再进行的滥用市场支配地位的行为。③ 例如在 2007 年 Broadom 诉高通案中，美国第三巡回法院认为标准必要专利权人高通公司在标准制定阶段故意做出虚假的 FRAND 许可承诺，使得其拥有的 WCDMA 技术顺利被纳入 UMTS 标准，后又利用其由此获取的市场支配地位收取明显超过 FRAND 承诺的专利许可费，符合“故意垄断”的要件，构成违反《谢尔曼法》第 2 节的排他性行为。④ 但在一般情况下，由于标准必要专利权人通过将其拥有的专利纳入标准进而获得相关市场的支配地位的行为是完全正当的，故谢尔曼法案无法对专利持有人违反 FRAND 许可承诺的行为进行有效规制。⑤

《FTC 法案》第 5 条规制的垄断行为的范围比《谢尔曼法》第 2 节更加广泛。

---

① See Renato Nazzini, *Level Discrimination and FRAND Commitments under EU Competition Law*, World Competition 40, no. 2 (June 2017): 213 – 240, p. 225.

② See FED. Trade Comm'n, Statement of Enforcement Principles Regarding "Unfair Methods of Competition" under Section 5 of the FTC act (Aug. 15, 2015).

③ See U. S. DEPT of Justice & FED. Trade Comm'n, Antitrust Enforcement and Intellectual Property Rights: Promoting Innovation and Competition, 1 (2007).

④ See Broadcom, 501 F. 3d 297, 315.

⑤ See Claire Guo, *Intersection of Antitrust Laws with Evolving Frand Terms in Standard Essential Patent Disputes*, John Marshall Review of Intellectual Property Law 18, no. 3 (Spring 2019): [i] – 284, p. 276.

FTC曾于2012年11月与Robert Bosch GmbH签订了一份协议，要求Bosch遵守其事先做出的FRAND承诺许可其拥有的SPX专利。[①] 这也是FTC首次认定对违反FRAND许可承诺的标准必要专利权人施行禁令救济会对竞争造成损害。随后，在摩托罗拉与谷歌的纠纷中，FTC责令禁止谷歌以申请禁令威胁具有谈判意愿的被许可方支付超过FRAND承诺的专利许可费的行为。[②] 同时，FTC也发布了一项行政命令，要求谷歌停止就受FRAND承诺限制的标准必要专利主张禁令性索赔，并请求法院或仲裁委员会确定FRAND许可费率。FTC也在声明中重申，以禁令救济相威胁索取超过FRAND承诺的专利许可费的行为构成专利伏击，对标准的实施和消费者的合法权益都会造成不利影响。[③] 由此可知，虽然标准必要专利权人利用机会主义索要超过FRAND许可承诺的许可费的行为虽然不构成《谢尔曼法》规定的排除行为，但仍可以通过《FTC法案》进行规制。但这也并不意味着所有违反FRAND承诺索要高额许可费的行为都会受到《FTC法案》第5条的规制，其也要达到具有破坏标准实施或者损害美国消费者合法权益的风险的程度。[④] 然而，由于FTC对非法垄断行为的规制与美国司法实践存在较大冲突，美国司法部也认为在大多数情况下合同法下的补救措施就已充分，故对公权力机关可能滥用反垄断法干预FRAND违约行为表示担忧，因此总体而言，美国法院在判断专利权人收取违反FRAND许可费率的特许权使用费是否应用反垄断法进行规制时也持比较谨慎的态度。[⑤]

### (三)中国

中国音视频编码标准工作组(AVS)第一次将FRAND许可承诺纳入专利

---

① See Matter of Robert Bosch GmbH,155 F. T. C. 713,2013 WL 8364914, *13 (Apr. 23,2013).

② See Matter of Motorola Mobility LLC and Google,Inc. ,156 F. T. C. 147 2013 WL 12180882, *8 – 9 (July 23,2013).

③ See Matter of Motorola Mobility LLC and Google,Inc. ,2013 WL 124100, *2 (Jan. 3,2013).

④ See Matter of Robert Bosch GmbH,2012 WL 5944820, *2 (Nov. 26,2012).

⑤ Assistant Attorney General Makan Delrahim Delivers Remarks at the USC Gould School of Law's Center for Transnational Law and Business Conference, U. S. DEP'T of Justice (Nov. 10,2017), https://www. justice. gov/opa/speech/assistant-attorney-general-makan-delrahim-delivers-remarks-usc-gould-school-laws-center [hereinafter USC Speech].

政策之中。AVS 规定,其成员必须在标准制定过程中作出 FRAND 许可承诺或免许可费的承诺。① 该项专利政策后也被中国的其他标准制定组织采用,成为一项基本的专利政策。制定国家标准是中国一项重要的政策目标,目前 SAC 正在制定《中国标准 2035》,致力于为 5G 通信、物联网等关键技术领域制定相关标准,体现了中国重塑全球科技产业标准的目标。② 而 2013 年的华为诉 IDC 案是中国第一个涉及 FRAND 许可承诺的标准必要专利纠纷,也是第一个涉及反垄断问题的专利纠纷案件,其中解释 IDC 的 FRAND 许可承诺的内涵以及确定恰当的许可费率是广东省高级人民法院处理该案的核心焦点。③ 该案之后中国理论界也将如何确定 FRAND 许可费率以及如何判断专利持有人违反 FRAND 许可承诺的行为是否构成非法垄断作为研究重点。

我国 2007 年《反垄断法》第 55 条规定了反垄断法和知识产权法的一般关系,④但该条规定得过于笼统,在司法实践中需要依靠其他法律规范进行具体适用。2015 年 4 月,原国家工商行政管理总局出台了《关于禁止滥用知识产权排除、限制竞争行为的规定》。其中第 13 条第 2 款将标准必要专利权人违反 FRAND 许可承诺视为排除和限制竞争的行为之一,该条也成为标准实施者对违反 FRAND 许可承诺的专利持有人进行索赔的直接依据。⑤ 但应当注意的是,由于该规定是根据反垄断法制定的,因此违反 FRAND 承诺的标准必要专利

① See Jay P. Kesan & Carol M. Hayes, *FRAND's Forever: Standards, Patent Transfers and Licensing Commitments*, 89 IND. L. J. 231, 237 - 238 (2014).

② See Jack Kamensky, *Standards Setting in China-Challenges and Best Practices*, The US-China Business Council, February 2020, p. 4.

③ See Huawei Tech. Co. v. InterDigital Communications, Inc. (Huawei v. IDC), 2013 Yue Gao Fa Min San Zhong Zi No. 305 (Guangdong High People's Ct. 2013) (China).

④ 2007 年《反垄断法》第 55 条规定:经营者依照有关知识产权的法律、行政法规规定行使知识产权的行为,不适用本法;但是,经营者滥用知识产权,排除、限制竞争的行为,适用本法。

⑤ 2015 年《关于禁止滥用知识产权排除、限制竞争行为的规定》第 13 条规定:经营者不得在行使知识产权的过程中,利用标准(含国家技术规范的强制性要求,下同)的制定和实施从事排除、限制竞争的行为。具有市场支配地位的经营者没有正当理由,不得在标准的制定和实施过程中实施下列排除、限制竞争行为:(一)在参与标准制定的过程中,故意不向标准制定组织披露其权利信息,或者明确放弃其权利,但是在某项标准涉及该专利后却对该标准的实施者主张其专利权。(二)在其专利成为标准必要专利后,违背公平、合理和无歧视原则,实施拒绝许可、搭售商品或者在交易时附加其他的不合理交易条件等排除、限制竞争的行为。本规定所称标准必要专利,是指实施该项标准所必不可少的专利。

权人必须同时占据市场支配地位，才能被认定为该条规定的排除、限制竞争的非法垄断行为。[①] 2016 年 3 月，最高人民法院颁布了《关于审理侵犯专利权纠纷案件应用法律若干问题的解释(二)》，其中第 24 条第 2 款授予了标准实施者针对违反 FRAND 许可承诺的标准必要专利权人的反垄断抗辩权，即若专利权人在谈判中故意违反 FRAND 许可承诺，导致无法达成专利许可协议，且专利实施者无明显过错的，法院不支持标准必要专利权人提出的禁令救济申请。这有利于防止标准必要专利权人以禁令相威胁，强迫专利实施者支付明显高于 FRAND 许可承诺的特许权使用费的行为发生。然而该款只能视为专利实施者针对专利权人禁令威胁的消极抗辩权，而不能成为要求专利权人履行 FRAND 许可承诺的积极权利。[②] 2019 年 1 月，国务院反垄断委员会颁布了《关于知识产权领域的反垄断指南》，其中第 15 条也将以不公平高价许可知识产权认定为滥用市场支配地位的表现形式，同时第 1 款项也具体地将专利权人对许可作出的承诺作为了重要考量因素。但仍需注意，标准必要专利权人违反 FRAND 许可费率收取不合理高价许可费的行为并不当然构成对反垄断法的违反，而应首先界定相关市场，判断专利权人是否具有市场支配地位，再结合个案进行具体分析，进一步判断该行为是否造成了排除、限制竞争的后果，从而认定该行为是否构成非法垄断行为。[③]

---

① See Jyh-An Lee, *Implementing the FRAND Standard in China*, Vanderbilt Journal of Entertainment & Technology Law 19, no. 1 (Fall 2016): 37 - 86, p. 64.

② See Fei Deng, Gregory K. Leonard & Mario A. Lopez, *Comparative Analysis of Court-Determined FRAND Royalty Rates*, Antitrust 32, no. 3 (Summer 2018): 47 - 53, p. 51.

③ See D. Daniel Sokol & Wentong Zheng, *FRAND in China*, Texas Intellectual Property Law Journal 22, no. 1 (2013): 71 - 94, p. 81.

# 第三章　标准必要专利滥用市场支配地位的反垄断规制研究

各国反垄断立法，特别注重对经营者滥用市场地位的行为进行规制。这些滥用行为一般是指具有市场支配地位的标准必要专利权人通过歧视性定价、许可搭售（捆绑销售）等手段来进行排除或者限制竞争的行为。

反垄断法实践中，针对滥用市场支配地位的案件已经形成了一种固定处理程序：第一步先界定涉案产品的相关市场，以确定执法范围；第二步判断经营者是否具有市场支配地位；第三步判断拥有市场支配地位的经营者是否存在滥用行为；第四步判断这样的行为是否有排除或者限制竞争的效果。① 这四个步骤相互关联，并且属于递进关系，在涉及滥用市场支配地位的反垄断法实践中缺一不可。在讨论标准必要专利的滥用市场支配地位问题中，本书从标准必要专利的相关市场问题、市场支配地位问题、市场支配地位的滥用问题等方面来进行分析。

---

① 参见刘贵祥：《滥用市场支配地位理论的司法考量》，载《中国法学》2016年第5期。

## 第一节　标准必要专利相关市场的界定研究

在标准必要专利的反垄断问题中，相关市场是必不可少的分析要素，[①]对相关市场的界定有利于确定相关竞争者的范围和分析相关市场份额。关于相关市场问题，学界有一定的争议，大多数学者赞同“华为诉 IDC 案件”[②]和“高通案”[③]中司法机关的观点，当存在技术标准化情形时，每一个标准必要专利都构成单独的一个相关市场，少部分学者认为这两个案件中司法机关得出的结论并不能作为标准必要专利相关市场界定的原则性判断依据。

我国的《关于知识产权领域的反垄断指南》一定程度上质疑了标准必要专利单独构成一个相关市场的观点，之前《关于滥用知识产权的反垄断指南（征求意见稿）》关于界定行为是否涉及滥用市场支配地位的规定，并没有直接认定单独相关市场问题，从而也引发了关于标准必要专利相关市场认定问题的争议。但是之后的正式稿中并未修改征求意见稿中的相关规定，说明我国现阶段在相关市场问题上除适用反垄断法的规则之外，还需要考虑标准必要专利的性质和特征。美国于 2010 年修订的《横向并购指南》中明确指出：“市场界定并不是执法部门分析竞争的必须步骤，尽管关于可获得竞争性产品的考量在某些情况下是必须的，但是执法部门使用评估工具并不一定需要界定相关市场。”[④]美国的《知识产权许可反垄断指南》[⑤]以及欧盟的《关于设立标准必要专利的欧盟方案》[⑥]等法律和官方文件确定了标准必要专利本身与市场支配地位并没有必然

---

① See Michael A. Carrier, *Two Puzzles Resolved: Of the Schumpeter-Arrow Stalemate and Pharmaceutical Innovation Markets*, Iowa Law Review 93, no. 2 (2008), p. 393 – 450.

② (2011)深中法知民初字第 857、858 号。

③ See Qualcomm, Inc. v. FTC, 969 F. 3d 974, 2020 WL 4591476 (9th Cir. Aug. 11, 2020).

④ U. S. Department of Justice and the Federal Trade Commission, Horizontal Merger Guidelines, Issued: April 2, 1992 (Revised: April 8, 1997).

⑤ FTC and DOJ, Antitrust Guidelines for Licensing of Intellectual Property, 2017.

⑥ communication from the commission to the european parliament, the council and the european economic and social committee—Setting out the EU approach to Standard Essential Patents.

联系，可见在相关市场界定问题上学界以及各个国家仍然存在争议，并没有固定标准对其进行统一规定。

这些国家或地区的法律规定等似乎在某种程度上降低了相关市场在标准必要专利中的重要性，但不可否认的是，即使存在争议，若使用直接证据认定市场垄断会导致更加严重的问题，可见相关市场分析的重要性仍然是不可取代的。

## 一、相关市场的界定

相关市场也称作关联市场，我国《反垄断法》第 12 条[①]以及国务院反垄断委员会《关于相关市场界定指南》第 3 条[②]认为相关市场是经营者在从事商品生产经营或服务的时候处于何种竞争范围内以及该商品或者服务是否存在竞争关系的一种特定场所。在反垄断领域，市场本身有其特殊的含义，反垄断问题中市场通常是指与案件相关的特定地域市场或者特定的商品市场。

界定相关市场需要先确定经营者市场竞争的范围，这也是反垄断法实践中不可缺少的步骤。存在一些例外情形，比如经营者的同类竞争者不多，或者竞争商品较少并且市场份额小，经营者在此种情况会对市场竞争产生明显的损害后果，若相关市场难以认定，可以考虑弱化相关市场在反垄断法实践中的作用。

一般情况下，相关市场界定是反垄断法分析的基点。[③] 相关市场认定一般需要考虑一系列的基本因素例如产品性质、价格等，考量该商品或者服务和其他较大程度可以替代的其他商品或者服务共同构成的市场，二者之间通常处于很强的竞争关系之中。相关地域市场则指具有可替代性的其他商品或者服务

---

① 《反垄断法》第 12 条第 2 款规定，本法所称相关市场，是指经营者在一定时期内就特定商品或者服务进行竞争的商品范围和地域范围。

② 国务院反垄断委员会《关于相关市场界定的指南》第 3 条第 1 款规定，相关市场是指经营者在一定时期内就特定商品或者服务（以下统称商品）进行竞争的商品范围和地域范围。在反垄断执法实践中，通常需要界定相关商品市场和相关地域市场。

③ 王先林：《论反垄断法实施中的相关市场界定》，载《法律科学（西北政法学院学报）》2008 年第 1 期。

所在地和调查商品或服务所在地共同组成的地域市场，而地域间也处于很强的竞争关系。

## （一）相关市场的界定标准

相关市场界定标准通常为替代标准，我国界定指南中专门对该标准进行了解释，即判断相关市场的范围主要是考量商品或者地域的可替代性，是否有可替代性是判断反垄断案件中的商品或者服务是否属于同一个相关市场的一个基本标准。① 替代性标准一般分为：需求替代性标准、供给替代性标准和潜在竞争标准。而涉及标准必要专利滥用市场支配地位问题的标准，主要是需求替代性标准以及供给替代性标准。

### 1. 需求替代性标准

需求替代性标准是替代性标准中比较主流的一种模式。需求的可替代性主要是指对于消费者而言，该商品的替代可能。需求替代性就是从该商品对应的需求者角度来看，考虑商品的认可度、可得性以及价格的接受程度等因素，认可度越高可得性越低，价格接受度越高则该商品的替代性、竞争关系越弱，相反情况下则可替代性强，竞争关系强，此时此类商品才可能属于同一相关市场。②

由此我们可以看出，需求替代性这一标准，主要是从消费者层面进行分析，从消费者通常关注的几个方面如质量、价格、购买便利性或者功能等来判断该商品是否存在替代性产品，消费者关注的方面非常出色，产品的可替代性就会低，而消费者关注的这几个因素如果在该商品的同类产品对比中不那么出色，则可替代性就高，竞争产品就会较多，这样的话就很容易判断该商品的相关

---

① 国务院反垄断委员会《关于相关市场界定的指南》第 4 条规定，在反垄断执法实践中，相关市场范围的大小主要取决于商品（地域）的可替代程度。在市场竞争中对经营者行为构成直接和有效竞争约束的，是市场里存在需求者认为具有较强替代关系的商品或能够提供这些商品的地域，因此，界定相关市场主要从需求者角度进行需求替代分析。当供给替代对经营者行为产生的竞争约束类似于需求替代时，也应考虑供给替代。

② 国务院反垄断委员会《关于相关市场界定的指南》第 5 条规定，需求替代是根据需求者对商品功能用途的需求、质量的认可、价格的接受以及获取的难易程度等因素，从需求者的角度确定不同商品之间的替代程度。原则上，从需求者角度来看，商品之间的替代程度越高，竞争关系就越强，就越可能属于同一相关市场。

市场。

欧盟关于相关市场的法律文件认为从经济学层面而言,需求替代标准可以对供应商尤其是供应商的定价计划造成最有力的制约效力,因为如果消费者可以很轻易地获得替代性产品,那么生产该产品的企业就无法对市场销售中的价格或者其他重大条件产生巨大的影响。①

例如 Nestle 与 Perrier 并购案②中,Nestle 企业主要生产的是清凉饮料,打算收购矿泉水公司 Perrier 的股份,Nestle 方认为二者同为饮料,商品性质相同,故而属于同一相关市场,而欧共体委员会却认为二者不属于同一消费市场,欧共体委员会是从商品性质以及二者价格的因素来进行考量的。欧共体委员会认为矿泉水的消费目的仅仅是补充矿物质,是为了身体的健康,而清凉饮料则并无此消费目的,并且二者价格相差几倍,即使清凉饮料价格变动较大,也无法明显地影响矿泉水产品的价格或者销售,所以二者并不构成同一相关市场。从该案例也可以看出欧共体委员会采取的是需求替代性这样的标准来衡量相关市场。在判断并购行为是否构成垄断之前通过这样的标准先将清凉饮料和矿泉水的相关市场进行区分,为后续的反垄断调查提供判定的基础。

"3Q"案中法院也运用了需求替代性标准来判断可替代性,腾讯是中国迄今为止最大互联网企业之一,而奇虎 360 属于提供手机安全服务的互联网企业,360 公司起诉腾讯,认为腾讯滥用市场支配地位,并且排除限制了竞争,这样的案件在当时引起了社会的广泛关注。③

无论是从欧盟还是我国对于需求替代性标准的规定和实践来看,都说明这一标准在相关市场界定中有着相当重要的作用,可操作性强,能够较为直接清晰地判定相关市场问题。

2. 供给替代性标准

上文提到需求替代性标准是从消费者层面考量的一种标准,那么从经营者

① See EU, Commission Notice on the Definition of the Relevant Market for the Purposes of Community Competition Law, OJC 372 on 9 /12 /1997.

② See Case IV /M041, 1991 O. J. C156/10.

③ 奇虎公司与腾讯公司垄断纠纷上诉案,最高人民法院(2013)民三终字第 4 号民事判决书。

层面而言,产品可替代性就是供给的替代性。依供给替代性标准判断是否属于同一相关市场要根据经营者需要为生产该产品投入的成本、进入市场的时间和风险等因素,来确定是否具有可替代性。[①] 一般来说,投入的成本越高,承担的风险越大,进入的时间越长,可替代性越低;反之可替代性就高,所以在界定相关市场的时候特别是在判断市场经营者时要考虑供给替代性标准的适用,[②]其他经营者能够供给可替代的产品会有助于判断进入市场的难易程度,经营者的供给可对相关市场的界定会产生较大的影响。

欧盟相关法律规定,如果认为需求替代性标准在效果和效率层面与供给替代性标准对界定相关市场有同样的影响时,就可能会考虑供给的可替代性,这样的可替代性要求生产者在短时间内相关价格变化不大的情况下,能够转产相关商品、进行销售并且不会产生较大的附加成本和风险问题。[③]

日本公平交易委员会发布的相关指南中规定,在考量替代性时,先假定特定产品由特定地域内的单个垄断者生产,在这样的假定前提下,单个垄断者如果追求最大化利润而实施数额小但重要的涨价策略,必须考虑此时的消费者购买其他可替代产品或者是前往其他地区购买相关产品的难度,此时如果难度较低,那么单个垄断者就很容易实施涨价行为。[④]

供给替代性标准中关于转产的难易程度,或者具体风险问题是很难进行准确判定的,而且供给替代性标准存在很多不确定因素,实践中该标准的可操作性不高,通常作为需求替代性标准的一个补充标准,来帮助更准确地界定相关市场的。[⑤]

### (二)相关市场的界定方法

相关市场的界定通常基于对替代性因素的判定,在对相关市场进行界定

---

① 国务院反垄断委员会《关于相关市场界定的指南》中供给替代的定义部分。

② 国务院反垄断委员会《关于相关市场界定的指南》第6条。

③ 《关于为欧洲共同体竞争法界定相关市场的委员会通知》中关于供应可替代性的有关规定。

④ See Japan Fair Trade Commission, *Guidelines to Application of the Antimonopoly Act Concerning Review of Business Combination*, Issued: May 31, 2004 (Revised as of May 1, 2006 and March 28, 2007).

⑤ 参见许光耀:《欧共体竞争法通论》,武汉大学出版社2006年版,第51页。

时，应该从替代性因素着手进行分析，从而找出替代性商品并以此判定相关市场。判定替代性这一步骤相当重要，准确地判断产品的替代性或者竞争性，需要一定的方法。

1. 近似功能测试法

上文中提到相关市场界定可以从产品的供给替代性和需求替代性两个标准进行考量，如果是在供给替代性标准下，近似功能测试法在测试替代性时，是通过商业习惯等来判断经营者生产产品能否达到同样的预期功能，生产的产品是否都能够满足消费者需求。而在需求替代性标准下，近似功能测试法在测试替代性的时候是强调测试消费者是否可能选择具有替代性的其他产品。

这种测试方法在美国以及欧盟反垄断执法早期运用广泛。美国司法部1968年《关于合并的指导方针》中就规定了两种产品如果在消费者关注的价格、用法、质量等方面存在替代可能性，这两种产品很可能属于同一相关市场。[①]欧盟委员会《关于为欧洲共同体竞争法界定相关市场的委员会通知》中也规定了相关产品市场界定，从消费者层面可以从产品是否可以相互交换交互替代，以及产品的性质、用法价格等方面进行测试。[②]

这种测试方法将供给替代性标准和需求替代性标准结合起来，但是无论从二者哪一个标准出发，这种测试方法都具有很大的主观随意性，因为产品的性质或者用途等会随着市场的变化而不断丰富和变化，而且不同的消费者或者经营者对于同一产品的认知差别也很大，很难有客观的标准，近似功能测试法主要基于产品的物理属性，这样可能导致市场界定过于刻板严厉，也不利于反垄断执法的准确判断。

2. 需求交叉价格弹性测试法（Cross-price elasticity of demand）

上文提到了近似功能测试法主要是观测产品的物理属性以此来进行相关市场界定，但是这样的测试法过于单一和刻板，在反垄断执法的发展过程中，仅

---

① See Merger guideline. Published in Antitrust Division, p. 176.

② See Camila Ringeling et al. , European Commission's Notice on the Definition of Relevant Market for the Purposes of Community Competition Law, Comment of the Global Antitrust Institute, Law & Economics (2020), p. 20 – 28.

仅从物理属性来判定相关市场无法适应现实需要，于是产生了需求交叉价格弹性测试法。

需求交叉价格弹性测试法，是从价格因素来判断相关产品替代性，从而界定相关市场。需求交叉价格弹性是一个经济学概念，衡量的是当另一种商品的价格变化时，对于某种商品的需求量的反应性，替代商品的需求交叉价格弹性总是正的，因为当替代商品的价格增加时，对某种商品的需求增加，或者互补商品的需求交叉价格弹性为负数。①

根据这种测量方式，就可以把这种替代性从主观的判定转化为一种相较而言更加客观的计算方式。假设我们需要判定商品 1 和商品 2 之间是否存在可替代性，则可以用需求交叉价格弹性计算方法来计算，我们可以假定商品 1 的需求量 Q1 是它关于商品 2 的价格 P2 的一个函数，即 $Q1 = F(P2)$，所以 $Ec = (\triangle Q1/Q1)/(\triangle P2/P2) = (\triangle Q1/\triangle P2) \times (P2/Q1)$。

公式中△Q1 是商品 1 的需求变化量，△P2 是相关商品 2 的价格变化量，Ec 就是当商品 2 价格发生变化时计算出的交叉价格弹性系数。

所以当商品 1 的需求量△Q1 和相关商品 2 的价格变化量△P2 无穷小时，那么商品 1 的需求交叉价格则为：$Ec = (dQ1/Q1)/(dP2/p2) = (dQ1/dP2) \times (P2/Q1)$。

所以，当 $Ec > 0$ 时，商品 1 和商品 2 就存在替代关系，当 $Ec < 0$ 时，商品 1 和商品 2 为互补关系，此时二者不存在替代关系，无替代性，当 $Ec = 0$ 时，商品 1 和商品 2 之间需求与价格不互相影响。②

这样的一种计算方式相较于以前的近似功能测试更加的准确和清晰，有利于企业根据这样的计算模式来调整自身的发展战略。比如柯达公司利用这样的计算模式，及时放弃了傻瓜相机，但却从公司生产的柯达胶卷销售中收益颇丰，以此避免了极大损失，实现了稳定获利。

---

① See Adam Hayes, *Cross Elasticity of Demand. Reviewed by Peter Westfall*, (2020), Updated Oct. 27, https://www.investopedia.com/terms/c/cross-elasticity-demand.asp.

② See Vaishnav & Anish, *Product Market Definition in Pharmaceutical Antitrust Cases, Evaluating Cross-Price Elasticity of Demand*, Columbia Business Law Review, Vol. 2011, Issue 2 (2011), p. 586 - 636.

1956 年的杜邦案[①]在需求交叉价格弹性计算方法的实践中具有重要意义。该案中政府认为杜邦生产的玻璃纸占据了玻璃纸市场高达 75% 的份额，并且玻璃纸本身和其他包装材料之间存在很大的价格差异。美国政府认为杜邦公司的玻璃纸不存在可替代的其他商品，其本身单独构成一个相关市场。杜邦公司对此提起了诉讼，最后美国联邦最高法院法官认为仅从商品的性质进行考察是不全面的，虽然价格差距大，但是本身玻璃纸和其他包装材料的用途和性质就存在差异，所以玻璃纸仍然和其他包装材料有很大的替代性，因此法院提出了一种合理的替代性计算方式，消费者只要是为了相同的目的而去购买相关的产品，这样的相关产品就可以构成相关市场。这类市场应当考虑需求交叉价格弹性因素，即当一种产品价格发生变化的时候，另一种产品的销售数量和其他因素是否也会随之发生变化。本案中如果玻璃纸的价格下降，那么很有可能促进本可以使用其他包装材料的消费者转而使用玻璃纸来进行包装，所以玻璃纸和其他包装材料之间是存在需求交叉价格弹性的，因此法院的法官最终认定玻璃纸和其他包装材料共同构成一个相关市场。

需求交叉价格弹性计算方法是一种将经济学上的数字模型引入反垄断法实践的创新，丰富了相关市场界定中的替代性判断方式。虽然这种经济学数学模式看起来客观准确，但是也存在一些弊病。首先，使用这样的数学公式的前提假定其他产品的价格以及需求是固定的，但是实际生活中，这样的假设很可能不符合市场行情，过于理想化。其次，该计算方法中其他产品的选用也存在问题，看似客观的计算之下，其他产品的选用本身实际上有一定的主观随意性，并不如经济学家所期待的那样真正地实现替代性计算的客观性。而且即使存在这样的一个符合计算方式的产品，这样的产品也并不一定是合理的一个替代品，因为如果价格过高，即使替代品非常劣质，消费者也有可能觉得替代品更佳，这样的情况下，需求交叉价格弹性计算方法带来的替代产品判断也容易产生谬误。

3. 假定垄断者测试法(SSNIP 测试法)

假定垄断者测试法(Thehypothetical monopolist test)也被称作 SSNIP 测试

---

① U. S. v. Du Pont & Co. 351 U. (1956), S377.

法(Small but Significant Not-transitory Increase in Price),这样的测试方法是一种思想的测试,来确定相关市场中可替代性问题和反垄断规制的范围。这种测试法用于对数额不大但是明显非临时性涨价进行的测试。①

(1)各国或地区关于 SSNIP 测试法的定义

英国《相关市场界定——理解竞争法》中认为相关市场的界定一般要先建立一个有替代性的产品或者是产品类别,这些具有替代性的产品是对案件相关的产品生产者最有力的约束。公平交易局通常会采取假定垄断者测试法来判断这些产品是否具有可替代性,该方法的本质就是产品生产者可以在一个最小的产品或者地域范围内成功地实施一种竞争状态的价格行为。②

新西兰《合并指南》中明确指出在界定相关市场的时候,全球通用的方法就是假定市场为一个不受市场进入约束的最小范围,在这样的范围内生产者可以实施一个"数额不大但重要且非临时的价格增长"策略。③

澳大利亚《并购指南》中也提供了相似的方法,将相关市场看作产品的各种性质、地理位置等因素在内的最小的一个范围,并且在这个范围里,追求利润最大化的垄断企业可以实施垄断水平的"数额不大但重要且非临时的价格增长"行为。④

除了以上三个国家的规定,上文提到的欧盟的《相关市场通知》以及美国的《市场并购指南》中也有与之非常相似的规定,日本 2004 年颁布的《关于企业合并的反垄断指南》中也规定了这样的一种假设方式。⑤ 由此可见,世界上许多的发达国家和地区关于相关市场界定采用的方法都非常相似,几乎都有"数额不大但重要且非临时价格增长"(Small but Significant Not-transitory Increase in

---

① 参见赵莉莉:《反垄断法相关市场界定中的双边性理论适用的挑战和分化》,载《中外法学》2018 年第 2 期。

② See UK Office of Fair Trading, *Market Definition—Understanding Competition Law*, Issued: May 1, 2004.

③ See New Zealand Commerce Commission, *Mergers and Acquisitions Guidelines*, Effective: January 2004.

④ See Australian Competition and Consumer Commission, *Merger guidelines*, Issued: June 1999.

⑤ See Japan Fair Trade Commission, *Guidelines to Application of the Antimonopoly Act Concerning Review of Business Combination*, Issued: May 31, 2004 (Revised as of May 1, 2006 and March 28, 2007).

Price)这样的一个规定,即 SSNIP 测试法。

SNNIP 测试法中蕴含了需求交叉价格弹性的方法,但是又引入了更加精准和可控的经济学方法,[①]相较于需求交叉价格弹性测量法更加准确和可操作,所以也成为各个国家或地区现在最常用的关于替代性相关市场界定的方法。

(2)SSNIP 测试法的运用

上文中各国或地区法律规定都揭示了 SSNIP 测试法的具体含义,SSNIP 测试法主要分为四个步骤:

首先,调查者应该假定受垄断调查的企业本身已经就该产品的有关行为形成了垄断,故需调查相关产品市场中该产品的垄断供应商。

其次,反垄断调查者应该确定一个基准价格,因为 SSNIP 测试法必须通过产品价格变动来观察消费者购买变动以及对可能存在替代性的产品影响程度,所以必须设立一个基准价格。基准价格的选取通常有两种方式:一种是选取主导价格,另一种是选取竞争价格,主导价格就是该调查产品在市场上的一般价格,所以通常情况下,可以将其作为基准价格,但是当主导价格本身就是具有市场支配地位的企业制定的价格时,就不能确定该产品是否保持了竞争水平。所以此时应该选用竞争价格,而不是一般价格。上文所提到的杜邦案件中的玻璃纸产品就占据了 70% 的市场份额,由于直接采用一般价格从而导致了“玻璃纸谬误”[②],当出现这种情况时,基准价格就应当采取竞争价格而不是一般价格。

再次,在确定了基准价格以后,执法者还需确定价格提高的幅度以及确定一定的时间范围。美国《合并指南》中在 1982 年确定了 5% 的价格提高的幅度,但是 1984 年将其修改为 5% 左右,[③]而欧盟则规定价格提升幅度为 5% ~10% 。

---

① 参见余东华:《反垄断法实施中相关市场界定的 SSNIP 方法研究——局限性及其改进》,载《经济评论》2010 年第 2 期。

② The Cellophane Fallacy is most relevant when a determinative issue isdemand-side substitution. In many cases, a firm or group of firms will nothave significant shares even when the narrowest conceivable market isconsidered, which may mean that one does not have to reach a finalconclusion about the scope of the relevant market, www. justice. gov/atr/monopoly-power-market-definition-and-cellophane-fallacy.

③ 1982 Merger Guidelines: ii Market Definition and Measurement: A. Product Market Definition, http://www. justice. gov/atr/hmerger/11248. htm.

通常各个国家是规定一年为考察和观测价格提高的时间区间。

最后，在完成各种假定以及计算之后，执法者就可以通过此方法观测消费者对于价格提高的反应以及假定垄断的生产者获得的利润，从而判断是否具有替代性以及能否构成相关市场，如果在规定的时间范围内，经营者提高价格以后，消费者转而购买其他产品的，假定的垄断者不会产生利润，这就需要扩大市场范围继续观测，直到假定的垄断者可以获得利润，此时就可以判定替代性产品和地域范围，这些替代性产品和地域范围就构成相关市场。

## 二、标准必要专利是否构成单独相关市场

上文提到相关市场界定在滥用市场支配地位反垄断调查中不可或缺的重要性，那么在讨论标准必要专利问题时，就必须厘清标准必要专利的相关市场问题。标准必要专利本身涉及技术标准化问题，如果我们将技术标准本身看作一种市场规则，那么拥有标准必要专利的企业就可能控制整个相关市场，而且专利本身具有排他性的特征，所以在技术标准化的前提下，这样的排他性可能会使得其专利成为产品市场中不可或缺的部分，这样就很难寻找出是否存在替代性的竞争产品（技术），按照这样的推断标准必要专利就必然单独构成一个相关市场。

反垄断法对标准必要专利进行规制本身就是为了制止标准必要专利权人通过滥用市场支配地位等方式来进行垄断行为，判断这样的垄断行为就需要先判定相关市场问题，如果依据前述推断，仅因为标准必要专利涉及技术标准问题，就将标准必要专利直接视作一个单独的相关市场，这样就很容易认定标准必要专利在相关市场中缺乏可替代的竞争对手，那么只要是持有标准必要专利的企业就很可能会被认定为占据了全部相关市场份额，具有市场支配地位。标准必要专利权人很容易因此触发反垄断调查，极其容易被认定为垄断从而遭到处罚，故此若直接将标准必要专利视为单独相关市场，一定会打击企业推动技术创新的积极性，也不利于技术标准化的发展，故此直接的判断标准会引发很大争议。

## (一)标准必要专利构成单独相关市场

主流学说认为,每一个标准必要专利都构成一个单独相关市场,因为标准必要专利本身就蕴含了一定关于其缺乏替代性的暗示。从标准必要专利的定义来看,在专利成为标准必要专利之前,相关市场中有各种的专利凭借价格或者技术优势进行竞争,而成为标准必要专利意味着该专利被纳入一种技术标准,在技术标准的条件下本来存在竞争关系的相关产品就会被驱逐,否则就可能对标准必要专利构成侵权。[①] 标准必要专利本身对于相关的经营者来说是不可替代的,这种不可替代的性质决定了在市场中没有可以与该专利竞争的产品或者技术,[②]所以标准必要专利构成单独的相关市场。

前文提到的华为诉 IDC 案件以及高通案,采取的即标准必要专利构成单独相关市场的学说,不局限于这两个案件,美欧作为最主要的反垄断的典型法域,在处理标准必要专利垄断案件中,基本采取的都是这种思路,即直接认定标准必要专利构成一个单独相关市场。

微软诉 IDC 案中,微软公司认为 IDC 公司持有的标准必要专利单独构成相关市场,因为这样的技术在无线通信技术领域缺乏可替代性,所以微软认为有替代性的产品都被排除在了 IDC 公司持有的技术标准之外,IDC 涉案的标准必要专利没有可替代技术,单独构成相关市场,本案中美国法院法官认可了这样的观点,将涉案的相关市场认定为 IDC 公司持有的标准必要专利相关的专利市场。[③]

欧盟针对三星标准必要专利提起的反垄断案件中,欧盟的司法机关认为三星公司的标准必要专利很多都被纳入了 UMTS 标准[④],而当时的电信公司如果要在市场环境中进行相关经营,手机功能必须符合 UMTS 标准,所以欧盟方认

① 参见王晓晔:《标准必要专利反垄断诉讼问题研究》,载《中国法学》2015 年第 6 期。

② 参见郑伦幸:《对标准必要专利权人拒绝许可行为的反垄断规制》,载《知识产权》2016 年第 7 期。

③ See Microsoft Mobile Inc. v. Interdigital, Inc., CV 15 – 723 – RGA, 2016 WL 1464545, at *5 (D. Del., Apr. 13, 2016).

④ UMTS 标准是国际标准化组织 3GPP 制定的全球 3G 标准之一。

为三星公司实际上在相关市场中没有可替代的其他技术。

还有许多案例中关于标准必要专利的相关市场都被认定为一个单独相关市场，比如FTC在对谷歌和摩托罗拉的反垄断调查中就认为摩托罗拉持有的标准必要专利缺乏可替代性所以单独构成相关市场，[①]除了上述案例，还有许多关于标准必要专利的著名案件中也是采取了同样做法，包括苹果诉三星案[②]、苹果诉摩托罗拉案[③]等。

因为标准必要专利本身从定义来看就具有不可替代的性质，所以各国在判断相关企业的垄断问题时，都倾向于认定标准必要专利属于没有替代关系的技术，认为标准必要专利单独构成相关市场似乎已经成为一种默认的处理路径。

上述标准必要专利相关市场认定的方法，直接从标准必要专利定义和基本特点就认定其不存在替代性技术，相较于替代性考量的各种分析方法更加简单和便捷，对于反垄断执法来讲极大地提高了效率，但是这种方法依靠的前提就是标准必要专利真的是唯一和不可替代的，一旦此前提出现问题，那么标准必要专利相关市场的界定就会出现严重错误。

### (二)标准必要专利有可能不构成单独的相关市场

标准必要专利构成单独相关市场的观点虽说是学界主流观点和各国反垄断法实践中的通常做法，但是其论断也受到许多质疑。部分学者认为，这样的论断过于绝对，标准必要专利本身是否真的具有必要性、唯一性(一定情况下需要具体案件具体分析)。[④] 有学者认为不能单纯只考虑同一标准下是否存在替代性技术，还应考虑不同标准下是否存在替代性技术，以及考虑下游技术产品

---

① EU Commission, Case No COMP/M. 6381 – Google/ Motorola Mobility, http://ec. Europa. eu/competition/mergers/cases/decisions/m6381_20120213 20310_2277480_EN. Pdf.

② Apple Inc. v Samsung Elecs. Co. ,Ltd. ,786 F3d 983,1005 [Fed. Cir. 2015].

③ Apple Inc. v. Motorola,Inc. ,757 F. 3d 1286,1343 [Fed. Cir. 2014].

④ 参见仲春:《标准必要专利相关市场界定与市场支配地位认定研究》,载《知识产权》2017年第7期。

的竞争问题来判断是否存在可以替代的专利技术。[①] 也有外国学者认为即使是标准必要专利也不会导致技术持有者可以排除其他可替代性的竞争者,因为技术标准本身会不断变化和进步,可能存在的创新以及潜在的一些竞争会促进技术标准发生变动,而且有时并没有实际的证据证明和验证标准必要专利本身绝对是不可缺少的,所以某些专利即使成为标准必要专利也不一定在相关市场中是必不可少的。[②]

在实践中,虽没有具体关于反垄断执法机关认定标准必要专利不构成单独相关市场的案例,但是部分案例中存在不同于以往案例的,关于标准必要专利有可能不构成单独相关市场的一些新的考量因素。比如在 Godo Kaisha IP Bridge 诉 TCL 案件中,TCL 方认为只要涉案专利被认为是标准必要专利,那么标准必要专利权人就一定拥有可以支配市场的力量,而法院驳回了这样的论断,司法机关认为标准本身并不是一种市场,不能仅凭专利为标准必要专利就如此武断地判断相关市场。[③] 摩托罗拉滥用支配地位案件中,欧盟调查委员会也没有直接判定拥有标准必要专利的摩托罗拉公司拒绝许可标准项下的标准必要专利具有滥用市场支配地位的嫌疑,欧盟委员会先确定了 GPRS 标准[④]和 GSM 标准[⑤]下摩托罗拉公司持有的标准必要专利是否必不可少,然后再调查市场中是否存在可以替代这两种通用标准的其他通用标准,欧盟委员会认为虽然存在 3G、4G 技术标准,但是这两种标准并没有 2G 标准覆盖率高,所以对于 2G

---

① 参见朱理:《标准必要专利的法律问题:专利法、合同法、竞争法的交错》,载《竞争政策研究》2016 年第 2 期。

② See J. Gregory Sidak, *International Trade Commission Exclusion Orders for the Infringement of Standard-Essential Patents*, Cornell Journal of Law and Public Policy 26, no. 1 (Fall 2016), p. 125 – 170.

③ See Godo Kaisha IP Bridge 1 v TCL Communication Tech. Holdings Ltd. , CV 15 – 634 – JFB-SRF, 2018 WL 3387680, at 4 [D. Del. July 12, 2018].

④ GPRS 全称为 General packet radio service,中文名称为通用无线分组业务,是一种基于 GSM 系统的无线分组交换技术,提供端到端的、广域的无线 IP 连接。

⑤ GSM 全称为 Global System for Mobile Communications,中文名称为全球移动通信系统,俗称"全球通",是一种起源于欧洲的移动通信技术标准,是第二代移动通信技术,其开发目的是让全球各地可以共同使用一个移动电话网络标准,让用户使用一部手机就能行遍全球。

的这两种通用标准来说并不存在替代性。[①] 虽然最后的结论仍然是判定构成单独相关市场,看似界定结果没有发生改变,但是欧盟委员会在该案中并没有按照以往的做法直接认定相关市场,而是按照一般相关市场界定的步骤来对标准必要专利相关市场进行界定,显然是考虑了各技术标准之间的替代性等因素。

所以,涉案的标准必要专利可能存在可替代的技术,当然这需要考虑标准必要专利的时效性、必要性、专利权人的情况以及行业等多方各种因素来判定竞争关系,为了防止企业因为持有标准必要专利而极易触发反垄断调查的情形,关于相关市场界定的举证需要由提起垄断之诉的原告来进行细致举证。

## 三、其他因素对标准必要专利相关市场界定的影响

上文中提到创新市场有可能会影响到标准必要专利是否存在可替代技术的判断。创新市场针对的是专利技术研发阶段,美国《知识产权许可反垄断指南》将这个概念定义为在技术研发阶段完全创新的产品或者改良后的技术和技术的替代品。[②]

创新市场之所以可能对标准必要专利的相关市场界定产生影响,是因为市场创新很可能会推动新产品的诞生,从而出现新的可以替代标准必要专利的技术,这样的创新意味着可以预见出现一种替代技术的可能性。所以市场创新因素也应当被考虑到相关市场的替代性竞争技术之中。传统观念里,技术标准是一种静态的概念,而创新市场因素的引入,则可能将技术标准由静态转为动态,因为研发和创新直接关系密切,研发投入很可能会推动技术的发展,即使创新市场因素仅仅是专利的未完成状态。重视创新市场因素,既可以推动研发投入的积极性,也可以提高企业创新的积极性,能够形成一种良性循环。标准必要专利本身涉及很多高新技术领域,如果有正在研发的一些新技术,并且这样的

---

① EU Guidelines on the Applicability of Article 101 of the Treaty on the Functioning of the European Union Hohorizontal Co-operation Agreements,2011 OJ C11/1(14 January 2011),269,http://eurlex. europa. eu/legal-content/EN/TXT/PDF/? uri = CELEX:52011XC0114(04)&from = EN.

② FTC and DOJ,Antitrust Guidelines for Licensing of Intellectual Property,2017.

新技术存在质量达到标准必要专利水准的可能性，那么这些创新因素就应该纳入相关市场界定的考虑中，这种情况下，涉案标准必要专利并不一定能够单独构成相关市场。

我国没有规定相关的概念，但其实在关于标准必要专利的执法过程中，也体现出了相关因素的考量。广东省高级人民法院出台的《关于审理标准必要专利纠纷案件的工作指引（试行）》第25条就提到在涉及标准必要专利问题的执法中，应当考虑创新因素的影响。虽然没有直接提到创新市场这一概念，但是明确了创新市场是应当考虑的因素。我国于2019年出台的《禁止滥用市场支配地位行为暂行规定》（已失效）中也将技术（标准）更新研发等因素纳入滥用市场支配地位考量因素之中，从中可以看出创新因素逐渐受到重视以及创新市场因素对标准必要专利相关市场界定的影响逐步增大的趋势。

由此可见，虽然主流观点中，标准必要专利本身就可以因为其定义和性质直接被认定为单独构成相关市场，但是这种观点过于武断受到很多质疑，标准必要专利相关市场认定应该综合考虑其他一些因素，应当按照一般标准来判断相关市场问题，应适当考虑创新因素对于相关市场界定的影响。

## 第二节　标准必要专利市场支配地位的认定研究

在界定标准必要专利的相关市场之后，还需要对标准必要专利市场支配力进行研究，标准必要专利权人因为标准必要专利本身的性质，在市场中很容易处于较为有利的地位，判断其是否存在垄断行为之前，必须先就其是否具有市场支配地位问题进行分析。

### 一、市场支配地位定义

关于市场支配地位的定义，国际组织以及不同国家或地区的规定存在差异。比如英国、德国和中国等国家将其称为“市场支配地位”[1],而美国将其视作一种市场力量,[2]日本则把市场支配地位看作一种垄断状态。[3] 我国台湾地区将市场支配地位也看作一种状态,但是划分为独占、绝对优势等诸多具体的状态,对其定义更加的细致和具体。

对于市场支配地位的具体定义,学者间也有不同的观点。有的学者认为市场支配地位是企业享有的一种地位,从而使该企业能够获得独立于相关市场盛行的竞争力量或者是能够影响其竞争对手、消费者或者是相关市场。[4]

欧盟通行的关于市场支配地位的学说认为市场支配地位并不是指该企业可以在整个相关市场中成为“主人”,也不是指它可以影响其他市场经营者的经营或者意志,而是说企业本身处于市场支配地位状态下可以享受一种不会受到竞争机制充分制约的便利,甚至不会产生竞争压力,这样的支配地位意味着企业在市场竞争中享有一种经济上的强大力量,这样的力量可以使他们排除其他竞争者的影响而独立地进行决策。

欧共体委员会(欧盟前身)就在著名的大陆制罐案件中提出了关于具体的市场优势地位的论断,该案在滥用市场支配地位案件中具有里程碑意义。大陆制罐企业是当时世界上最大的金属罐头制造企业,该公司在包装容器、密封等包装设备领域在全世界处于遥遥领先的优势地位,大陆制罐企业 20 世纪 70 年代开始在欧洲开辟市场,但是这样的决策却受到了欧共体委员会的反垄断限制,因为此前大陆制罐企业本身已经收购了德国最大金属容器制造公司的 85.8% 的股份,并且通过设立子公司的方式又收购了比荷卢经济联盟最大的包装材料公司 91.7% 的股份,也正是因为大陆制罐企业这样的三角并购的方式,引起了欧共体委员会的警惕,欧共体委员会因此对其展开了反垄断调查,该案相较于以往的反垄断案件最大的不同就在于,欧共体委员会并不是单纯只考虑

---

① 德国《反对限制竞争法》和英国《公平交易法》以及《反垄断法》相关用词。

② 美国《反托拉斯法》相关用词。

③ 日本《禁止垄断法》相关用词。

④ See Pratima Sharma, *Competition Law-Abuse of Dominant Position*, Oct. 19, 2019, http://lawcorner.in/abuse-of-dominant-position/.

大陆制罐企业在欧共体各个国家的市场份额占比，而是考虑到了该公司的种种行为是否会产生一些关于技术、经济方面对比其他竞争者的优势，最后欧共体委员会认为大陆制罐企业这样的支配力和大量收购竞争公司股份的行为足以使该公司不受竞争约束而独立地制定公司经营销售策略，因此形成了一种市场优势地位，并且涉嫌违反共同体相关法律规定。①

从这样的一个重要案例中可以看出，欧共体委员会在讨论市场支配地位问题时，考虑市场份额的同时，还注重考量企业在作出市场行为时、进行决策时是否具有可以不考虑其他竞争者的能力，这样的一种能力被欧共体委员会认定为处于市场支配地位。

我国关于市场支配地位的定义，学界也有诸多不同的观点。部分学者认为应当对市场支配地位进行广泛的理解，可以将市场的支配地位理解为一种控制能力，而也有学者用变化的眼光来对其进行定义，认为市场支配地位是在相关市场的基础上，经营者对于其他竞争者能否顺利进入相关市场的一种影响力，这样的一种影响力会随着相关市场条件变化而变化，并不是只有单个经营者才可能拥有这样的影响力，几个经营者联合也可能对相关市场产生这样的影响力。②

我国反垄断法一定程度上与欧盟相关立法关于市场支配地位的规定接近，反垄断法中对于市场支配地位也是认定为一种对于价格、数量等交易条件的支配力，或者是一种能够阻碍其他竞争者进入相关市场的能力或者影响力。③

可以看出虽然以上国际组织、各国或地区关于市场支配地位的称呼有差异，定义有不同，但是也有不少共同之处。首先，均认为市场支配地位中的市场，通常是指经营者的相关市场；其次，认为市场支配地位中的支配地位往往是一种控制能力，这样的控制能力通常是针对相关市场中的价格以及数量等市场

---

① Judgment of the Court of 21 February 1973, Europembal-lage Corporation and Continental Can Company Inc. v. Commission of the European Communities, case 6 – 72.

② 参见董新凯：《标准必要专利持有人市场支配地位认定的考量因素》，载《知识产权》2015 年第 8 期。

③ 《反垄断法》第 22 条第 3 款。

因素；最后，认为市场支配地位不仅仅意味着对相关市场的市场因素的控制，还意味着对于其他竞争者进入该相关市场的一种影响力或者是对于其他竞争者行为产生一种制约效果。①

## 二、标准必要专利市场支配地位的界定

从市场支配地位的定义之争中可以看出，市场影响力是认定市场支配地位非常重要的因素，知识产权因为其专有性特点，不同于反垄断法规制的其他对象（产品），知识产权持有人在相关市场中极容易产生较大的控制能力，而标准必要专利因为涉及技术标准问题，比普通的知识产权更加具有必要性和不可替代性，所以在标准必要专利涉及的相关市场中，其专利权人对于相关市场的支配能力无疑巨大。对标准必要专利的市场支配地位如何界定需要深入进行分析。

### （一）市场支配地位的一般界定方式

在反垄断法实践中判定经营者是否存在滥用市场支配地位之前，必须先对其市场支配地位进行合理的界定，在各国反垄断立法、司法和执法实践中，从相关市场出发，形成了从市场的结果、行为以及结构三个方面来界定市场支配地位的方法。

1. 市场结果法

市场结果法是指经营者的产品价格和成本之间存在不同寻常的差异而产生了不正常的盈利，那么该经营者就处于市场支配地位。该方法是利用经济学的手段判断市场支配地位，如果相关市场中的竞争处于未遭到妨碍状态，此时按照经济学规律来说，企业的产品价格和生产成本之间不应该存在巨大的差异，如果经营者一旦不合理地提高自己的销售价格，那么消费者就会转而购买

① Lizhi Ning, *Anti-monopoly Analysis on Patent Tying License*, 18 J SJTU (Philos Soc Sci) 5(2010), p. 8.

其他竞争对手售卖的产品，而经营者的销量就会发生明显的下跌，这样的话提高销售价格，但是销售数量下降，经营者也无法从提价行为中获取巨大的利润。这时如果经营者依然能够取得巨大利润，那么就可以判定此时相关市场的竞争不充分，处于被妨碍的状态之中。①

按照此种逻辑，市场结果法存在合理性，日本《禁止私人垄断及确保公平交易》就详细地规定了如何具体观察在价格上升的时候，销售者是否能够在提价后不合理地获得丰厚利润。② 但是这种推论在实际操作中面临越来越大的挑战，因为市场结果法需要计算经营者的生产成本，但是实际中生产成本在许多领域很难计算出具体的数值，并且如果涉及非实体的虚拟网络产品，比如网上游戏产品，那么关于生产的人力、经济成本计算就会更加困难。因此市场结果法的计算问题，除日本外已经基本没有国家继续使用该方法。

2. 市场行为法

市场行为法是指经营者在实施一定市场行为（比如制定销售或者价格策略）的时候，如果可以不受到其他竞争者的影响，这种情况下就可以将经营者认定为具有市场支配地位。因为如果相关市场处于充分竞争状态时，一个经营者在制定销售或者定价这样的策略的时候，不可能不考虑其他竞争者的销售和定价状况，否则，该经营者可能面临亏损甚至倒闭。如果经营者在进行这样的市场行为时可以不考虑其他竞争者的相关规则，那么此时市场就处于非充分竞争的状态，该经营者很可能处于市场支配地位。

匈牙利《竞争法》中的相关认定方式就属于市场行为法，匈牙利法律规定如果企业决定市场行为的时候可以在一定程度上不受其他市场参与者的约束或者制约，并且可以不用考虑供应商、竞争者或者其他交易对象等的影响，那么该

① 参见韩伟主编：《美欧反垄断新规选编》，法律出版社2016年版，第289页。

② 日本《禁止私人垄断及确保公平交易》第7条第3款规定：该事业者供给的该一定的商品或劳务，在相当的期间内，对照供求的变动及其供给所需要费用的变动，价格明显上升或很少下降，并且该事业者在这一期间，符合下述情况之一：（1）在政令规定的该事业者所属的业种中，该事业者取得明显超过政令规定的该种类标准利润率的利益；（2）与属于该事业领域的事业者的标准销售费和一般管理费相比，该事业者支付着明显过多的销售费和一般管理费。

企业就具有市场支配地位。[①] 克罗地亚《竞争法》也规定如果企业因为自身在市场的力量就可以相当独立程度上不受其他市场参与者的影响来进行市场行为，那么该企业具有市场支配地位。[②] 虽然具体的规定有所差异，但是可以看出都强调从经营者行为是否可以不受其他市场参与者影响来判断经营者是否具有相关市场中支配力量，并以此来判定经营者的市场支配地位。

不过此种方式也存在一些弊端，判断所谓的一定程度摆脱其他市场参与者的影响，具有很大的主观随意性，反垄断实践中很难具体操作，这些不确定性导致该方法的使用存在很多的阻碍。

3. 市场结构法

随着反垄断法的发展，市场结构法成为各国优先适用的界定方法，市场结构法是指各国执法机构通过判定企业的市场份额来判断企业是否在市场中有支配力。这样的方法集合了市场份额和市场集中度两种维度来推定市场支配力，较具有说服力并且可操作性强。

关于市场结构法，又存在单一市场结构法和复合市场结构法。

(1) 单一市场结构法

单一市场结构法源于美国 20 世纪，我国曾经在司法实践中也采取过这样的界定方法，单一市场结构法意味着司法或者执法机构在界定市场支配地位时只考虑市场份额因素，这样的方法一定范围内具有较好的可操作性和便利性。

考虑市场份额因素意味着执法者需要计算经营者的市场容量占有率，这样的容量占有率需要根据产品的销售数量计算其在市场的总销售量中占据的百分比。在计算的时候，需要两个准确数据：一是相关产品的具体销售数量；二是相关市场的销售总量。一旦产品存在免费提供情形，实际销售量等就可能难以进行统计。

---

① 匈牙利《竞争法》第 22 条第 1 款规定，若企业在决定市场行为时能够在相当程度上不受其他市场参与者的制约，基本上可以不考虑其供应商、竞争者、客户及其他交易对象的市场反应，则该企业在该相关市场上具有市场支配地位。

② 克罗地亚《竞争法》第 15 条规定，若一个企业因其市场力量能够在相关市场相当程度地独立于它的现实或者潜在的竞争者、消费者、顾客和供应商的方式行事，该企业即具有市场支配地位。

单一市场结构法面临着互联网时代带来的挑战,比如互联网中存在一种不用消费者实际支付的免费的经营模式,如果没有价格等因素的参考,非常难判定其市场份额大小。以腾讯公司产品微信和QQ来说,聊天软件本身是免费的,但是其软件用户量带来的平台伴生的各种游戏、电子钱包等功能,却给腾讯公司带来了巨大的市场收益,这种伴生的收益,无法用于计算这些聊天软件的市场份额,所以单一市场结构法在界定这样的产品时就会失效。

在微软并购Skype案中,欧盟委员会也认为通信服务市场中消费者与其他市场中的消费者存在不同,如果提供商想要在通信服务行业获取成功,那么他们成功的关键就在于产品的免费使用,一旦经营者对本来免费已久的通信产品进行收费,那么消费者会迅速地转向其他竞争者提供的产品。① 可以看出某些行业中市场份额本身处于一种动态变化的过程中,判断市场支配地位并不能只观察市场份额的大小,还需要考虑经营者维持市场份额的特性能力。

可见,单一市场结构法只依靠市场份额来认定市场垄断问题存在一些弊端,我们知道市场垄断的举证责任大多都在原告,而对于市场份额的举证显然可能远超原告的能力范围。依我国相关垄断行为的民商事纠纷案件审查审理的规定,一般情况下,原告来提供关于被告市场支配地位的证据,并且可以以被告对外发布的信息来作为认定其具有支配地位的证据。② 上述法律规定并没有提及其他更多的信息来源等的证据效力问题,这些规定明显在单一市场结构法执法环境下,对于原告举证非常不利。我国采取该方法的许多反垄断案件中,就有原告因为难以提供市场份额证据证明被告的市场支配地位而败诉,比如以前著名的盛大网络被诉案③,百度王迅科技有限公司被诉案④等。

随着市场情况的发展,市场份额的重要性已大不如前,市场份额实际上不

---

① See Case COMP/M. 6281, Microsoft / Skype, decision of 7 October 2011.

② 《最高人民法院关于审理因垄断行为引发的民事纠纷案件应用法律若干问题的规定》第8条、第10条。

③ 原告北京书生电子技术有限公司诉被告上海盛大网络发展有限公司、上海玄霆娱乐信息科技有限公司垄断纠纷案,上海市第一中级人民法院(2009)沪一中民五(知)初字第113号民事判决书。

④ 唐山市人人信息服务有限公司诉北京百度网讯科技有限公司垄断纠纷案,北京市高级人民法院(2010)高民终字第489号民事判决书。

直接决定经营者是否拥有市场支配地位，市场支配地位实际上是一种经营者可以控制价格或者排除竞争的优势能力。[①] 单独将市场份额作为唯一考量因素显然不符合反垄断法实践的现实所需，[②]上文提到的“3Q”大战的案例就可以看出单一市场结构法的弊端，因为涉及腾讯的市场支配地位认定问题，而 QQ 软件作为现代互联网市场的产物，对这样的新生产品很难计算市场份额问题。

市场份额的确在市场支配地位认定中具有非常重要的作用，也时常被当作经营者具有市场支配力的标准，但是随着反垄断领域的不断发展以及市场本身的变化，市场份额在相关市场中往往只能证明经营者可能拥有较大的控制力，对于价格或者其他竞争者会产生一定的影响力，但不能据此直接认定经营者具有市场支配地位，除市场份额因素外，实践中经营者对其他竞争者进入相关市场造成阻碍的能力也非常重要，随着市场份额逐渐向动态化方向发展，单一市场结构法慢慢地被各国淘汰，我国最后也放弃了单一市场结构法，转而采取复合市场结构法。[③]

(2)复合市场结构法

复合市场结构法是指对于市场支配地位的认定除考虑市场份额之外，还要参照其他的一些相关因素。依我国《反垄断法》第 23 条规定，我国主要从市场份额、经营者自身控制市场的能力和经济条件以及对其他经营者进入市场的影响力程度等因素来认定经营者是否具有市场支配地位。[④]

目前多数发达国家都采取的是市场份额加相关市场进入障碍因素的认定方法。界定市场支配地位，市场份额无论是在历史上还是现在，都具有非常重要的意义，某种程度上市场份额和市场支配力之间呈正相关性，但是由于并非

---

① See U. S. v. Grinnell Corp, 384 U. S. 563(1966).

② 参见王丽娟、梅林：《相对优势地位滥用的反垄断法研究》，载《法学》2006 年第 7 期。

③ 参见胡丽：《互联网企业市场支配地位认定的理论反思与制度重构》，载《现代法学》2013 年第 2 期。

④ 《反垄断法》第 23 条规定，认定经营者具有市场支配地位，应当依据下列因素：(一)该经营者在相关市场的市场份额，以及相关市场的竞争状况；(二)该经营者控制销售市场或者原材料采购市场的能力；(三)该经营者的财力和技术条件；(四)其他经营者对该经营者在交易上的依赖程度；(五)其他经营者进入相关市场的难易程度；(六)与认定该经营者市场支配地位有关的其他因素。

所有市场份额大的企业都具有市场支配地位,故还应当加入其他界定因素。市场进入障碍就是非常好的一种考察角度,如果一个经营者除去市场份额因素外,还会对其他竞争者进入相关市场造成阻碍,此时就可以认定经营者具有市场支配力。这样的认定方式虽然仍有不尽如人意之处,仍然不能全面地反映和适用于反垄断法实践中所有的情况,但是较以往的单一方法,准确性和可执行性已经得到了很大提升。

但复合市场结构法也存在一些不确定的因素,虽然相较于之前的单一市场结构法已经有了重大的改进,在市场支配地位认定中,因为知识产权持有者与普通市场经营者存在差异。即使是采取复合市场结构法,由于知识产权本身的地位和作用,按照认定方法进行界定也非常轻易地能够满足认定条件,所以知识产权很容易被直接认定为具有市场支配力。美国在1995年就针对该问题树立了知识产权反垄断的三大原则:①一是在反垄断问题中,应当将知识产权等同于其他财产,不可区别对待;二是知识产权持有人不一定占据市场支配地位;三是即使知识产权持有人拥有市场支配地位,但是这种状态不一定会违反反垄断法。美国在2007年重申了这样的观点,确立了知识产权持有人的支配地位认定是必要的,而不是默认其具有市场支配地位。②

在市场支配地位认定问题中,不可直接推定知识产权享有市场支配地位,③标准必要专利作为特殊的知识产权,对其认定问题也有必要进行专门的分析。

### (二)标准必要专利的市场支配地位界定

在之前的反垄断实践中,知识产权持有人常常被欧美反垄断机构默认为具有市场支配地位,但是美国后来改变了这种习惯性的认定,认为不可以直接将知识产权持有人对知识产权拥有的支配力直接视作对市场的一种支配力,之后

---

① 美国《知识产权许可反托拉斯指南》。

② 美国《反托拉斯执法与知识产权:促进创新与竞争》。

③ In Illinois Tool Works v. Independent Ink, Inc. [2006] 547 US 28, 1283, the US Supreme Court rejected an adverse presumption to licensor, which believe that the patent holder to certainly obtain dominant market position.

欧盟法院也否认了这种习惯性认定方式,欧盟法院在德意志留声机案件[①]中,明确指出著作权和录音录像制品的经营者权利等,都受到著作权法保护,并且不可以直接认定这样的经营者具有市场支配地位,需要结合经营者在具体市场中是否阻碍竞争以及阻碍程度来综合进行判断。

标准必要专利与一般专利不同,标准必要专利涉及技术标准问题,属于近年来新生的一种专利,以往的普通知识产权市场地位的认定方式并不一定能够完全适用于标准必要专利。对于市场支配地位,并不能因为标准必要专利本身是知识产权而直接进行判断,而是需要依靠特定的反垄断手段来进行认定。

判断标准必要专利是否具有市场支配地位,现在的主流判断方式有两种——推定法和认定法,[②]推定法更加倾向于推定或者直接认定标准必要专利权人对市场具有支配地位,而认定法则认为市场支配地位的认定要结合具体案件中的各种因素来综合判断。

1. 推定法

ITU 将标准必要专利定义为一种可以部分或者全部地覆盖一种技术标准的专利。《ETSI 知识产权政策》第 15 条明确规定了标准必要专利就是在制造相关产品时不可能不被侵害的一种专利。从中我们可以看出,标准必要专利被很多权威性组织定义为一种不可缺少并且只要生产该标准下产品就一定必需的专利,它本身就对相关市场具有极其强大的市场占有水平以及市场支配能力,由此可以直接推定或者认定标准专利持有人具有市场支配地位。

上文提到的高通案中,我国国家发改委因为高通公司不能提供证据证明其不具有市场支配地位,因此认定其具有市场支配地位,可以看出我国在该案件中,也是采用的推定法,正是因为我国推定高通公司具有市场支配力,所以才需要高通公司提供相反的证据来证明。我国在对高通的反垄断执法中,把标准必要专利定义为在实施技术标准时必须采用的一种专利技术,虽然国家发改委将

---

① Case No COMP/M. 6381 – GOOGLE/MOTOROLA MOBILITY, Commission decision of 13/02/2012, § 54, 61.

② 参见袁波:《标准必要专利权人市场支配地位的认定——兼议"推定说"和"认定说"之争》,载《法学》2017 年第 3 期。

其定义为必须使用的一种技术，但是并没有直接断定其具有市场支配地位，而是首先考虑无线通信技术作为一种非常复杂的技术方法，其中包含的专利被纳入 CDMA、WCDMA 和 LTE 技术标准，所以属于标准必要专利，并且现实中，无线通信制造商如果想要销售符合这三种技术标准的产品，就必须获得相关标准必要的专利许可。反垄断调查中认为涉案的标准必要专利许可单独构成相关市场，并且每一个标准必要专利在相关市场都是必需的，①所以高通公司在相关市场占有 100% 的份额。因此国家发改委根据《反垄断法》第 19 条第 1 款（现第 24 条第 1 款）认定高通公司享有市场支配地位，国家发改委同时调查了高通公司是否具有控制相关许可市场的能力、竞争者对于高通公司的依赖性以及其他经营者进入市场的阻碍大小，在推定高通公司具有市场支配地位之后，运用复合市场结构法，证明了这样的推定，又因为高通公司没有能够提出相反证据，所以最终国家发改委认定高通公司具有市场支配地位。②

我国华为诉 IDC 案中，法院判定 IDC 具有市场支配地位的原因也是认为 IDC 公司在 WCDMA、TD-SCDMA 等标准下的标准必要专利单独构成相关市场，这样的专利在 3G 领域是必需的，所以法院认为可以推定 IDC 具有市场支配地位。③ 上文提到的谷歌诉摩托罗拉案中，欧盟委员会也采取了和我国法院相同的认定方式，欧盟委员会认为标准必要专利具有唯一性，所以构成单独的相关市场，在当事人对于市场支配地位认定没有异议的情况下，推定标准必要专利权人享有市场支配力。

2. 认定法

不同于推定法，认定法要求反垄断执法机构从标准必要专利的市场份额、市场控制力以及造成的市场进入障碍程度等方面来综合认定标准必要专利权人是否享有市场支配地位。

上文提到的推定法中关于标准必要专利权人一定具有市场支配力的判定

---

① 参见黄勇、王晓茹、Harry Foster：《反垄断执行中的标准和 FRAND 问题浅析》，载《〈上海法学研究〉集刊（2020 年第 1 卷　第 25 卷）——上海市法学会公司法务研究会文集》。

② 国家发展和改革委员会行政处罚书（发改办价监处罚〔2015〕1 号）。

③ 参见（2013）粤高法民三终字第 306 号。

必须基于相关技术一定是有效的并且是相关标准下所必需的这样一个前提，但是由于现实情况的复杂性，其实存在涉案专利本身是无效的或者是不必要的情况。因为涉案专利的不确定性，认定法本身更适合用于判断标准必要专利的市场支配地位。

标准必要专利本身可能存在虚假申报的问题，标准必要专利有时并不一定是真实的。虚假申报本身是市场参与者必然会存在的逐利性导致的。在实际的相关市场中，关于标准必要专利的披露需要由持有人来进行，出于追求更多利益考虑，持有的标准必要专利越多，那么持有人可能从中获取的许可费和其他利益就越多，而申报专利这件事本身缺乏必要的监督程序，因为大部分标准化组织并不会明文规定持有人需要确定标准必要专利披露的有效性和必要性，并且只有极其个别的标准化组织会要求持有人排除掉过期或者无效的必要专利申请。① 在这种情况下，由于缺乏必要的监管以及利益最大化考量因素等，标准必要专利权人非常有可能将实际上不是必需甚至是无效的专利进行申报。② 如果用推定法将这些虚假的标准必要专利作为市场支配地位的决定性因素直接判定其经营者市场支配地位，显然不符合反垄断法的立法本意。

标准必要专利不一定是必要的。③ 通过市场中的实际数据来看，虽然持有人都主张其申报的专利属于必要专利，但从审查结果来看并非一定有效或者必要，大部分的标准必要专利持有人很可能因为追逐利益而披露非必要的专利甚至是与相关标准没有关系的专利。这些专利虽然不是虚假的，但显然不属于标准必要专利。④ 比如三星公司与华为的专利战中，三星公司一共对华为主张了14项必要专利，然而涉案专利在经过中国专利复审委员会审核以后，14项必要

---

① See Rudi Bekkers, *IPR Policies and Practices of a Representative Group of Standards-Setting Organizations Worldwide*, https://www.nap.edu/resource/18510/Bekkers-Updegrove%20Paper_092013.pdf.

② 参见魏德：《反垄断法规制滥用标准必要专利权之反思》，载《北方法学》2020年第3期。

③ 参见林秀芹、刘禹：《标准必要专利的反垄断法规制——兼与欧美实践经验对话》，载《知识产权》2015年第12期。

④ 参见袁波：《标准必要专利权人市场支配地位的认定——兼议"推定说"和"认定说"之争》，载《法学》2017年第3期。

专利中的5件被宣告无效，无效的比例非常高，足以证明标准必要专利权人极有可能申报了无效或者非必要的专利。①

标准必要专利不仅有可能是虚假的、不必要的，有的时候还存在一种情况，就是标准必要专利本身在一定时期内虽然构成标准必要专利，但是随着时间的推移，其实际时效已经发生了变化。

专利是有时效性的，过期的标准必要专利也会在市场中出现，这些过期的专利会变成免费的社会资源。标准必要专利很多产生于无线通信领域，而无线通信本身就属于一种不断进步、不断创新的技术，很多新的技术其实依旧包含着前几代技术的某些专利支持，但是不可否认这些旧的专利许多已经过期，因为新的某些专利中包含了这些过期专利的元素，会更加难以识别。此时如果实际市场中的标准已经发生了变化，对于标准必要专利本身不做过多审查的推定法显然很容易发生错误判定，所以认定法在标准必要专利的市场支配地位的认定中比推定法更加的谨慎和准确。

欧盟委员会在三星案中，采取的就是认定法。裁定中认为三星公司在UMTS标准必要专利市场中的市场份额是100%，并且根据欧盟的相关法律②规定，UMTS标准是欧盟成员在3G领域必须遵守的固定标准，欧盟委员会因此认定三星在欧盟相关市场中占有市场支配地位。③

无限星球诉华为案件中英国法院也是采取这样的方法。2014年，无限星球公司在英德两国以华为公司侵犯其五项标准必要专利为理由起诉华为公司，在涉及无限星球的市场地位问题时，英国法院从是否存在被授权人发生专利反向劫持的潜在可能性以及无限星球公司做出FRAND承诺带来的影响等方面，综合认定了无限星球公司在相关市场中的市场支配地位问题。④

其实在市场支配地位问题中，经营者拥有标准必要专利并不一定意味着经

① 《三星和华为如何在42起中国专利案件中针锋相对》评价，载百家号网，https://baijiahao.baidu.com/s?id=1594871551022818445&wfr=spider&for=pc。

② 《欧洲议会和欧洲理事会第183/1999号条例》。

③ EU Commiss g Enforcement of UMTS Standard Essential Patent, April 29(2014), p.45-46.

④ UP v. Huawei, [2017] EWHC 2988, p. 524.

营者就一定处于市场支配地位,市场支配地位需要各国司法机关和相关机构通过具体案例的各个方面的具体因素来综合判断。反垄断法当然不会反对标准必要专利权人去获取利润,也不会强调标准必要专利权人怎么样取得市场支配地位,确定市场支配地位只是判定企业是否滥用市场支配地位,排除或者限制竞争的一个前置性的步骤,因为标准必要专利的专有性和排他性,容易产生标准必要专利权人利益与其他市场参与者利益失衡的问题,如果直接认定标准必要专利权人享有市场支配地位,那么必定会给其增加过重的责任义务,因此不能贸然就该问题做出推定或者认定,而是需要详细地论证在相关市场中实施该标准必要专利的确具有唯一性和必要性,由此才可以判断标准专利权人的市场支配地位。

## 第三节 标准必要专利滥用市场支配地位的认定研究

### 一、滥用市场支配地位的定义

在判定了相关市场之后,反垄断法真正需要解决的问题,是经营者是否滥用了市场支配地位。关于滥用市场支配地位,国际并没有一个统一的定义,所以还需要具体分析。

#### (一)滥用市场支配地位的一般定义

我国《反垄断法》第22条[①]以行为列举的方式来阐述了滥用市场支配地位的定义,具体列举了垄断定价行为、掠夺定价等六种具体行为以及国务院反垄

---

① 《反垄断法》第22条第1款规定,禁止具有市场支配地位的经营者从事下列滥用市场支配地位的行为:(1)以不公平的高价销售商品或者以不公平的低价购买商品;(2)没有正当理由,以低于成本的价格销售商品;(3)没有正当理由,拒绝与交易相对人进行交易;(4)没有正当理由,限定交易相对人只能与其进行交易或者只能与其指定的经营者进行交易;(5)没有正当理由搭售商品,或者在交易时附加其他不合理的交易条件;(6)没有正当理由,对条件相同的交易相对人在交易价格等交易条件上实行差别待遇;(7)国务院反垄断执法机构认定的其他滥用市场支配地位的行为。

断执法机构认定的其他滥用市场支配地位的行为为滥用市场支配地位的行为。我国这样列举式地规定滥用市场支配地位的定义蕴藏着一个逻辑,即这六种具体行为本身就是反垄断法规制的滥用行为,并不用证明这样的行为是否有导致排除或者限制竞争的可能性。就法律规定表面来看似乎排除、限制竞争并不是认定滥用市场支配地位的必要条件,然而在司法实践中,排除、限制竞争的影响往往是滥用市场支配地位本身不可缺少的一部分。

上文提到的"3Q"大战中,法院的裁判文书中明确写明了相关行为对于竞争造成的影响,并在最后论证了虽然产品不兼容这种行为会对市场份额造成影响,但这样的影响是不足以明显地限制或者排除相关市场竞争的,从中我们可以看出法院是把是否会对竞争产生影响纳入了滥用市场支配地位认定的条件中。而上文提到的华为诉IDC案中,法院判决中没有明文将对市场竞争产生的影响作为考量因素,因为该案中法院认为IDC的市场行为构成了搭售以及不公平定价行为,符合法律规定的滥用市场支配地位行为,所以就不必再考虑对市场竞争的影响问题。宝洁公司滥用市场支配案件中,希腊竞争委员会在对宝洁公司进行反垄断调查的时候,认为宝洁公司在调查期间实施了包括通过有条件回扣来换取更多的市场销售份额等滥用行为,这样的滥用行为会产生排除、限制其他竞争者发展机会的效果,因此希腊竞争委员会认定宝洁公司滥用了市场支配地位并且对其侵权行为处以巨额罚款。①

滥用市场支配地位本身并没有明确的概念,因为在反垄断法实践中,滥用市场支配地位本身是一种经营者容易实施的可能会导致排除或者限制相关市场竞争结果的行为,对这种行为由于行业产品的纷繁复杂,故以列举方式立法。列举的市场行为本身属于对市场竞争有非常恶劣影响的行为,可以直接推定这样的行为就属于滥用行为以提升法律实施的效率。以列举行为方式来认定滥用市场支配地位类似于刑法学中对"行为犯"的认定方式,即法律规定典型行为

① See Hellenic Competition commission: Investigation(ex officio and following a complaint by Mythos Brewery S. A) into alleged infringement of Articles 2 of Law 703/77, 2 of Law 3959/ 2011 and Article 102 TFEU, by Athenian Brewery S. A. in the greek beer market.

来作为犯罪的依据。[①]

### (二)知识产权滥用市场支配地位的内涵

在确定概念内涵的时候可以先找出邻近的概念来判断其属于哪一类问题,再对其特有的不同于其他概念的特征进行分析。[②] 按照这样的法律逻辑,我们可以就知识产权领域滥用市场支配地位问题与普通的滥用市场支配地位问题的差异进行讨论。

知识产权本身带有非常类似于"垄断性"的特质,美国早期的知识产权滥用市场支配地位案件中就曾经出现过这样的论断,美国司法部仅仅因为被告Lowe公司拥有电影版权就判定该公司有市场支配地位。[③] 实际上知识产权自身的"垄断性"并不是反垄断法中的垄断,而是指知识产权具有一种排他性,即知识产权人可以对自己的智力成果进行独自支配并且别人使用必须取得知识产权人的许可,而反垄断法中的垄断则是一种经营者凭借自身在市场中的巨大优势排除或者限制了其他市场参与者的市场竞争,知识产权的"垄断"实际是一种法定的受保护权利,而反垄断法中的垄断则是法律需要进行规制的行为。[④] 我国《关于知识产权领域的反垄断指南》中也直接提到了知识产权滥用并不是一种"独立的垄断行为",[⑤]知识产权的"垄断"并非反垄断法意义上的垄断,所以我们不能因为经营者拥有知识产权而推断其拥有市场支配地位。

虽然知识产权中的"垄断性"不可以直接推断知识产权持有人具有市场支配地位,但是不可否认知识产权的排他性使知识产权持有人更加容易被认定为有市场支配地位,因为知识产权的排他性范围非常广泛,这种排他性涉及所有使用了知识产权的产品,并且知识产权的创新性使得知识产权相关的产品替代

---

① 参见刘贵祥:《滥用市场支配地位理论的司法考量》,载《中国法学》2016年第5期。

② 参见雍琦:《法律逻辑学》,法律出版社2016年版,第50页。

③ See U. S. v. Lowe's Inc. ,371 U. S. 38 (1962).

④ 参见[美]威廉·M.兰德斯、[美]理查德·A.波斯纳:《知识产权法的经济结构》,金海军译,北京大学出版社2016年版,第452页。

⑤ 国务院反垄断委员会《关于知识产权领域的反垄断指南》第1条第2款中规定,经营者滥用知识产权,排除、限制竞争的行为不是一种独立的垄断行为。

性低于其他的普通产品。知识产权持有人的确更加容易享有市场支配地位。知识产权持有人实施的滥用行为虽然仍然局限于拒绝交易、搭售、价格歧视等与传统滥用市场支配地位行为相似的行为，但是知识产权持有人的滥用行为实际上更加地复杂和隐蔽，因为知识产权本身的特征，知识产权持有人可以凭借这样的优势来限制知识产权的转让或者利用市场组合或者上下游市场进行垄断行为并且从中获取巨大利润。这样的垄断行为并不是单一的，而是多层次的，需要反垄断司法和执法者依靠专业的知识产权相关知识和经验来仔细辨别。①

知识产权领域的滥用市场支配地位问题虽然基于传统反垄断领域中的滥用知识产权问题，但是我们也要关注知识产权自身相较于传统产品的专有性和排他性的优势特征，在反垄断司法和执法认定知识产权持有人的滥用市场支配地位时，应该更加谨慎地判断知识产权持有人是否是通过知识产权的优势来获得市场支配力。

### (三)标准必要专利滥用市场支配地位问题

上文讨论了知识产权领域的滥用市场支配地位问题，知识产权相较于传统产品有其独特的可能构成垄断的优势特征，而标准必要专利作为知识产权中的一种新兴专利，因为涉及技术标准认定问题，相较干传统的知识产权，具有必要性和不可替代性，这也使传统知识产权的独占性和排他性在标准必要专利领域显得更加突出。

我国反垄断法对滥用市场支配地位行为采取的是行为列举式规制模式，即只有经营者实施相关行为时才会被认定为违反反垄断法，主要针对的滥用行为是剥削性的滥用行为以及妨碍性质的滥用行为，剥削性滥用行为例如搭售行为或者不公平高价销售行为，针对的是购买者，而妨碍性质的滥用行为主要是指会对市场竞争造成妨碍的其他行为。各国反垄断法基本都禁止滥用市场支配

---

① 参见陈华丽：《论知识产权滥用的法律规制》，载《知识产权》2017 年第 9 期。

地位的行为。[①] TFEU 第 102 条对滥用市场支配地位的规定和我国相似，采取的也是行为主义规制模式，将利用市场优势力量、不公平高价来获得高于竞争水准的利益以及排除或者限制其他竞争者进入相关市场等行为纳入法律禁止范围。[②] 这些行为具体化之后就是过高定价、歧视性低价以及强制搭售等滥用行为。

由于我国法律并没有单独对标准必要专利的滥用市场支配地位进行规定，所以标准必要专利的滥用市场支配地位的判定仍然要在反垄断法的一般认定规则的框架下进行。反垄断法中不公平价格行为、搭售行为、拒绝交易行为等都为标准必要专利滥用市场支配地位的反垄断规制提供了法律依据。

在标准必要专利反垄断案件中，如果涉及滥用市场支配地位问题，笔者认为现在仍需要从被控行为结合反垄断法来进行分析和判定，随着标准必要专利垄断案件的不断涌现，我国相关机构必然累积相关行为的判定经验，相关法律也必然会增加对滥用行为的种类的规定，从而使标准必要专利的反垄断规制不断得以完善，使判定滥用市场支配地位更加便利。[③]

## 二、标准必要专利滥用市场支配地位的行为以及反垄断规制

现阶段关于标准必要专利并没有专门的一套反垄断认定的规则，因而应该基于反垄断法的一般规则进行讨论，因反垄断立法关于滥用市场支配地位问题采取了行为主义模式，下面笔者会从标准必要专利滥用市场支配地位的具体行为来分析其垄断问题。

### （一）专利纳入标准之前的滥用行为

在普通专利尚未成为标准必要专利之前，专利权人想要通过申请使自己的

---

① 参见顾功耘：《经济法教程》，北京大学出版社 2013 年版，第 390 页。

② 参见熊正：《标准必要专利禁令救济的限制规则研究》，华中科技大学 2017 年硕士学位论文，第 18 页。

③ 参见祝建军：《标准必要专利滥用市场支配地位的反垄断法规制》，载《人民司法》2020 年第 13 期。

专利成为标准必要专利，可能会采取一些手段以达到阻碍竞争便于专利被标准采用的目的，比如专利权人故意不遵守专利的披露义务，或者事先声明自己遵守 FRAND 原则（遵守公平、合理、无歧视原则），但是在其专利被标准纳入之后，却不遵守事先声明的原则和义务，利用标准必要专利优势地位来排除其他竞争者的竞争。在上文提到的华为诉 IDC 案中，华为对 IDC 的指控中就包含了 IDC 不遵守其在专利纳入标准前对相关组织 FRAND 原则的承诺，凭借标准必要专利对华为设立过高定价以及其他排斥行为等，构成滥用市场支配地位。

### （二）专利纳入标准后的"专利劫持"行为

1. 专利劫持的定义

专利劫持的概念最初源于经济学，"劫持"这个词在经济学中的意思是在企业市场关系中，如果一方被另一方某些方面制约，一旦离开另一方的话就会遭受巨大损失的一种现象。① 美国在 2007 年出台的相关法律中提到专利劫持其实就是经济学劫持问题的一种新的形态。②

标准必要专利是被标准纳入的专利，一旦相关专利技术被认定为标准必要专利，如果要生产相关标准下的产品，市场参与者就不得不使用该标准必要专利，此时掌握了该技术的权利人就会取得一种天然的优势地位，权利人可能会通过这样的优势来强迫其他经营者接受不合理的过高的许可费。③ 专利劫持实际与标准必要专利持有人滥用市场支配地位的行为基本一致，都是为了获得不合理的利益而利用标准必要专利来损害正常竞争秩序，这些行为在标准必要专利中有许多具体的表现形式，本书会在后文具体分析歧视性许可和专利搭售行为的反垄断规制问题等。

2. 具体的滥用行为

以高通案为例，中国、韩国和日本、美国等均对高通进行过反垄断调查，其

---

① 参见林欧：《技术标准的反垄断法规制》，上海社会科学院出版社 2015 年版，第 101、103、158 页。

② 参见程世平：《知识经济与标准之战》，载《科技智囊》2000 年第 6 期。

③ See Carl Shapiro, *Navigating the Patent Thicket: Cross Licenses, Patent Pools and Standard-Setting*, http://www.dklevine.com/archive/resfs412224700000000539.pdf.

中各国法院对于高通滥用行为的指控有相似之处也有差异，笔者以高通案这一经典案例为例，从各国反垄断机构指控的滥用行为来讨论标准必要专利的具体滥用行为。

日本是第一个处理高通垄断案件的国家，日本公平委员会认为高通的滥用行为违反了日本的《反垄断法》，[①]日本 2009 年首次对高通进行反垄断调查，相比其他国家日本的反垄断调查范围很小，日本仅仅调查了半导体集成电路制造商的许可免税以及高通的一些非专利条款问题等，日本关注的反垄断重点主要是限制性的交易条件。

韩国公平贸易委员会在 2009 年和 2017 年也对高通进行了指控。2009 年的高通案中，指控的滥用行为涉及三种：一是对收取许可费存在歧视；二是通过有条件折扣来销售手机组件（有条件的返利）；三是专利到期后仍然收取许可费（高通制定了一项条款：即使专利无效或者过期，仍然收取高达适用的许可费 50% 的费用）。[②] 2017 年指控中涉及的标准必要专利的滥用行为也是三种：一是拒绝或者限制竞争芯片制造商许可的行为；二是对手机制造商强加不合理和不公平的许可条款的行为；三是将专利的许可和芯片供应挂钩。[③]

FTC 于 2017 年也对高通公司进行了垄断指控，美国指控的主要是高通的三种滥用行为。一是高通拒绝了个别组建相关专利的许可；二是高通实施“无许可，无芯片”的规则；[④]三是高通与苹果公司有事实上的独家交易行为。

从各国处理高通垄断案件中可以看出标准必要专利滥用市场支配地位基本可以分成两种类型，一种是滥用行为带来排他性影响，即标准必要专利权人凭借市场支配地位排除了其他竞争者的市场参与和市场竞争，另一种是滥用行为带来的剥削性影响，即标准必要专利权人凭借市场支配地位来减损其他市场

---

① See Japan Fair Trade Commission, *Cease and Desist Order against QUALCOMM Incorporated* (30 September 2009) <http://www.jftc.go.jp/en/pressreleases/yearly-2009/sep/individual-000038.html>.

② See KFTC Decision, No. 2009-281, 2009Jisik0329 (S. Kor.).

③ See KFTC Decision, No. 2017-025, 2015Sigam2118 (S. Kor.).

④ See Greg Sivinski, *District Court Denies Motion to Dismiss FTC Section 5 Complaint Against Qualcomm* (Competition Policy International, 2017), https://www.competitionpolicyinternational.com/wp-content/uploads/2017/08/North-America-Column-August-Full-4.pdf.

参与人的利益。高通案中,韩国、日本、美国更多地关注滥用行为的排他性影响,所以禁止的行为集中于拒绝许可、强加不公平许可条款以及搭售等滥用行为,FTC 对于高通的指控就是高通的行为是为了保持其垄断地位和消除竞争,KFTC 也指控高通通过专利许可和芯片挂钩来消除竞争,而日本则指控高通的滥用市场支配地位行为阻碍了技术市场的公平竞争,这三个国家的共同之处是,都认为滥用行为不利于竞争。①

而中国在高通案中则更加关注剥削性影响。我国国家发改委在反垄断执法中关注了许多价格剥削因素,比如高通利用过期的标准必要专利收取高额费用,通过促进价格上涨和防止下跌对其他手机制造商进行剥削等。

总之,从中、韩、日、美四个国家在高通案中的表现,可以发现标准必要专利滥用市场支配地位的行为复杂多样,并且侧重点不同。接下来,笔者会选取典型的滥用市场支配地位的行为来分析滥用行为的反垄断规制问题。

---

① Koren Wong and others, A Comparative and Economic Analysis of the US FTC's Complaint and the Korea FTC's Decision against Qualcomm (2017) Competition Policy International Antitrust Chronicle <https://www. competitionpolicyinternational. com/wp-content/uploads/2017/04/CPI-Wong-Ginsburg-Layne-Robins-Slonim. pdf>.

# 第四章　标准必要专利典型许可滥用行为的反垄断规制研究

## 第一节　标准必要专利歧视性许可的反垄断规制研究

随着世界贸易总量的增加和经济全球化的不断发展，各个国家和经济实体为了保护平等的贸易机会，常常通过定价或者其他贸易条件来达成共识，以实现实质上较为公平的全球贸易。知识经济时代的到来增加了知识产权在制造行业和贸易行业中的作用，也引发了很多国家对于专利许可制度的关注。在专利许可中，许可人在专利许可时可能会附带许多的许可条件：一方面，这样的区别对待可以刺激市场竞争从而为专利权人带来丰厚利润；另一方面，过度的差别待遇可能会对公平的市场竞争产生重大不利影响，从而破坏市场经济的运行。因此，讨论许可中的价格歧视（差别对待）问题非常有必要。①

---

① See Lizhi Ning, Shubha Ghosh & Wei Zhou, *Price Discrimination in Patent Licensing and the Application of FRAND*, Journal of Antitrust Enforcement, Vol. 3, Issue suppl_1, (2015), at p. 207 – i227, http://gfhac391f4815d8064db7sc5bcx5fvk5xq69xo.fbgx.libproxy.ruc.edu.cn/10.1093/jaenfo/jnv014.

## 一、标准必要专利中的歧视性许可问题

### (一)歧视性许可的定义

实践中歧视性许可大多数涉及许可中的价格歧视问题,涉及对不同的被许可人的差别待遇问题。[①] 这种差别待遇是指被许可人之间没有实质性区别但许可人却无法平等对待他们。[②] 歧视性许可意味着没有平等对待被许可人,"平等"本身通常存在两个含义:一是拥有平等的竞争机会;二是拥有平等的竞争结果。

标准必要专利权人为了寻求更大的专利许可利益,会根据市场的需求以及其他因素,来规定不同的许可条款,通常标准必要专利许可协议包括专利的许可范围、专利的许可费用或者许可费率,如果这些许可费或者费率没有合理的理由却呈现差异的时候,就会构成价格歧视。例如,其他条件相同的情况下,许可人甲向被许可人乙收取的是正常的许可费,而却向被许可人丁收取的是高额许可费率,这样的话乙丁之间的许可费就会出现巨大差异,这种情况就构成一种歧视性许可。这是歧视性许可最直接也是最常见的一种表现形式。

歧视性许可其实就是标准必要专利权人在实施许可行为的过程中采取的一种不合理的差别对待。实践中主要体现为两种情况:第一种是标准必要专利权人在签订许可协议时,对一个企业设立的许可条款与同时期其他被许可企业不同;第二种是签订协议时,标准必要专利权人对于各个企业虽然设立的许可条款没有差异,但是收取的许可费却存在差别。第一种是比较隐蔽的歧视性许可行为,因为标准必要专利许可协议往往是秘密的,很难发现这种不同,即使企业发现了这样的差异,也是在签订许可协议后要求按照违背 FRAND 协议进行赔偿。第二种情况就是上文所说的最常见的价格歧视行为。

---

① See Abramowicz, Michael, 2003, *Perfecting Patent Prizes*, 56 Vanderbilt Law Review 115 - 236.

② See Bryan a Garner, *Black's Law Dictionary*, (10th edn, West Academic 2014), p. 566.

这样的歧视性许可带来的影响并不是完全负面的，价格歧视本身也可能促进竞争和效率，[①]但是更有可能会导致剥削性影响以及产生一种排斥竞争的效果。所以并不能单纯凭借许可中存在（可能是价格的）差异性而直接推定标准必要专利权人违背了FRAND原则中的“非歧视原则”，而是需要在具体的案件中具体地进行分析和判定。

### （二）标准必要专利歧视性许可行为的构成要件

上文提到价格歧视行为是最常见的歧视性许可的表现形式，许多学者也将歧视性许可直接称为一种价格歧视行为，下面笔者主要从标准必要专利价格歧视行为的构成来分析标准必要专利歧视性许可的构成要件。

1. 不同的价格/不同的许可条款

价格歧视中所说的不同的价格不单单是指价格之间存在差异，许可歧视也并不是仅仅指许可条款存在不同，而是许可方从被许可方获取了不同的回报率，即两笔交易的价格差异大于二者成本之间的差异，许可方从两笔交易中取得了不同的利润率。[②] 我国反垄断法[③]也认可这样的价格歧视的认定方式，我国反垄断法仅仅禁止没有正当理由的价格差异。所以如果价格或者许可条款存在差异，但是这样的差异是基于标准必要专利权人对二者进行许可行为的成本不同，或者是许可时存在的客观条件包括技术发展等合理原因，那么这样的差异是不构成许可歧视的。

2. 相同条件

从上文的分析中可以知道，歧视性许可针对的所谓处于相同条件的被许可人，并不同于传统的实物交易，实物交易中的相同条件往往是指运输付款交货的方式或者条件，实物交易中如果这些客观条件相同，那么可以判定主体处于相同条件下，标准必要专利许可中，关于传统实物交易中的运输交货等条件几

---

① Additionally, *Discounts and other Forms of Two-part Pricing can Increase Social Welfare*, (Tirole, 1988), p. 145 – 146.

② 参见许光耀：《价格歧视行为的反垄断法分析》，载《法学杂志》2011年第11期。

③ 《反垄断法》第22条。

乎可以称作零成本,所以在标准必要专利歧视性许可中,相同条件可能更多地涉及研发或者产品设计等成本问题。

3. 主体具有市场支配地位

歧视性许可本身属于标准必要专利权人滥用市场支配地位的具体行为,如果要判断专利权人的许可行为是否属于反垄断法规制的歧视性许可,那么标准必要专利权人必须具有市场支配地位,否则关于歧视性许可的分析和惩罚将失去反垄断法的基础。不具备市场支配地位的主体进行歧视性许可的目的是获得更多的利润而不是排除竞争,只有当专利许可人具有市场支配地位的时候,被许可人在遭受歧视转向其他许可人时才会遭到妨碍,所以歧视性许可的反垄断规制必须建立在标准必要专利权人享有市场支配地位这一前提上。

### (三)标准必要专利中的歧视性许可问题

从上述歧视性许可的定义可知,歧视性许可在标准必要专利中的表现会比较明显,但实践中如何判定歧视性许可会存在许多困难。

1. 如何判定许可中存在歧视?许可中的歧视是否违反反垄断法?

价格歧视是歧视性许可中最直接也是最常见的一种歧视,但并不是直接被法律所禁止的行为。因为标准必要专利权人有收取不同许可费用的自由,在分析价格歧视的时候,必须考虑这样做的具体情形。

价格歧视本身其实是符合标准必要专利权人的利益的,当然专利权人也有权合理地从被许可方处获取最大利益。在完全市场假设下,供求关系决定市场价格。如果市场处于完全竞争的状态,那么专利许可人一旦向被许可人收取高于边际成本的许可费,那么此时被许可人可能就会转向其他拥有更加优惠价格的专利持有人处。在完全竞争状态下,专利许可市场中的歧视并不多见,但是标准必要专利与普通专利不同,标准必要专利权人的歧视性许可需要被规制就是因为即使是完全竞争状态下,一旦标准必要专利权人收取了高于边际成本的许可费,实践中被许可人也很难转向其他的专利持有人。

TRIPs 协定[①]和我国《专利法》[②]都规定了专利所有人有订立许可协议的权利，但二者规定中都并未写明专利许可人订立许可协议权利的范围，立法中的相关术语和定义也不统一，这会使得法律条文在实践中难以执行。TRIPs 协定[③]以及我国《专利法》[④]把许可认定为同意他人对自己的专利的制造、使用的一种行为，并且我国《价格法》[⑤]规定除了政府定价和指导价格之外，经营者可以根据规定来独立确定产品或者服务的价格。所以标准必要专利许可人拥有定价的自主权。

但是，定价自主权并不意味着许可方不受到任何法律的约束，虽然标准必要专利权人确实可以独立自主地制定价格和给予许可权，但是因为标准必要专利本身的必要性，在相关标准下很难存在替代性产品，不存在被许可人可以另外寻求更加优惠价格的专利持有人的完全竞争状态。在反垄断背景下，反垄断法的立法宗旨就是保护合理竞争，被许可人失去选择许可人的机会，或者许可人的定价自主权导致了被许可人被收取更加高额的许可费用，那么被许可人会失去其因为充分竞争而享有的社会利益，这样的许可差异会导致许可人滥用市场支配地位的指控并且会使市场结构失衡。所以这样不合理的歧视虽然在价格法以及专利法中并未明令禁止，但实际上是违反反垄断法立法目的的。

市场并不是处于静止状态的，市场供求情况以及经营者经济状况可能随时都在变化，交易信息往往不对称，所以被许可人很难有经济实力和花费巨大时间成本去调查许可协议是否存在歧视，被许可人在标准必要专利的许可中往往处于比较劣势地位。所以从市场的竞争和公平角度来说，标准必要专利领域不合理的歧视性许可行为需要用法律进行规制。

标准必要专利权人在其专利纳入标准以前需要申明其遵守 FRAND 原则，而歧视性许可明显违背 FRAND 承诺中的非歧视原则，在美国 Innovatio 案件中[⑥]，

---

① Agreement on Trade-related Aspects of Intellectual Property Rights, art 28(2).

② 《专利法》第 12 条。

③ Agreement on Trade-related Aspects of Intellectual Property Rights, art 28(1).

④ 《专利法》第 11 条。

⑤ 《价格法》第 6 条。

⑥ In Re Innovatio IP Ventures, LLC, Patent Litigation, MDL Docket no. 11 C 9308, 2013.

法官就认为FRAND承诺中非歧视原则意味着基于相同的条件的被许可人的基础许可条款应该相同,但这并不意味着要求完全一样。我们也可以看出其实这样的歧视并不是指普通的许可差异,而是基础性条件的差别,但是如果价格歧视以及重要的许可条款的差异是违背FRAND承诺的,那么这样的行为就是可诉的。

2. 如何判定企业处于相同条件下?

上文强调了许可歧视性行为认定应当建立在被许可人之间是处于相同的条件下,而实践中两个企业处于完全相同条件下几乎是不可能的,如何定义被许可人之间的相同条件,需要进行深入具体的分析。

由于各个企业经营行为的复杂性,企业的相同条件这一要件本身是非常难定义的,其范围也非常模糊。相同条件中"相同"的程度认定存在一定的困难,这里的相同到底是指被许可企业的市场定位相同,还是严格要求被许可企业之间的生产条件、经济状况或者其他市场情况的相同,如果是后者的话,这样的相同条件就会非常难以满足,而许可很难被认定达到了歧视的程度。

目前反垄断法实践中,相同情况并不是指企业的经济状况或者生产条件等的一致性,而是指一种竞争性,即如果被许可企业的相关产品存在竞争关系,那么这些被许可企业就应当被视作处于相同情况下,而不是需要去参照企业的生产条件或者经济状况等其他具体情况来认定。一般来说如果两个企业处于生产或者市场的不同环节,比如一个企业生产的是配件,另一个企业生产的是完整产品,那么这两个企业虽然使用相同的标准必要专利,但是他们创造的产品的溢出价值是不同的,二者并不存在直接竞争关系,所以不属于相同条件下的两个被许可人。①

非歧视许可并不是指每个被许可人支付相同的许可费用,而是指每个相同情况下的被许可人可以从相同的许可方案中选择许可费,这并不是价格的相同,而是要求在相同情况下被平等对待。印度Micromax公司和Intex公司诉爱立信案中,印度竞争委员会认为爱立信按照不同被许可人的最终销售价格的

---

① 参见唐要家:《标准必要专利许可滥用反垄断研究》,知识产权出版社2020年版,第150—151页。

实华为公司本身并未因为IDC的歧视性许可行为而有实际上的损失，并且IDC公司这样的歧视性价格还处于合同谈判阶段，仅仅是一种歧视性报价，但是法院最终判定了IDC对华为公司的赔偿金额，这种赔偿是基于华为公司本身在前期因为该许可协议所做的合理的准备成本以及相关的维权行为的开支，从中可以看出其实价格歧视行为并不一定需要实际损害结果真实发生，并且歧视性许可赔偿的金额也不一定要按照实际损失来进行划定。

## 二、标准必要专利歧视性许可带来的反垄断问题

虽然随着竞争法的发展以及专利制度的不断进步，专利本身不再被视作判定市场支配地位的直接因素，但是低替代性的标准必要专利，仍然具有非常强大的市场竞争力。专利许可本身是为了促进专利的交易和技术传播，许可费用的不同可以满足专利许可人对于许可费的一种期待和盈利要求，但是歧视性许可很可能会导致许可专利的市场份额的提升，以及可能会排除其他相似的专利技术，最终增强标准必要专利许可人的市场主导位置，以至于可能会导致市场结构缺乏竞争而失去活力。

许可人行使歧视性许可的时候，遭遇歧视的被许可人无疑会陷入不利的处境中，被许可人的研发成本可能会大大提高，这样会对市场竞争造成非常负面的影响。标准必要专利歧视性许可会对市场竞争产生损害，那么要研究其反垄断规制就必须先分析歧视性许可具体在反垄断领域产生的危害。

歧视性许可因为采用不公平的许可费造成的市场伤害属于一线伤害，也称为横向竞争损害。因为商业竞争对手用了不公平的手段来对自己的产品进行定价，这种行为的目的是消除或者阻碍竞争，从而获得并且行使相关市场的控制权，也会导致相关市场中的定价过高。[①]

歧视性许可的歧视性定价也会造成纵向竞争损害，这种损害往往发生在具有强大研发能力和技术创新能力的科研机构或者学习机构中的专利许可活动

---

① See Cascade Health Solutions v. PeaceHealth, [2008] 515 F3d 883.

中,这些主体都具有相同的特点,即不会参与专利的商业化开发,只是享有专利的许可权利,实际上并不会和下游市场的被许可人发生竞争关系,但是即使二者之间没有竞争关系,这样的垂直性歧视许可定价还是会对下游市场产生损害。

比如在FTC诉Morton Salt案中,Morton Salt公司对连续一年在该公司购买产品数量达到五万箱的企业提供额外的折扣优惠,因此因价格歧视遭到了起诉,[①]但是该公司认为这样的一种行为是按照相同的条件给予企业优惠,而不是针对个别企业的歧视行为,不构成《鲁宾逊—帕特曼法》[②]中所明令禁止的价格歧视行为。[③] 但是该案的法官并不这样认为,法院认为满足这种条件的企业实践中虽然貌似只有五家(事实上这五家企业在全国经营着大型连锁零售店),但这五家企业却有强大的购买力,所以这样的行为其实是Morton Salt公司基于企业的购买力而进行的一种价格歧视,并且是针对下游零售市场的歧视行为,这样的行为的起因是Morton Salt公司想要扩展市场,该价格歧视会影响到下游市场的公平竞争行为。

## 第二节　标准必要专利许可搭售的反垄断规制研究

在讨论滥用市场支配地位的具体行为的时候,总会碰到搭售行为。在专利许可领域里,搭售行为实际上非常常见,标准必要专利的许可搭售行为涉及的具体行为也很复杂,并且会对市场竞争以及被许可人利益产生危害,所以有必要对该问题进行单独分析。

---

① See Federal Trade Commission v. Morton Salt Co. ,[1948] 334 US 37; 68 SCt 822; 92LEd1196.

② 《鲁宾逊—帕特曼法》是美国国会1936年通过的一项反垄断法。它旨在扩大《克莱顿反托斯法》中有关"价格歧视"条款的适用范围,并对要消除的价格歧视的种类予以明确规定。

③ See Cascade Health Solutions v. PeaceHealth,[2008] 515 F3d 883.

## 一、标准必要专利中的许可搭售问题

### (一)许可搭售的定义

搭售本身在经济学中仅是一种商业行为,但是搭售在法律中就可能构成一种垄断行为。许多学科中的不同学者都对这一概念进行过定义。有的学者认为许可搭售意味着搭售是被许可方向许可方购买时必须搭配购买的一种条件。[①] 而有的学者认为搭售意味着被许可方在购买到目标专利的同时还需购买某些不需要的专利或者其他产品。[②] 而有的学者却认为搭售是将两种或者两种以上的产品捆绑成为一种产品来进行出售,所以被许可人如果想得到其中一个专利就必须购买与其绑定在一起的其他产品。[③]

这几种观念都是客观的或者说正确的,只是基于不同的学科角度来进行分析的,其内涵是一致的,都是强调买方在购买目标物品的时候因为卖方行为而必须同时购买其他产品。许可搭售实际上就是指许可人把一个或者多个产品与原产品或者专利进行捆绑,购买者如果需要专利授权就必须购买该捆绑下的所有产品。[④]

具有市场支配地位者的许可搭售行为在我国反垄断法和相关的法律法规中是明令禁止的一种垄断行为,[⑤]因为具有市场支配地位的经营者的产品本身可替代性弱,搭售其他产品会增加其市场份额,有利于增加该经营者在其他相关市场中的支配力量,因此,具有市场支配地位的经营者搭售行为才被推定为滥用市场支配地位的行为。

---

① 参见[美]理查德·A. 波斯纳:《反托拉斯法》(第2版),孙秋宁译,中国政法大学出版社2003年版,第230页。

② 参见[美]Jay Dratler Jr:《知识产权许可》,王春燕等译,清华大学出版社2005年版,第638—639页。

③ 参见王先林:《知识产权与反垄断法——知识产权滥用的反垄断问题研究》,法律出版社2008年版,第241页。

④ 参见吕明瑜:《知识产权垄断的法律控制》,法律出版社2013年版,第175页。

⑤ 《关于禁止滥用知识产权排除、限制竞争行为的规定》第9条。

### (二)标准必要专利中的许可搭售问题

许可搭售意味着许可人和被许可人双方的许可交易并不单单涉及一种专利,许可的条件中还包含被许可人需要接受另一产品。华为诉中兴案中,[①]就涉及捆绑销售的问题,即在标准必要专利许可中捆绑销售了其他的相关专利。

标准必要专利中的搭售行为与普通领域内的搭售行为有较大区别,因为标准必要专利中强迫被许可方接受搭售行为往往是出于被许可方的技术需要,而且这样的技术可替代性很低,被许可方非常难在相关市场内寻找到可替代的专利技术。标准必要专利往往具有一定的跨国和跨区域性质,在这样的情形下,国内市场更容易因为搭售行为而对外国的标准必要专利企业产生依赖性,受到影响的程度大于一般的搭售行为。

欧洲相关法律[②]中认为知识产权领域的搭售行为是指许可方强迫被许可方必须接受另一项技术或者指定产品,不然不对其进行某一技术的许可,这样的行为就构成搭售。而美国相关法律则认为搭售行为就是被许可方需要同时购买不同产品或者被许可方承诺不在其他经营者处购买该搭售产品,才可以获得该许可的一种协议。[③]

在标准必要专利领域,常常出现标准必要专利权人在签订许可授权的合同期间,强迫他人接受标准必要专利搭售其他专利,因为标准必要专利本身被纳入了标准,所以相关标准下的产品要生产就不得不使用该技术,因而即使发生了搭售行为,被许可人也不得不接受搭售产品,否则就会无法生产该标准下的产品。并且一旦存在搭售,那么许可中 FRAND 原则仅仅能规制标准必要专利,而无法对其搭售的其他专利进行规制。[④]

所以标准必要专利的许可搭售,会对被许可企业的存在施加无形的影响,相较于普通的许可搭售可能会导致更加严重的排除或者限制竞争问题。

---

① See Judgement of 16 July 2015 in Case C－170/13—Huawei v. ZTE.

② 《欧盟技术转让协议指南》第 221 段。

③ 美国《知识产权许可的反托拉斯指南》。

④ 参见李丹:《滥用标准必要专利的反垄断法规制》,载《价格理论与实践》2015 年第 10 期。

## 二、标准必要专利中许可搭售产生的原因

专利是一种无形的资产，与传统商品不同，对标准必要专利出现“捆绑”现象的原因分析应该与普通商品区分开。

我们利用一个改进了的计算捆绑原理的公式[①]（单一垄断原则的改良计算方式）来讨论为何专利会存在捆绑现象。假设在没有任何投资的情况下，专利技术的价值为20元，制造商进行了有效投资后，最终产品体现的技术总效益为100元（总效益是在制造商产生商业化成本之前的效益，并且专利人的初始贡献是必须的），总效益称为B，商业化投资成本（S）假设为30元，所以最终的专利技术的潜在价值是B减去S等于70元。基于这样的成本和收益，我们可以得知，制造商肯定不会在未获得标准必要专利许可的情况下投入S来补充资产，所以专利所有人对专利会收取不超过B－S的费用，即70元，在这样的范围内制造商可以收回自己的投资，达到最有效的互补双赢水平。但是如果制造商在商业化投资之前没有获得许可，那么专利所有人可以收取的许可费用为100元（也可能低于这一价格），在这种事后许可的情况下，制造商基于理性将会接受标准必要专利权人的这一报价，这是利益的最佳选择。

在这样的过程中，技术具体是基于一项专利还是多项专利其实影响都不大，因为制造商需要该专利，专利所有人可以选择将专利进行打包或者单独进行提供，专利所有人将专利捆绑销售，许可费为70元，或者单独售价增加了累计费用70元。

总盈利其实在捆绑或者不捆绑的选择下都是70元，事实上此时并不会发生消费者福利的变化。该基础模型解释了为何捆绑销售会存在，因为捆绑销售可以解决标准必要专利权人的专利搁置问题，可以将其专利打包进行销售。

如果每一个专利都要求单独授权，将会给创新公司带来沉重的成本负担，[②]

---

① Gilbert and Katz model from our technical paper（Layne-Farrar and Salinger,2016）.

② 参见杨文明：《论互联网企业市场支配地位认定的非结构因素》，载《河北法学》2014年第12期。

对于专利组合规模比较小的公司来说,可能一千项专利的组合数量是10个左右[①],如果一定要专利权利人对专利进行拆分许可,这无疑是非常庞大的工程,因为许可人将会确定大量的不同的专利的具体许可费用,并且需要单独对这些许可的执行等进行检测,而专利所有人将其所有的专利进行打包许可,则可以仅仅确定较少的专利组合的许可费用,并且检测许可合同执行情况的难度会明显降低。[②]

我们研究发现,为了避免专利搁置,以及为了便利专利许可以及专利许可合同执行的监管,标准专利许可人无论是否具有垄断目的,进行许可搭售都会对其产生正面的经济效益,所以这也是在专利许可领域,专利权利人时常发生专利捆绑情况的内在原因。

## 三、标准必要专利许可搭售的竞争效应

搭售行为本身刚开始出现时,就被认定是一种垄断行为,会产生限制竞争的效果。这样的一种认定是基于美国20世纪上半叶的哈佛学派观念的影响。这一学派认为搭售本身会限制竞争,因为在市场中,占据市场支配地位的企业,一旦因为想要进入其他市场而将产品与自己生产的优势产品进行结合,会极大地有利于该企业在其他市场中的发展和获得更大的市场支配力,[③]这样的一种搭售行为显然属于典型的滥用市场支配地位行为。这一学说认为搭售行为本身会产生排除竞争、限制竞争、增加市场进入难度等竞争效应。[④] 所以搭售行为不仅可以阻碍其他竞争者进入市场,并且可以在相关市场中削弱来自竞争者的已有竞争,最后可以增强其市场控制力从而获得巨大的利益。这样的学说中,

---

① 10个左右是基于1000个专利的组合,其中可以由一个或者以三个或任何其他子集的组合。

② See Anne Layne-Farrar & Michael Salinger, *The Policy Implications of Licensing Standard Essential FRAND Committed Patents in Bundles*, July 2016.

③ 参见李胜利:《美国联邦反托拉斯法百年:历史经验与世界性影响》,法律出版社2015年版,第112页。

④ See Keith K. Wollenberg, *An Economic Analysis of Tie-In Sales: Re-examining the Leverage Theory*, 39Stanford Law Review (1987), p. 737, 749.

搭售行为本身被推定为滥用市场支配地位行为,必定具有限制或者排除竞争的作用。

但哈佛学派上述关于搭售行为的论断遭到了质疑,美国20世纪50年代至70年代流行的芝加哥学派对哈佛学派关于搭售行为的论述表示了反对,芝加哥学派和哈佛学派不同,芝加哥学派更加追求经济效益的最大化,认为在反垄断领域仍应该重视追逐经济利益。哈佛学派利用杠杆原理很难准确分析消费者的心理因素以及相关竞争产品价格的变化,芝加哥学派利用单一垄断理论来对之前被认定为限制竞争的行为进行重新分析,并认为这些行为其实并不一定会发生限制竞争的结果。① 单一垄断理论认为垄断力量是固定的,并且这样的力量进行间接垄断的危害并不会超过进行直接垄断。② 在这样的理论基础下,即使企业进行了搭售行为,消费者也会把原本的商品和搭售的商品结合为一个产品来判断是否进行购买,消费者极有可能会转而购买其他产品,所以会导致该商品的市场需求减少,但这符合正常的市场规律,也并不会有损市场竞争,搭售行为导致的利润减损使得这种行为实际上并不能够造成限制或者排除竞争的效果。③

到了20世纪末,新出现的反芝加哥学派又否认了这样的结论,反芝加哥学派认为搭售仍然可能违反反垄断法,该学派利用经济学博弈论分析搭售行为,发现如果搭售行为发生在不完全竞争的市场环境中时,那么此时处于市场支配地位的企业完全可以利用搭售来阻碍其他竞争者而达到垄断目的。④

现阶段对搭售行为的主流观点是认为虽然具有一定的经济学效益,但是这样的经济效益只发生在完全竞争的市场环境中,如果市场处于非充分竞争状态,那么搭售行为就会形成垄断效果。上文中提到,标准必要专利权人持有的

---

① See Ward S. Bowman, *Tying Arrangements and the Leverage Problem*, Yale Law Journal Vol. 67 (1957), p. 19, 36.

② See Louis Kaplow, *Extension of Monopoly Power Through Leverage*, 85 Columbia Law Review (1985), p. 518.

③ 参见李剑:《制度成本与规范化的反垄断法当然违法原则的回归》,载《中外法学》2019年第4期。

④ 参见李剑:《搭售的经济效果与法律规制》,中国检察出版社2007年版,第124页。

专利本身一般具有必要性和不可替代性，在相关市场中竞争力远高于其他经营者，极易被认定为具有市场支配力，在标准必要专利权人本身被认定为具有市场支配地位的情况下，标准必要专利的相关市场就不处于完全竞争的状态，那么此时标准必要专利权人进行的专利搭售行为，就会被认定为滥用市场支配地位，会起到排除或者限制竞争的效果，被各国的反垄断法所明令禁止，从而受到反垄断规制。

## 四、标准必要专利许可搭售的反垄断规制

上文提到了标准必要专利的许可搭售行为构成滥用市场支配地位，所以需要反垄断法进行规制，由于市场中并未有明确的操作指南或者具体的法律规定明确对许可搭售如何进行认定和规制，所以需要进一步分析。

### （一）标准必要专利许可搭售中的认定问题

标准必要专利的搭售行为是指将标准必要专利与其他产品或者专利进行捆绑许可。上文中也提到了，仅仅只有标准必要专利受到专利权人做出的FRAND承诺的约束，而其捆绑许可的普通专利并不会受到该承诺的约束，本来FRAND承诺的存在可以约束标准必要专利权人的市场定价能力，但是标准必要专利权人一旦进行了专利的捆绑许可，那么就可以利用标准必要专利在相关市场具有的支配力量来促进普通专利的许可，而标准必要专利权人也就可以通过这样的方法绕开FRAND承诺的约束，利用普通专利的捆绑来获得不合理的高许可费，以此谋求更多的许可利益。

现阶段我国法律明令禁止搭售行为，但是并未细化到如何认定专利领域的许可搭售以及如何具体进行规制。TFEU[①] 将搭售行为的认定和行业惯例挂钩，认为如果交易相对方被迫接受了与行业惯例无关的额外义务，那么就属于搭售行为。欧盟在滥用市场支配地位相关的具体法律法规中也具体规定了搭

---

① TFEU第102条(d)段。

售行为的认定因素：一是需要有两个可以独立区分的产品；二是该行为具有排除限制竞争的效果。[①] 而我国台湾地区的相关法律规定搭售行为的认定要考虑双方的真实意思，即需要考虑双方在交易中的实际意思。[②]

实践中，虽然法律规定存在差异，并且部分认定因素尚未完善，但是仍可以看出如下认定的共同因素：(1)搭售产品具有独立性；(2)这种搭售行为是卖方强加的，买方内心的真实意愿是不愿意购买；[③](3)卖方本身具有市场支配地位；(4)这样的搭售行为会产生排除或者限制竞争的效果。

虽然有以上几个共同的认定因素，但是标准必要专利中的许可搭售行为相较于普通的许可搭售行为更加复杂，比如搭售产品是否具有独立性问题。标准必要专利是无形的技术，这样的无形技术很难判定是否独立，无法像普通产品一样通过外观或者其他物理特征来进行区分和判定。所以即使专利之间进行了捆绑，在司法和执法实践中，将捆绑的专利完全区分开来也是非常困难的。关于搭售行为发生时双方真实的内心意愿，反垄断法实践中也难以进行判定，专利许可人难以证明其并不存在强迫的内心意愿，被许可人也很难证明自己被捆绑销售时并非出自自愿。因为即使标准必要专利权人享有市场支配地位，其捆绑销售的行为也可能是出于专利许可便利而进行的打包销售，并非强制性要求被许可人接受捆绑销售。

### (二)标准必要专利许可搭售反垄断规制的原则

#### 1. 本身违法原则

本身违法原则在反垄断法领域中是指行为人在进行相关市场行为的时候具有明显的垄断性，那么此时法院就可以依据法律直接判定这样的行为属于违反反垄断法的行为。具有这类特征的垄断行为实际上是法院在长期的司法实践中归纳整理而来的，因为这样的行为本身就具有违法性，所以一旦做出就很容易受到限制。比如我国的反垄断法关于滥用市场支配地位的规定采取的是

---

① 欧盟《关于滥用市场支配地位的反垄断指南》。

② 参见尚明主编：《主要国家(地区)反垄断法律汇编》，法律出版社 2004 年版，第 816—829 页。

③ 参见郑鹏程：《论搭售的违法判断标准》，载《中国法学》2019 年第 2 期。

行为主义模式,即明确规定了部分行为属于滥用行为,一旦做出就会受到反垄断法的规制。这样的原则能够使行为具有可预期性,有一定的威慑作用,可以一定程度地限制标准必要专利许可人采取许可搭售的动力。

然而这样的原则存在一些问题,因法律本身具有滞后性,如果严格按照这样的原则进行审判的话,不仅过于僵硬教条且也容易发生错误的判断。随着市场的发展和创新,有可能会出现类似于本身违法行为的新的行为模式,而这样的模式实际上并不会造成垄断后果,但是仅仅因为和本身违法行为非常相似,就极其容易被法院认定:因为其本身违法而判定其应该受到反垄断规制。本身违法原则具有一定的合理性,但是不可以将其作为唯一的判定原则,应该综合其他因素来判定许可搭售行为对于市场竞争的影响。

2. 合理性原则

合理性原则是指某些被指控为垄断的行为不一定违反反垄断法,需要对行为的动机结合其他因素来综合判断,并且需要观察它是否会真正不利于市场竞争以及这样的行为到底会不会有助于提升社会福利。① 合理性原则相较于本身违法原则,其实更像一种综合考量各种因素的内心分析的方式,而并不是可以直接用作审判依据的固定标准。

合理性原则用于垄断案件的审理源于美国的标准石油公司案,②该案中美国因为标准石油公司运用市场手段占据了美国石油市场 90% 的份额,涉及垄断问题而判决将其拆分为三十多个石油公司,法院在判决中认为不合理的交易需要被反垄断法来进行规范。这样的原则实际上非常模糊和抽象,因为它需要根据不同案件中的具体问题以及具体因素来进行综合判断,给予了法官更多的自由裁量权。相较于自身违法原则本身的僵硬性容易导致错误判断,合理性原则因为其随意性而更多依靠法官自身的专业水准,如果法官对于该原则的理解出现问题或者对于案件中涉及的具体因素考量不周,那么也容易出现判断错误。

---

① 参见李钟斌:《反垄断法的合理原则研究》,厦门大学出版社 2005 年版,第 5 页。

② See Standard Oil Company of New Jersey v. U. S. ,211 U. S. I(1911).

合理性原则不仅可以用于普通的反垄断案件中,也可以用于专利许可搭售案件中,2006 年的 Independent Ink 案件①,美国联邦最高法院就明确了该原则可以适用于专利搭售案件。该案中涉案的是一套打印系统,该打印系统由受到专利保护的打印头、墨水盒以及并不受到专利保护的墨水组成,被许可人自身研发出了可以替代该墨水的墨水产品,被许可人要求法院认定该公司行为属于违法搭售行为。如果按照以往的自身违法原则,那么该公司的这种搭售行为就会当然地属于垄断行为,但是最终美国联邦最高法院推翻了地区法院的判决,认为这样的认定不合理,一个产品属于专利产品并不意味着其搭售产品也属于专利产品,并且没有证据证明该公司在搭售产品的相关市场中享有市场支配地位,所以不能判定这样的搭售行为违反反垄断法。

我们可以看出合理性原则相较于自身违法原则更加具有灵活性,在标准必要专利许可的反垄断规制过程中,在基于自身违法原则认为该行为属于自身违法行为后,应该结合合理性原则,综合考量各方面的因素来对该许可搭售行为是否属于滥用市场支配地位的垄断行为进行判断。

## 第三节　标准必要专利权人拒绝许可行为的反垄断研究

### 一、标准必要专利权人拒绝许可行为的类型

#### (一)标准制定过程中的拒绝许可

一般而言,由于标准可以使专利获得更大的授权许可范围和强有力的市场竞争优势,大多数情况下,知识产权人都以专利纳入标准作为其终极目标。但当其拥有的专利本身在市场上就是唯一的,无可替代技术时,专利权人的心态就会发生变化,从而开始衡量专利纳入标准所带来的收益和预期损失之间的利

① Illinois Tool Work Inc. v. Independent Ink, Inc. ,126 S. Ct. 1281 (2006).

弊关系。因为专利一旦纳入标准,其纯粹的财产权属性就会受到限制,专利持有人也就必须遵守FRAND承诺,如果要求使用权利持有人技术的许可要约被认为是公平合理的,即使该要约来自竞争对手,专利持有人无正当理由也不能拒绝。在这种情况下,专利权人往往会转换思路,通过订立"私有协议"的形式,即自己形成一套封闭性事实标准,从而巩固自己的垄断地位和市场支配力。思科诉华为案便是典型案例。思科通过在市场上大力推广其私有协议,逐步形成了封闭性的、事实上的标准,导致网络用户对其产生依赖,其他厂家的地位极度被动,要么不采用思科私有协议的专利技术而彻底丧失竞争能力,无法进入市场,要么只能按私有协议提供的技术生产设备而被迫侵权。并且当某专利必须纳入某国际技术标准,无其他替代技术且无法绕过时,专利权人此时的拒绝许可行为,就会导致整个标准制定过程的中断。为了维护社会公共利益,保障标准制定工作的顺利进行,标准化组织将会采取如下行动(见图1)。根据该图所示,有的标准化组织将"进一步行动"作为其最后应对手段,该"进一步行动"指采取强制许可。强制许可迫使专利技术纳入标准之中,是获得许可的最快捷、最简单的方法。但强制许可若不严格适用,则会破坏专利权人对其专利成果的控制力,侵犯专利权人的专有权利。因此,强制许可必须限制适用,只能作为打击滥用专利权,维护社会公共利益的次要补救措施。

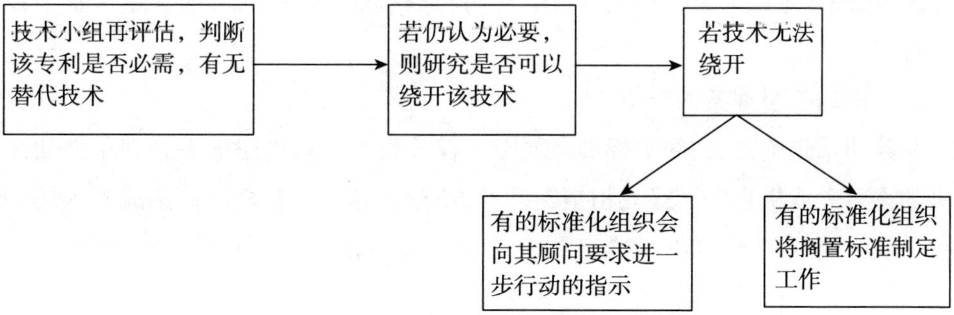


**图1　标准化组织开启的行动**

### (二)标准实施过程中的拒绝许可

1. 明示拒绝

当国际技术标准进入实施阶段后,各国企业要想生产出符合标准的产品,必然会使用标准中的专利技术,也就必然需要获得标准必要专利权人的许可,这将导致专利权人和专利实施者之间的地位失衡,专利权人被赋予市场力量(market power),占据支配地位。[①] 因此,专利规则规定了 FRAND 承诺作为约束专利权人的工具。但由于 FRAND 承诺存在规定得过于笼统抽象,缺乏权力机构监督,且无违反后果的规定等缺陷,专利实施阶段标准必要专利权人违反 FRAND 规定,无正当理由拒绝许可,以排除竞争,巩固垄断地位的现象屡见不鲜。例如 2019 年 5 月,美国加州北区地方法院对 FTC 诉高通案做出的判决。[②] 判决认定,高通针对自己持有的一项通信领域的标准必要专利无正当理由拒绝芯片供应商采用,而该专利正是生产芯片所必不可少的。由于芯片制造业属于高精尖产业,经营者范围有限,且改进产品需要大量的前期投入和试错机会,具有严重的市场进入壁垒,高通公司违反 FRAND 义务,无正当理由拒绝许可的行为构成了滥用市场地位,且高通公司通过给予终端厂商高额忠诚折扣的方式,绑定厂商进行独家交易,进一步延误、妨碍芯片制造商进入市场。[③] 因此,法院认定高通公司拒绝许可的行为构成垄断,并对 FTC 的禁令请求予以支持。

2. 附加不合理条件变相拒绝

除明示拒绝外,实践中标准必要专利权人更多的是以附加不合理条件如过高的许可费或搭售等形式变相拒绝许可,使竞争者无法与之协商达成有效的许可协议。当谈判破裂时,标准必要专利权人又会转而提起专利侵权诉讼,对竞

---

① See Keith Maskus & Stephen A. Merrill, *Patent Challenges for Standard-Setting in the Global Economy*, Washington, D. C: The National Academy Press, p. 87.

② See Federal Trade Commission, Plaintiff-Appellee, v. Qualcomm Incorporated, Defendant-Appellant, https://www.justice.gov/atr/case-document/file/1183936/download.

③ 参见仲春:《标准必要专利与反垄断法的最新国际实践——美国 FTC 诉高通公司垄断一审案研究》,载《知识产权》2019 年第 11 期。

争者未经许可的使用诉至法院寻求禁令救济，从而导致竞争者被迫接受不合理条款。这显然违反了FRAND原则公平、合理、无歧视的内涵，对市场上公平良性的竞争造成损害，是滥用市场支配地位的体现。例如2015年的华为诉中兴案，①华为拥有某项被纳入LTE标准的必要专利，并承诺按照FRAND条款进行许可，而中兴在德国安装了LTE软件的基站，也就必须使用华为的该项标准必要专利。华为和中兴未就专利许可费达成一致，谈判失败后，中兴继续使用该专利技术。2011年4月，华为向法院提起了侵权之诉，要求法院采取禁令救济，禁止中兴继续侵权，并主张损害赔偿。被告中兴以华为违反FRAND原则进行谈判，变相拒绝许可后再诉至法院，寻求禁令救济，违反了TFEU的第102条，属于滥用市场支配地位行为进行反垄断抗辩。最终，欧盟法院根据其在本次案件中确立的“五步骤”加“三保留”标准，对中兴的反垄断抗辩予以支持，该标准将于后文作详细说明。

## 二、关键设施规则对标准必要专利权人拒绝许可的反垄断规制

为了有效规制标准必要专利权人拒绝许可，排除竞争的垄断行为，欧盟委员会吸取了美国联邦法院创立的关键设施规则（Essential Facilities Doctrine），并对其随长期的司法实践逐步完善和发展。关键设施规则是判断拒绝许可行为是否属于滥用市场支配地位的重要理论。若某个拒绝许可的行为符合了关键设施规则的全部要件，则该行为就构成滥用市场支配地位，应纳入反垄断法规制。在国际技术标准的制定阶段，国际标准化组织可以向其顾问要求进一步行动，即采用强制许可，从而确保国际标准的制定。在标准的适用阶段，其他竞争者可以将标准必要专利权人诉至法院要求强制许可该标准必要专利，从而确保有效竞争的实现。因此，可以发现，关键设施规则是标准必要专利权人拒绝许可后进行强制许可的先决条件。

---

① See Case C 170/13，HUAWEI v. ZTE，EU：C：2015：477，p. 24 – 26.

## （一）关键设施规则在美国的起源和应用

1. 关键设施规则的起源：美国诉码头铁路协会案[①]

关键设施规则又名瓶颈理论（bottleneck theory），指当控制某一关键设施的企业拒绝将该设施许可给其他公司使用，从而使其他公司无法与其竞争，该拒绝许可的行为就构成垄断行为。关键设施规则起源于美国诉码头铁路协会案。1899 年圣路易斯铁路协会成立了，负责运营轮渡和跨越圣路易斯密西西比河的两座桥梁。由于地理位置的原因，不可能在该河上建造更多的桥梁或者开发其他的轮渡路线。法院裁定，根据《谢尔曼法》第 1 条的规定，码头铁路协会拥有并控制穿越密西西比河的唯一手段构成了非法结合和非法限制，并为其提供了一种选择：接纳竞争对手或者自行协议解散。法院对铁路协会构成自然垄断，并控制关键设施的认定，以及因此对其经营活动的干预和限制，构成了关键设施规则的雏形。

2. 关键设施规则的完善：MCI 诉美国电话电报公司案[②]

美国关键设施规则在 MCI 诉美国电话电报公司案中取得了最重大的进步，标志着关键设施规则的初步完善。美国第七巡回上诉法院概述了构成关键设施规则的四个基本要素：

①垄断者对关键设施构成控制；

②竞争者无法实际地或合理地复制该设施；

③垄断者拒绝许可竞争者使用该关键设施；

④垄断者有能力提供该关键设施。

在 MCI 诉美国电话电报公司案中，美国电话电报公司完全控制了 MCI 所需的当地分销设施。在现有技术的情况下，本地电话服务被视为自然垄断，MCI 复制该分销设施在经济上是不可行的，并且美国电话电报公司在技术上和经济上都有能力为 MCI 提供所需的互联技术。因此，法院裁定美国电话电报公

---

① See 224 U. S. 383（1912）.

② MCI Comm. Corp. v. AT&T，708 F. 2d 1081（7th Cir. 1983）.

司拒绝许可的行为符合关键设施规则的四要件,构成了《谢尔曼法》第 2 条下的垄断行为。MCI 诉美国电话电报公司案标志着关键设施规则的初步完善,根据法院所确定的四要件可以发现,关键设施规则的适用必须建立在竞争者无法复制该设施从而无法进入市场,若竞争者不利用该设施仍可以进入市场,只是成本偏高或者存在其他替代技术,则该设施不构成关键设施。简言之,关键设施规则规制的仅是拒绝许可导致其他竞争者无法进入市场从而消除竞争的行为而不是妨碍竞争的行为。

3. 关键设施规则的限制适用:Xerox 案

在随后发生的 Otter trail 电力公司案,Aspen 滑雪场案以及 1992 年 Skoda 案中,法院均采用了 MCI 案确立的关键设施规则的四要件证成,判定关键设施的控制者拒绝许可的行为违反反垄断法。然而该做法非但没有得到其他法院的认可,还遭到了学界的一片批评。有学者认为,拒绝将自己持有的专利授予他人使用的行为是专利法赋予专利权人的一项基本权利,且反垄断法没有规定专利权人必须和其竞争对手交易的义务,四要件证成在经济学上是模糊不清的,不具有足够的说服力,违反了反垄断法的初衷。在 1994 年 Trinko 诉 Verizon 案中,美国最高法院再次审视了关键设施规则的正当性,法院认为强迫公司和他人分享自己控制的关键设施会打击经营者在关键设施上投资和创新发展的动力与积极性,且可能会诱发串谋。① 因此,法院得出了经营者行使自主审慎地决定交易对象的权利是自始正当的,不构成对谢尔曼法的违反的结论。在 2000 年的 Xerox 案中,法院的态度也明显偏向了保护知识产权人的利益,认为只要某项知识产权是合法产生的,专利权人拒绝许可的行为就不具有反垄断法意义上的不法性,即使这种拒绝行为限制了竞争。② 除非存在恶意诉讼或者非法搭售,否则不能适用关键设施规则。美国法院的这一做法极大地限制了关键设施规则适用的空间,使该规则形同虚设,没有得到进一步的发展和完善。

---

① See Verizon Communications Inc. v. Law Offices of Curtis v. Trinko, LLP, 540 U. S. 408 (1994).

② See CSU, L. L. C. v. Xerox Corp. United States Court of Appeals for the Federal Circuit, 2000. 203F. 3D1322; 53U. S. P. Q. 2d 1852.

## (二)欧盟对关键设施规则的移植和发展

关键设施规则起源于美国,却在欧盟得到了进一步的完善和适用。原因在于美国偏重于保护知识产权人的利益,一直以保护私权、鼓励创新作为基本原则,所以不愿意利用反垄断法的政府干预手段限制知识产权人的权利,对待拒绝许可行为态度温和。而《欧盟竞争法》在欧盟各国统一适用,具有"超国家法律"的色彩,和欧盟各国的知识产权法相比地位更高,力量更强。《欧盟竞争法》的实施实体是隶属于欧盟委员会的欧洲竞争总司,且欧洲竞争总司的工作宗旨就是保障欧盟市场正常的竞争秩序,因此对标准必要专利权人拒绝许可的行为的规制更为严格。这一系列的因素使得关键设施规则在欧盟得到了进一步的认可和发展。

1. Magill 案①

关键设施规则建立在《欧共体条约》第 82 条的基础之上,第 82 条旨在打击滥用市场支配地位的行为,而拒绝许可的行为就构成了第 82 条所规制的典型。② Commercial Solvents 案是欧盟法院处理的第一起拒绝许可的案件,但没有明确适用关键设施规则。直到 1998 年的 Magill 案,欧盟法院才将关键设施规则首次应用于知识产权领域,并限制了其适用范围。该案原告为爱尔兰的三家电视台,每个电视台分别许可了《每日邮报》提前一天刊登自己的节目清单,且都会制作并发布自己的每周电视指南。Magill 想要前所未有地制作一种涵盖这三家电视台节目清单的每周电视指南,但这三家电视台均以版权保护为由拒绝 Magill 使用其节目清单,Magill 只得未经许可使用该节目信息。三家电视台将 Magill 诉至法院,欧盟法院在判决中应用关键设施理论认为电视台的行为排除了有效竞争,构成滥用市场支配地位。法院列举了三个主要因素来论证电视台的行为构成滥用,完善了关键设施规则。第一,三家电视台的节目清单是 Magill 制作每周指南所必需的信息来源,其拒绝许可的行为,阻止了一个全新

---

① Cases C－241/91p & 242/91p,1995E. C. R. I743(C. J. ).

② Treaty Establishing the European Community[TEC]art. 82.

的产品的出现，且该新型电视指南由于更加全面，具有潜在的消费者需求，并且没有实际的或潜在的替代品。第二，以电视广播活动或出版杂志为理由拒绝许可没有合理依据。第三，三家电视台共同占有市场支配地位，其拒绝许可的行为排除了市场上所有竞争者，从而维持了自己出版的每周电视指南的垄断地位。[①] 因此，法院认定三家电视台的节目清单属于关键设施，著作权人不能以侵犯其著作权为由排除竞争。通过 Magill 案法院指出，版权保护是国家法律所明确规定的，因此，即使知识产权人占据支配地位，其拒绝许可的行为本身并不构成滥用，仅在特殊情况下，才受到反垄断法规制。该特殊情况为：

①拒绝许可的专利为某个具有潜在消费需求的新产品所必不可少的成分且无其他替代可能；

②知识产权人享有事实上的垄断地位；

③拒绝许可没有正当理由且达到了巩固知识产权人本身的市场支配地位的效果。

2. IMS Health 案[②]

在 IMS Health 案中，欧盟法院将关键设施理论应用到了涉及事实标准的知识产权领域，并新增了拒绝许可必须达到消除了二级市场的竞争的条件，使关键设施理论的适用更为严格。IMS health 是一家专门为药品公司提供药品区域销售数据的公司，拒绝许可其竞争者 NDC 使用自己受版权法保护的系统。但由于该系统已经成为事实上的行业标准，拒绝许可的行为产生了阻止 NDC 进入德国竞争市场的效果。欧盟法院指出，除了要满足之前判例法确定的三要件之外，该拒绝许可必须达到排除了二级市场上所有竞争关系的效果才能认定该行为构成反垄断法意义上的滥用。关于该新增要件的解释，法院认为区分两个市场尤为关键：一个为由产品和服务形成的上游市场，另一个为以上游市场的产品或服务为原料制造另一种产品或服务的下游市场（二级市场）。由于 IMS

---

① S. D. Anderman：EC Competition Law and Intellectual Property Rights：The Regulation of Innovation，p. 209.

② Case C－418/01 IMS Health GmbH & Co. OHG v. NDC Health GmbH&Co. KG［2004］ECR I－0000.

系统已成为一种事实上的行业标准,被制药公司和药品批发商严重依赖,构成关键设施,其他竞争者若使用其他系统制作出的医药数据将无法进入德国制药市场。因此,该拒绝许可的行为直接阻止了其他医药数据的出现,完全消除了二级市场的所有竞争,构成滥用市场支配地位。

3. Microsoft 案①

在分析 2007 年的 Microsoft 案时,同之前欧盟法院处理的知识产权人拒绝许可的案件相比,可以清晰地发现,Microsoft 案中法院明显地降低了关键设施规则适用的条件。Sun Microsystems Inc. ,作为 Microsoft 的主要竞争对手之一,向欧盟委员会投诉 Microsoft 拒绝透露 Windows 系统与其服务器之间的集成方法,从而阻碍了其他竞争对手在计算机操作系统市场的竞争。委员会发现 Windows 系统已经成为 PC 客户端事实上的标准操作系统产品,且 Microsoft 自 2000 年以来在该市场上占据 90% 以上的份额,占据垄断地位。② Microsoft 辩称,集成互联信息并不是在服务器操作系统市场上竞争所必需的,并举证证明了五种替代方法,这五种方法同样可以实现与非 Microsoft 系统的连接。从而证明拒绝许可的行为不会导致消除二级市场所有竞争的效果,不构成垄断行为。而欧盟法院认为,Microsoft 已经将 Windows 系统塑造成了事实上的标准,该拒绝许可行为直接导致了其他竞争对手无法使用该行业标准,虽然该集成互联信息并不是非 Microsoft 系统进入市场所唯一的办法,但却使得其无法与 Microsoft 在同等地位的基础上开展有效竞争,具有消除竞争的风险,故该集成互联信息仍被视为关键设施。

之前的 Magill 案和 IMS Health 案中,拒绝许可的效果都是将竞争者完全排除在了市场之外,都以实际上消除了竞争作为适用关键设施规则的要件之一。而 Microsoft 案中,因为存在其他替代方案,可以确保最低程度的互联性,拒绝许可并不会使其他竞争者无法进入市场,并不会立即消除二级市场的所有竞争,只起到了阻碍竞争的作用。而法院认为,只要拒绝许可可能导致消除竞争的风

① Case T－201/04 Microsoft v. Commission[2007]ECR Ⅱ －3601,at para. 335.

② BBC News,“Microsoft Hit by Record EU Fine”,24 March 2004.

险就可以适用关键设施规则。此外,针对 Microsoft 提出的并没有阻碍新产品的出现这一抗辩,欧盟法院指出,拒绝许可导致其他竞争对手不愿开发新的服务器操作系统,从而使消费者被锁定在 Microsoft 操作系统之中,产生的效果类似于防御新产品出现,同时也限制了消费者的选择权。因此,可以看出在 IT 领域,欧盟反垄断法对专利权人的单方面拒绝许可的行为施以更为严格的限制。原因在于信息技术产业具有特殊性,像 Microsoft 这样拥有自己的操作系统的公司是 IT 市场的天然垄断者,由于建立另一个网络系统的成本极其高昂,因此其他竞争者很难进入天然垄断者的市场,IT 市场中的有效竞争更难实现。在网络效应[①](network effect)和转换成本的作用下,消费者更容易对主导企业的现有技术产生过度依赖,这就会为竞争对手带来实质性的进入堡垒。[②] 在这种情况下,强制许可是恢复市场竞争的唯一方法。

### (三)对标准必要专利权人拒绝许可适用"关键设施规则"的认定方法

根据美国和欧盟对于"关键设施规则"的理论发展和司法适用,可以将"关键设施规则"的适用条件分为三点:(1)被拒绝许可的专利是否属于关键设施。在国际技术标准的制定阶段,要判断专利权人拒绝许可的专利是否为标准必要专利,是否可以在标准中避开该技术或寻求其他专利技术。在标准的实施阶段,要判断该专利是否为其他竞争者在二级市场上制造某个具有潜在消费需求的新产品所必不可少的成分且无其他替代可能。(2)该拒绝许可的行为是否会消除二级市场的竞争。关键在于考虑无法使用专利的竞争者是否可以通过其他手段进入市场,以及进入竞争市场的难度和成本,该标准必要专利所具有的市场支配力以及相关行业市场的特性。比如 IT 行业,受网络效应和交换成本的影响,进入壁垒巨大。这时就需要具体情况具体分析,适当降低关键设施规则适用的条件,只要具有消除竞争的风险就可适用。(3)拒绝许可是否具有正

---

① 网络效应,指若产品或服务的价值会随着使用它的消费者总数的增加而增加,则会产生网络效应或称外部性,进而产生"赢家通吃"的情形。

② See Inge Grabf, *Tailoring the Essential Facility Doctrine to the It Sector: Compulsory Licensing of Intellectual Property Rights after Microsoft*, *Cambridge Student Law Review*(2011), p. 10.

当理由。在标准的制定阶段，如若专利权人仅认为专利许可费过低，无法弥补其对专利开发研制的成本，从而无法与国际标准化组织达成一致，这种情况下，不适宜追究专利人的反垄断法意义上的责任。在标准的适用阶段，应重点考察标准必要专利权人拒绝许可是否违反了 FRAND 承诺，以及拒绝许可是否为了巩固自己在二级市场的支配地位。当三个条件均符合时，该拒绝许可的行为就构成了滥用市场支配地位的行为，应纳入反垄断法规制。在国际技术标准的制定阶段，国际标准化组织可以向其顾问要求进一步行动的指示，即采用强制许可，从而确保国际标准的制定。在标准的适用阶段，其他竞争者可以将标准必要专利权人诉至法院要求强制许可该标准必要专利，从而确保有效竞争的实现。

## 三、反垄断抗辩研究

### （一）反垄断抗辩的内涵以及与强制许可制度的关联

1. 反垄断抗辩的适用情形

除了应用关键设施规则对标准必要专利权人拒绝许可的行为直接进行反垄断规制外，反垄断抗辩也是专利实施者对抗先行提起专利侵权之诉的标准必要专利权人的一种防御性措施，主要适用于下面这种情形：标准必要专利权人违反 FRAND 承诺，明示拒绝许可或以附加不合理条件形式变相拒绝许可，使得竞争者无法与之协商达成有效的许可协议。当谈判破裂时，标准必要专利权人又会转而提起专利侵权之诉，对竞争者未经许可的使用诉至法院寻求禁令救济，这时竞争者就可以标准必要专利权人违反 FRAND 承诺拒绝许可构成滥用市场支配地位进行反垄断抗辩，从而对抗标准必要专利权人提出的停止侵权的诉讼请求。

2. 反垄断抗辩与强制许可的关联

如上文所述，当标准必要专利权人拒绝许可时，若符合关键设施规则的三要件认定，则专利实施者可以诉至法院要求对该专利实施强制许可。因此，强制许可制度赋予了专利实施者针对标准必要专利权人的一种攻击性权利，目的在于顺利使用该标准必要专利。而反垄断抗辩制度则是反垄断法赋予专利实施者针对标准必要专利权人的一种防御性权利，目的在于对抗标准必要专利权人停止侵害请求权的行使。反垄断抗辩制度在一定程度上又建立在承认强制许可制度的基础上。专利法赋予了专利权人独占性的专利权，针对其他人未经允许而使用其专利的行为，专利权人得以诉至法院请求停止侵权，并要求损害赔偿，这是专利法赋予专利权人当然的权利，且专利法并没有规定在何种情况下应对专利权人享有的这种寻求禁令救济的权利加以限制。而标准必要专利权人针对该标准必要专利拥有垄断性的地位，且具有强有力的市场竞争优势，在标准必要专利权人违反 FRAND 承诺拒绝许可或通过附加不合理条件变相拒绝许可的情况下，若标准必要专利权人又将被迫未经许可使用该标准必要专利的竞争者诉至法院，请求禁令救济，则又构成了反垄断法意义上的滥用市场支配地位的行为。因此，在一定条件下，应对标准必要专利权人寻求禁令救济进行限制，对被诉侵权人反垄断抗辩的权利予以支持，从而平衡标准必要专利权人和标准实施者的利益关系，维护市场上正当有效的竞争。但由于专利法没有对禁令救济进行规制，而反垄断法也仅规定了滥用市场支配地位所应承担的责任，并没有明确规定“禁令救济”属于滥用行为，因此，需要利用法解释学的方法，通过“转介”规则将反垄断抗辩纳入。① “恶意主张”抗辩说是学界的主流观点，它建立在承认强制许可的基础上。论证思路为：若标准必要专利权人有权向法院寻求禁令救济，向被诉侵权人主张停止侵害请求权，而被诉侵权人同时也有权请求法院将该被诉专利进行强制许可，则停止侵害请求权就无法成立，这种解释观点也在“橘皮书标准”案中被采纳。

## （二）反垄断抗辩制度的理论发展

### 1.“橘皮书”标准案

由于高质量的裁决和低廉的专利诉讼成本，德国成为欧洲迄今为止最重要

① 参见魏立舟：《标准必要专利情形下禁令救济的反垄断法规制——从“橘皮书标准”到“华为诉中兴”》，载《环球法律评论》2015 年第 6 期。

的专利诉讼论坛。据统计,欧洲所有专利诉讼的三分之二都在德国法院进行。因此,德国法院的实践不仅是单一欧盟成员国的实践,更代表了全欧洲大多数专利诉讼的相关实践。对强制许可和禁令救济等理论问题的研究一直是德国学界的热点问题。2009 年德国联邦最高法院就"橘皮书"标准一案所作的裁判,标志着最高司法机关对反垄断抗辩的正式认可。①

在此案中,原告飞利浦公司拥有一项涉及可刻录光盘相关标准的专利,因为该标准记录于橘皮书中,故称"橘皮书"标准。而橘皮书又属于涉及光盘相关标准的集合体彩虹皮书的一部分,因此,该"橘皮书"标准显然成为刻录光盘市场上一种重要的事实标准。原告与被告曾经就许可使用该专利技术进行过谈判,但原告认为被告的报价太低,因此拒绝许可。原告随后针对被告未经其许可使用该涉诉专利的行为向德国联邦最高法院起诉,主张停止侵害并赔偿相关损失。而被告辩称飞利浦公司有义务按照 Spundfass 标准所确定的规则授予许可,并针对原告主张的禁令救济提出反垄断抗辩。法院采用了"恶意主张"抗辩说的论证思路,认为若拥有市场支配地位的经营者无正当理由拒绝许可或以附加不合理条款的方式变相拒绝许可,那么该经营者就构成滥用市场支配地位,也就负有强制许可的义务。若该经营者又向法院提出禁令救济,行使停止侵害请求权,则构成对强制许可义务的拒绝,因此,禁令救济无法得到支持。

但是,在原告负担强制许可义务的前提下,被诉侵权人要想提出反垄断抗辩,还需要满足两个条件。首先,被告必须曾经基于公平、合理、无歧视原则向原告主动提出过无条件的许可要约,且原告无法依法对该要约进行拒绝。如果原告认为该要约条件不够合理,则被告也可以提出一个概括性的要约,要求原告确定特许权使用费的数额以及其他合理条件。原因在于通常情况下标准必要专利权人和专利实施者的信息是极度不对称的,寻找合适的条件对被告来说具有较大难度。其次,被告若想未经许可使用该涉诉专利,则必须按照其提出的要约行事,即被告在使用该专利前要对要约规定的特许权使用费进行支付或

① See Federal Court of Justice, Orange Book Standard, File Number KZR 39/06, 6 May 2009, Reported in BGHZ 180, 312.

提存。原因在于法院不希望被诉侵权人获得比其他获得许可的普通专利实施者更有利的竞争优势,从而防范潜在的道德风险。

起初,“橘皮书”标准一案所确定的提出反垄断抗辩的条件受到了学界的好评。但随时间检验,该条件在实践中很难得到实现。首先,要求被告必须主动提出过无条件且合理的要约。无条件意味着被告不能在专利权有效的前提下提出要约,即不允许被告另行对专利权的有效性质疑,这可能导致专利实施者被迫针对某些失效的专利技术支付报酬或承担义务。其次,被告必须预先支付或提存专利使用费的规定也存在很多问题。联邦最高法院裁定,如果被告提存了一笔在任何情况下都足够的金额,则法院可以自行决定专利所有人是否有义务接受许可合同。这表明足够的金额比符合 FRAND 承诺的合理金额更具有优势。在一系列的专利纠纷中会迫使专利实施者提存更高的专利使用费,从而给公司的现金流造成压力。因此,“橘皮书”标准所确定的条件使专利实施者负担了过重的义务,导致司法实践中主张反垄断抗辩的成功率极低。2009 年至 2013 年,针对数百起侵权案件提出的反垄断抗辩,仅有两例得到了支持。

2. 华为诉中兴案

由于“橘皮书标准”所确立的条件在实践中很难得到实现,理论界关于重构反垄断抗辩的成立要件的讨论从来都是热点。在华为诉中兴案中,华为拥有某项被纳入 LTE 标准的必要专利,并承诺按照 FRAND 条款进行许可,而中兴在德国安装了 LTE 软件的基站,也就必须使用华为的该项标准必要专利。华为和中兴未就专利许可费达成一致,谈判失败后,中兴继续使用该专利技术。2011 年 4 月,华为向法院提起了侵权之诉,要求法院采取禁令救济,禁止中兴继续侵权,并主张损害赔偿。被告中兴以华为违反 FRAND 原则进行谈判,变相拒绝许可后再诉至法院,寻求禁令救济,违反了 TFEU 的第 102 条,属于滥用市场支配地位行为进行反垄断抗辩。2015 年 7 月 16 日,欧盟法院对华为诉中兴案下达了判决,该案引出了新的谈判程序,标志着反垄断抗辩制度的重大革新。[①]

---

① See Court of Justice of the European Union, Case C – 170/13, 16 JULY 2015 – HUAWEI Technologies Co. Ltd. v. ZTE Corp.

该谈判程序分为五个步骤,平衡了专利权人和专利实施者的利益关系。第一步,标准必要专利权人在起诉之前必须向专利实施者发出警告并详细说明被侵权的标准必要专利状况和具体侵权行为。第二步,若专利实施者愿意以FRAND条款缔结许可协议,则标准必要专利权人要出示一份具体的书面要约,并对特许权使用费的数额和计算方式作特别说明。第三步,针对标准必要专利权人提出的要约,专利实施者要根据公认的商业惯例真诚勤勉地作出答复。若专利实施者不同意该要约,则需要立即发出一个符合FRAND条款的反要约。第四步,如果标准必要专利权人对反要约表示拒绝,则专利实施者应根据公认的商业惯例提供适当的担保。第五步,若双方未就FRAND条款的细节达成一致,则双方可以协议确定独立的第三方决定特许权使用费的数额。同时,欧盟法院指出,即使在谈判期间,也允许专利实施者对专利的有效性或必要性质疑。

华为诉中兴案确定的谈判步骤,逆转了专利实施者的被动地位,平衡了标准必要专利权人和专利实施者的利益关系。首先,要求标准必要专利权人迈出第一步,对专利实施者发出警告,原因在于对标准必要专利的使用很容易被监测,因为在相应区域的每种产品都必须符合相应的标准。因此,从标准必要专利权人的角度去看,市场是透明的。与之相反,由于标准必要专利庞大的数量和过度声明的问题,对于专利实施者而言,有时很难判断其正在使用的技术是否为标准必要专利,是否构成侵权。[①] 因此,规定标准必要专利权人首先迈出一步,提醒专利实施者的行为正在构成侵权是合理的。其次,要求标准必要专利权人向专利实施者发出要约,并确定特许权使用费的数额是合理的。因为鉴于标准必要专利权人和专利实施者之间的信息极度不对称,标准必要专利权人更易于判断要约是否符合FRAND条款。若要求专利实施者首先发出要约并确定使用费数额,则其会陷入两难境地。如果提议的数额过低,则标准必要专利权人可以认为该提议不当,进而提起专利侵权诉讼;如果提议的数额过高,则标准必要专利权人定会接受该要约,迫使专利实施者签订不公平的许可协议。同时,该谈判程序保留了专利实施者对专利的有效性或必要性质疑的权利,有利

① See Opinion of AG Wathelet: Case no. C – 170/13, 20 November 2014, p. 81.

于保障专利实施者在谈判过程中有力地维护自己的合法权益。因此,华为诉中兴案中所确定的谈判程序,弥补了标准必要专利权人和专利实施者的力量差距,使双方可以平等有效地进行谈判。

因此,标准必要专利权人要想使其主张禁令救济的行为不构成滥用市场支配地位,则需要满足以下两个条件:一是标准必要专利权人的作为。标准必要专利权人在起诉之前必须向专利实施者发出警告并详细说明被侵权的标准必要专利状况和具体侵权行为。在专利实施者愿意以 FRAND 条款缔结许可协议的情况下,标准必要专利权人还需出示一份具体的书面要约,并对特许权使用费的数额和计算方式作特别说明。二是专利实施者的不作为。包括在标准必要专利权人发出警告后,专利实施者不愿谈判缔结许可协议而继续使用该专利,或标准必要专利权人发出书面要约后专利实施者没有真诚勤勉地做出答复。这又分为没有立即发出反要约、在反要约被拒绝后没有提供适当的担保两种情形。因此,只有在符合这两个条件的前提下,标准必要专利权人主张禁令救济的行为才不会被视为滥用市场支配地位。但需要注意的是,该谈判原则仍然不尽完善。例如,专利许可要约的范围仍不确定。专利实施者是否可以要求标准必要专利权人提供符合其特殊需求的专利池许可要约仍是亟须探讨的问题。此外,由于该谈判步骤是建立在 FRAND 条款的基础之上的,所以不适用于事实标准中的专利,因此,“橘皮书”标准原则仍有适用的空间。[①]

---

① See Philipp Maume, *HUAWEI v. ZTE, or How the CJEU Closed the Orange Book*, Queen Mary Journal of Intellectual Property, No. 2(2016), p. 207 – 226.

# 第五章　标准必要专利经营者集中的反垄断规制研究

## 第一节　经营者集中反垄断审查研究

### 一、经营者集中反垄断审查的原则与理念

经营者集中是指两个或两个以上的经营者以一定的方式或手段形成的企业间资产、营业和人员的整合，①比如通过股份收购、合同安排等形式，使一个商主体对另一个商主体形成实际控制或者多个商主体进行联营。经济学意义上的经营者集中是市场机制作用下优胜劣汰的自然结果，一定程度内有利于资源的有效配置。但为了避免经营者过于集中导致的抑制市场竞争的负外部性，特定范畴内的经营者集中行为应受到反垄断法规制。我国反垄断法中列出了三种经营者集中的情形，②包括经营者合并、经营者通过取得股权或者资产的方式取得对其他经营者的控制权以及经营者通过合同等方式取得对其他经营者的控制

---

① 参见赵威主编：《经济法》（第 7 版），中国人民大学出版社 2019 年版，第 247 页。

② 《反垄断法》第 25 条。

权或者能够对其他经营者施加决定性影响。

其中,经营者合并是反垄断法最初关注的对象,其导致市场竞争主体的数量减少,包括形成新市场主体的新设合并和其中一经营者兼并另一者的吸收合并两种方式。经营者合并更为显性,与之相比,通过股权或资产收购取得其他企业控制权的方式则更为隐蔽,这一过程并不导致市场竞争主体的数量减少。通过令一个或多个股东拥有某一企业一定量股份的方式,获得法律上或事实上的决定权或否决权,事实上阻碍市场竞争。经营者对其他经营者施加决定性影响就更为隐蔽了,其是通过委托经营、人事托管等合同安排,使一个经营者能对另一经营者的经营决策产生决定性影响,比如催生了第一部"反托拉斯法"的标准石油公司案。① 除此之外,欧盟反垄断法认为多个企业联合设立"完全功能合营企业"也应成为经营者集中审查的对象,②也有学者指出设立合营企业实际上就是某几家企业从所设立合营企业中获得股权。③ 经营者集中的表现形式多样,且存在利用知识产权、合同安排等隐蔽方式的趋势,因此经营者集中反垄断审查存在复杂性。从类型上看,经营者合并包括横向合并、纵向合并与混合合并三种。其中横向合并一般意义上是指相同或相似产品市场上存在相互竞争关系的经营者之间的合并,纵向合并则是指处于产品链不同级别的经营者向上游或下游方向进行的合并,混合合并则是指兼具横向合并与纵向合并因素的情况。相对于横向合并,后二者与市场竞争、市场效率的关系更为复杂,在经济学界仍在被激烈讨论。

在反垄断法中,对滥用市场支配地位与垄断协议的审查是对垄断行为的事后规制,而对经营者集中的审查是一种事前审查的思路,在企业尚未取得市场支配地位或形成垄断协议抑制竞争之前进行审查,从而避免其后人可能产生的

---

① 1882 年 1 月 20 日英国标准石油公司召开股东大会,形成 9 人组成的受托委员会,掌管所有标准石油公司的股票和附属公司的股票。洛克菲勒通过这一托拉斯结构掌控了 40 多家厂商,垄断了全国 80% 的炼油工业和 90% 的油管生意。

② 欧盟理事会《关于经营者集中控制的 139/2004 号条例》[Council Regulation (EC) No. 139/2004 of 20 January 2004 on the control of concentrations between undertakings] 第 3 条第 2 款规定"建立一个在持续性基础上履行一个独立自主经济实体的所有功能的合营企业构成第 1 条 b 项中的合并"。

③ 参见丁茂中、林忠:《经营者集中控制制度的理论与实务》,复旦大学出版社 2012 年版,第 11 页。

负外部性的企业集中。目前各国较为通行的做法是建立经营者集中申报制度，对达到法律规定的经营者集中，由当事人向所涉及市场的反垄断执法机构自行进行事前申报。反垄断执法机构对申报材料进行审查后，会做出许可集中、禁止集中或附加限制条件许可集中这3种处理决定。实践中，为充分发挥市场在资源配置中的决定作用，最后一种处理方式最为常见。

与传统民法所关注的形式公平、机会公平所不同，经济法的法律价值在于实质公平、结果公平。其中，竞争机制作为市场机制中的重要组成部分，是反垄断法重点着眼的对象。经济学上对竞争的概念未有定论，随着经济发展阶段的不同，竞争理论不断出现各种学派观点，如古典自由竞争理论认为竞争能够自我维持；新古典竞争理论认为规模经济带来垄断，垄断则势必阻碍竞争；现代竞争理论中的哈佛学派认为应对垄断进行规制以保护竞争；芝加哥学派认为最终目的并不是保护竞争，而是保证市场效率，提出对垄断和企业集中的审查应当以此为判断依据。① 现代竞争理论为经营者集中的反垄断审查提供了理论指导，美国反垄断法的重心在二十世纪七八十年代便经历了从保护竞争向效率优先的变化。② 因而在当代，应将市场效率与消费者权益保护等实质公平作为审查的目标，而不应机械地固守是否减少竞争等形式公平的判断标准。经营者集中既可能危害技术创新等客观公益，也有可能侵害消费者利益、竞争者利益等主观公益，其危害具有综合性，需要从客观公益与主观公益两个角度分别分析。

## 二、经营者集中反垄断审查标准

有学者对欧美两地的经营者集中事前申报制度的适用范围进行了考察，将经营者集中的事前申报标准分解为“行为要件”和“规模要件”，也即“何种行

---

① 参见盛杰民、叶卫平：《反垄断法价值理论的重构——以竞争价值为视角》，载《现代法学》2005年第1期。

② 参见程宗璋：《略论美国反垄断法价值取向的演变》，载《贵州工业大学学报(社会科学版)》2003年第1期。

为”与“达到何种规模”。[①] 沿袭这一思路，可以对欧盟和美国经营者集中审查的核心分别加以概括。

## （一）以行为要件为审查核心

早期，欧盟对经营者集中的规制以是否形成市场支配地位为标准，于 2004 年制定新规定《欧盟理事会关于经营者集中控制的第 139/2004 号条例》（以下简称《欧盟集中条例》）[②]与《欧盟委员会关于第 139/2004 号理事会条例经营者集中控制统一通告》（以下简称《欧盟集中通告》），[③]这 2 份文件中强调了经营者集中审查过程中重视经济效率的考量，并确立了所谓的“市场支配地位审查标准”（dominance test）。

在规模要件层面，欧盟对其境内的经营者集中设置了强制申报标准，其具体为：全球市场销售额超过 50 亿欧元，且在欧盟市场上的销售额有三分之二以上来自非同一个成员国；至少两个参与合并的企业在欧盟市场的销售额超过 25 亿欧元[④]；等等。而在行为要件层面的审查则更为重要，《欧盟集中条例》将审查标准定义为是否“导致控制的永久性改变”，其具体分为两种表现形式。一是经营者合并（the merger of two or more previously independent undertakings or arts of undertakings），[⑤]《欧盟集中通告》进一步指出事实上的合并也满足该行为要件，如通过协议安排统一经营管理、互相持股等，这事实上与我国《反垄断法》中第二种情形基本一致。二是取得控制，包括由一家或多家已经控制至少一家企业的自然人、一家或多家企业通过购买股权或资产或其他手段获得另一家或多家企业的全部或部分的直接或间接控制。另如前所述，在《欧盟集中条

---

① 参见方一敏、朱一飞：《欧美企业集中事前申报制度比较研究》，载《环球法律评论》2006 年第 5 期。

② Council Regulation（EC）no. 139/2004 of 20 January 2004 on the Control of Concentrations between Undertakings（the EC Merge Regulation），OJ L 24/2，Jan. 29，2004.

③ Commission Consolidated Jurisdictional Notice under Council Regulation（EC）no. 139/2004 of 20 January 2004 on the Control of Concentrations between Undertakings，OJ C 95，Apr 18，2008，D. 1.

④ Article 1，the EC Merge Regulation，OJ L 24/2，Jan. 29，2004.

⑤ Article 3. a，the EC Merge Regulation，OJ L 24/2，Jan. 29，2004.

例》中,联合设立“完全功能合营企业”也被视为取得控制的情况。

在以上所展示的规模要件与行为要件之间,欧盟的经营者集中反垄断审查以后者为核心、重点,尤其是把“控制”作为其中举足轻重的概念,有学者指出欧盟的经营者集中界定法律体系就是围绕“控制”展开的。① 瑞典、法国等国②也与欧盟思路一致,将是否产生“控制的变化”作为是否满足“行为要件”的判断标准,并将其作为经营者集中审查中的重点。联合国贸易和发展会议发布的《竞争法范本——竞争法的可用实质性要点、评注和现行法律的不同方针(2003)》和 OCED 的“竞争法的基本框架”(A Framework for Competition Law)也都将“取得控制”作为除经营者合并外经营者集中审查的重点因素,与欧盟的思路也比较接近。

此外,欧盟作为欧洲最主要的区域经济合作组织,致力于构建统一的欧洲市场,维护欧洲统一市场的秩序。在反垄断审查的问题上:一方面在程序法上,欧盟搭建了“一站式”申报平台,竞争者可直接向欧盟委员会进行经营者集中申报,之后无须向各成员国再行申报;另一方面在实体法上,欧盟各成员国根据欧盟的要求致力于修改本国法律,将其与欧盟反垄断法保持一致,如《瑞典竞争法》在修订时将其关于经营者集中的定义修改为欧盟的表述方式。③

### (二)以规模要件审查核心

除上述以行为要件为审查核心,判断是否发生了“控制变化”的思路外,也存在另一种审查思路。以美国为代表的一些国家认为对“控制”的认定太过复杂,易导致执法过程中主观性过大,进而损害执法机构的权威性和法的可预测性。而规模要件更为确准,应作为经营者集中审查的核心。只要合并与并购(Merger and Acquisition)或收购(Transaction)所牵涉的企业规模达到形式上的

---

① 参见叶军:《经营者集中法律界定模式研究》,载《中国法学》2015 年第 5 期。

② 法国《关于价格和竞争自由的法律》(1987 年修订)第 39 条,瑞典《竞争法》(1998 年修订)第 4 条。参见尚明主编:《主要国家(地区)反垄断法律汇编》,法律出版社 2004 年版,第 82、108 页。

③ 参见中华人民共和国商务部反垄断局编:《世界主要国家和地区反垄断法律汇编》,中国商务出版社 2013 年版,第 1285 页。

法定数额，就需要向反垄断审查机构进行申报，不管是否产生“控制变化”。①我们可以看到与欧盟明显不同的是，美国将“规模要件”作为经营者集中的审查核心，在申报环节上降低了主观不确定性，使执法成本得到降低。

美国1914年《克莱顿法》(Clayton Antitrust Act of 1914)第7条②规定禁止旨在减少竞争或形成垄断的股权收购(包括部分股权)，也即不要求产生实际的“控制变化”。1976年《哈特—斯科特—罗迪诺反托拉斯改进法》(Hart-Scott-Rodino Antitrust Improvements Act of 1976)正式规定了经营者集中的事前申报制度，并最终FTC在司法部同意后确定了具体的申报条件。③ 美国规定在经营者集中审查中，无论是法人实体还是非法人实体，只要达到法律规定的规模且不存在可以豁免之情形，就应当进行申报，不考虑是否会引发“控制变化”。

美国不仅在经营者集中申报阶段不将“控制变化”或其他行为要件作为审核的标准，在后续审查中对此也并没有如欧盟一般予以重视。在进行事前申报的过程中，被推定所涉合并或并购行为会涉及“控制变化”，竞争者可以对此提交材料进行反证，而这一点在执法机构的审查过程中也仅仅是综合考虑因素之一。这是因为，美国司法部和FTC认为即使是部分收购也可能出现收购企业获得影响目标公司竞争行为的影响力、收购企业竞争的动机减弱、收购企业获得目标公司与竞争相关的信息等情况，④进而抑制市场竞争。其认为只要参与经营者集中的企业达到法定规模，那么什么程度上的集中都可能削弱市场竞争，应当被审查甚至附加限制条件，美国所建立的这种审查思路被称为“实质性减

① Non-controlling minority shareholdings and EU merger control, Annex to the Commission Staff Working Document, Towards more effective EU merger control, Brussels, 25. 6. 2013, SWD (2013) 239 final, para. 75.

② 15 U. S. C. §18 (2012), “No person engaged in commerce or in any activity affecting commerce shall acquire, directly or indirectly, the whole or any part of the stock or other share capital...”

③ 参见王晓晔:《〈中华人民共和国反垄断法〉中经营者集中的评析》，载《法学杂志》2008年第1期。

④ U. S. Department of Justice and the Federal Trade Commission “Horizontal Merger Guidelines”, Issued: August 19, 2010, Section 13, Accessed Feb. 1, 2021, http://www.justice.gov/atr/horizontal-merger-guidelines-08192010.

少竞争”[①](substantial lessening of competition,SLC)标准,其支持者认为其具有更强的灵活性和有效性,反映了并购控制的本质。

除美国外,日本和韩国也采取了类似思路,对经营者集中采取事前申报和审查制度,并且将规模要件作为审查核心,只要规模在形式上达到法定数额便需要申报、审查。

以规模要件为审查核心,更有利于扩大通过申报进入审查的案件范围,有利于对经营者集中可能带来的负外部性进行更周密的防范。但是对规模要件的强调,会使得部分虽未达到法律规定的规模水平,却涉及标准必要专利的经营者集中无须进行申报。相比之下欧盟的“控制”标准则更为综合全面,能够更真实地反映出企业间的管理结构和权力关系。笔者认为,考虑标准必要专利的特殊性,在涉及标准必要专利的经营者集中规制中,不应再强调规模要件,而应从行为要件入手,规定某些涉及标准必要专利的经营者集中行为将直接触发事先申报程序,或至少在涉及标准必要专利时,降低规模要件的申报门槛。

### (三)中国经营者集中规制的基本审查思路

在我国反垄断法的立法过程中,曾存在将申报标准规定在反垄断法当中和根据一定阶段的具体情况在部门规章中加以规定两种不同的思路。[②] 从实际情况来看,我国采取了第二种思路,目前的申报标准由国务院发布的《关于经营者集中申报标准的规定》确定。当今经济发展达到前所未有的速度,市场存在较大的不确定性,而无论以营业额还是资产额、市场份额、市场占有率来设定申报标准,都难以避免相应的很强的变动性。企业创新和经营对行政行为的敏感性很高,促进国民经济稳定较快发展和我国立法资源的相对紧俏都要求采取后一种思路:一方面避免反垄断法的频繁修改;另一方面也更具灵活性。在具体的标准上我国采用了欧盟的做法,以销售额作为规模要件的考察对象。[③]

---

① 刘和平:《欧美并购控制法实体标准比较研究》,载《法律科学(西北政法学院学报)》2005 年第 1 期。

② 参见丁茂中、林忠:《经营者集中控制制度的理论与实务》,复旦大学出版社 2012 年版,第 18 页。

③ 《国务院关于经营者集中申报标准的规定》第 3 条。

在经营者集中案件的审查过程中，我国也采取了欧盟的思路，在规定了规模要件的同时，强调了“控制权”“决定性影响”①等行为要件的重要性。在审查操作上，我国实行“原则 + 例外”的步骤，原则上“经营者集中具有或者可能具有排除、限制竞争效果的”不得集中，又规定了“经营者能够证明该集中对竞争产生的有利影响明显大于不利影响，或者符合社会公共利益的”可以不予禁止。②关于标准必要专利以及与此相关的经营者集中问题的特殊性，将在后文进一步展开。

## 第二节　标准必要专利经营者集中的反垄断审查研究

### 一、涉及标准必要专利的经营者集中的复杂性

#### （一）专利权与标准化的矛盾性

标准是典型的公共产品。《标准化法》第 2 条将其定义为“农业、工业、服务业以及社会事业等领域需要统一的技术要求”，且强制性标准必须执行。根据 ISO 的定义，标准是一系列可被持续使用的包含作为原材料、产品、方法（工艺流程）和服务之要求、规划、指南或特性的文件化协议。也就是说，标准是指生产者或服务提供者在生产某一产品或提供某一服务过程中，所必须执行或尽可能执行的一系列技术要求。强制性标准是最具有特征性的标准，因此本书以其为论述重点。强制性标准一方面要求从业者必须遵守执行，具有一定的强制性，另一方面也为从业者提供了生产经营的范式，同时为潜在从业者提供了进入该行业的规范性指导，具有一种公益性。标准本身是一种对工艺、原料等产品因素的要求，其不因其他从业者的使用或执行而减少，也并不是仅对部分从业者可用。根据萨缪尔森的公共产品理论，“公共产品是指能将效用扩展于他

---

① 《国务院关于经营者集中申报标准的规定》第 2 条第 2、3 项。

② 《反垄断法》第 34 条。

人的成本为零,并且不排除他人参与共享的一种商品”①。根据这一定义,标准具有非竞争性和非排他性的特点,是一种典型的公共产品。而一项公共产品应当具有收益的非排他性和消费的非竞争性特点,前者是指任何人对公共产品的消费不会影响他人的消费,后者是指任何人对某种公共产品的消费不会增加该产品供给的成本也不会降低该公共产品的数量或质量。

与此相反,专利权是对私权利的高度保护。专利权是专利权主体对其专利依法享有的在一定期限内的独占权,专利权的核心内容是独占实施。② 专利权本身就带有独占性、排他性或垄断性的特征,这些正是其区别于公共领域知识产品之处。就专利权本身而言,他人实施专利虽不排除专利权人的实施,也不增加专利权人的供给成本,但却会使专利权所保护的技术专利本身的质量降低。这是指在他人无法实施该专利技术时,专利制度使专利权人因独占实施而获得相对竞争优势,而当一项专利成为标准,随着所有的竞争者都能够实施这一技术,专利权人便失去了相应的经济利益。

此外,专利权与标准化之间也存在矛盾的统一性,尤其是在移动通信终端等高科技领域。从客观上看,专利与标准在推动创新成果的应用和传播、促进技术创新的目的上具有一致性。③ ITU 指出将专利技术纳入标准之中可以提高技术性能、成本效益、连通性;并且在这种领域中绝大部分技术都已被专利权所保护,竞争者生产此类商品必然要实施这些专利,将其纳入标准能够减少创新研发的成本,更有利于资源的有效配置。④

从主观上看,专利权人不会反对其所拥有的专利进入强制性标准,因为推动所拥有的专利进入强制性标准的益处要显著大于害处,因此基于经济学上理性人的私利性原理,竞争者推动其专利技术进入标准几乎是必然的。第一,如

---

① [美]保罗·萨缪尔森、[美]威廉·诺德豪斯:《经济学》(第16版),萧琛等译,华夏出版社1999年版,第268页。

② 参见冯晓青主编:《知识产权法》,中国政法大学出版社2015年版,第184页。

③ 参见姚洪军:《论标准与专利的关系》,载《法治论丛》2010年第2期。

④ ITU. Understanding Patents, Competition & Standardization in an Interconnected World. At 51 – 52 [EB/OL], https://www.itu.int/en/ITU-T/Documents/Manual_Patents_Final_E.pdf, Accessed Jan. 30, 2021.

果将生产某种产品或提供某种服务所需要的所有技术看作一个市场,某项专利被纳入标准后便突破了原本该市场竞争的限制,取得相对于其他竞争技术的绝对优势地位,为专利权人带来更大的专利许可费收益;同时,在技术密集型产业领域,标准的相对稳定性能延长一项专利技术在新旧技术快速更替环境下占据优势地位的时间,延长其垄断地位的红利期。第二,随着科技进步,一种商品所涉及的必要专利越来越多且被不同的专利权人掌握。专利交叉许可与专利池的出现有效降低了谈判成本,提高了生产稳定性。第三,推动其专利技术标准化,可以使行业发展方向朝着专利权人所擅长的领域偏转,同时在其他竞争者根据标准调整生产技术时获得相对竞争优势。因此专利权人有推动其专利进入标准的动机,在其专利进入标准之后也必然有扩大专利权收益的动机。为实现其私利性目的,除了滥用市场支配地位之外,还可能涉及经营者集中的问题,竞争者可能通过经营者集中的方式获得其他经营者已经是标准必要专利的专利权;竞争者可能通过与其他标准必要专利的专利权人之间的合同安排形成专利联营等。

综上所述,当一项技术专利进入强制性标准,便不可避免地要被其他主体所实施,专利权作为一种私权利进入公共产品领域这一过程,使得标准必要专利具有天生的复杂性。

### (二)经营者集中的创新损害问题

如前所述,竞争作为市场机制中的重要组成部分,具有提升效率的作用。竞争不仅带来较低的价格、较高的质量等静态效率,也会带来技术进步、新产品研发等动态效率。[①] 从另一个方面来说,竞争者受到的竞争压力的变化除了会影响价格和产量外,也会带来创新动力的变化。同时,在市场经济体制下,企业合并也是价格、竞争机制发挥作用的一个重要表现,是市场机制资源配置的必然结果。

---

① Kathuria V., *A conceptual Framework to Identify Dynamic Efficiency*, European Competition Journal,2015,11(2/3):319-339.

经营者集中与创新二者间互动关系为何,经营者集中如何影响创新,一直是经济学界热议的话题。熊彼特(Joseph Schumpeter)的持续创新与“创造性破坏理论”(creative destruction)认为,市场中更少的竞争会增加创新者的预期收益,从而导致更多的创新;以阿罗(Kenneth Arrow)为代表的另一派观点认为竞争带来更多的创新,因为处于竞争压力下的企业更有通过创新增加竞争优势的动力。① 夏皮罗(Carl Shapiro)观察到这两种理论均认可可竞争性的市场能够促进创新;对知识产权的保护提升创新的动力;研发所需的互补性资源整合,即协同性的提高将提升创新能力。②

笔者认为,由于经营者集中本身可能涉及竞争者数量的变动、市场地位的变化、资源的整合等不同层面的问题,经营者集中对创新的影响是综合性的,不能贸然进行单一性判断。但这种争议至少使我们注意到反垄断法在维护竞争的同时也不能阻碍创新,要实现竞争与创新之协调。③ 虽然有“知识产权制度和强有力的反垄断执法都能促进创新”④的说法,但经营者集中对创新的影响也并不一定是负面的,要进行具体分析。第一,经营者集中会使竞争者数量减少,但竞争者数量整体减少后,单一竞争者通过技术创新获得的相对竞争优势就更大,也更显著,因此市场对于竞争者创新的激励作用就更强。第二,经营者集中会使得竞争者获得更有利的市场地位,并带来更大的收益和更低的竞争压力,其通过创新提升竞争力的动力会下降。但同时也为竞争者利用其优势市场地位主导标准的制定,形成更大竞争优势甚至市场支配地位提供了更具可能性的平台。第三,经营者集中是市场机制发挥资源配置作用的结果,其势必带来创新资源的交互流动,使得集中后的企业获得更全面的科研资源、更强的创新研

---

① 参见《〈欧盟合并控制与创新〉竞争政策简报》,韩伟、高雅洁译,载《竞争政策研究》2019 年第 2 期,原文为欧盟委员会 2016 年 4 月发布的一份讨论合并反垄断审查中的创新问题的“竞争政策简报”(Competition policy brief)。

② 参见郭玉新:《欧盟合并控制竞争执法中创新损害问题研究》,载《科技进步与对策》2021 年第 4 期。

③ 参见王先林:《反垄断法与创新发展——兼论反垄断与保护知识产权的协调发展》,载《法学》2016 年第 12 期。

④ Anne K. Bingaman, *The Role of Antitrust in Intellectual Property*, https://www.justice.gov/atr/speech/role-antitrust-intellectual-property, Accessed Feb. 14, 2021.

发能力。但是这种互补性资源交换的内部化也会使其他竞争者失去谈判的机会,降低其他竞争者的创新能力。

综合而言,经营者集中对于创新的影响不一定是绝对负面的,应当结合具体情况至少从包括竞争者数量的变动、市场地位的变化、资源的整合等多个方面加以分析,对受审经营者集中对创新的影响进行全局性判断。

### (三)标准必要专利与消费者权益保护的张力

对标准必要专利经营者集中的弹压体现着对专利权人的保护力度,而专利权与消费者权益之间本身又存在一定的紧张关系。专利制度的设计本身就是社会公益与私人利益相互妥协的一种安排,专利权人获得一定时间、一定地域范围内的独占的实施权利,并基于此获得经济利益,同时在该段时间过后该项技术便进入公共知识领域,以促进技术进步,推动产品迭代更新。同时,对专利权的保护在短期抑制社会公益,但其目的在于"促进技术知识的生产者与使用者互利,并促进权利义务的平衡"①,最终能够激励社会上的发明创造热情,推动整体科技水平的进步,在较长的时间尺度上有利于实现社会公益。

而标准化的专利与消费者权益之间的内在张力更为隐秘。行业标准的形成有利于提升产品的综合质量,通过降低技术成本降低产品价格,有利于保护消费者的权益。但是,专利的标准化也会阻碍其他产品进入市场的途径,减少产品的多样性,并且生产者更倾向于优先满足大型买家和卖家的利益,这又将对消费者权益产生负面影响。②

因此,考察涉及标准必要专利的经营者集中规制问题时,要对所要保护的法律价值进行阐明,其中消费者权益和专利权本身就有方向上的区别,而就其中非常重要的消费者权益而言,又存在短期利益和长期利益的矛盾性。

---

① 《与贸易有关的知识产权协定》(Agreement on Trade-Related Aspects of Intellectual Property Rights,TRIPS)第7条。

② 参见广东省高级人民法院知识产权审判庭:《通信领域标准必要专利法律问题研究》,知识产权出版社2020年版,第15页。

## 二、标准必要专利经营者集中反垄断审查的考量因素

### (一)单边效应

单边效应(the unilateral effects)的概念由 Salant、Switzer 和 Reynold 在 1983 年正式提出,[①]其所谓的“单边”是与协调效应(Coordinated Effects)相对应的,后者是指企业间的横向合并引起其他企业改变经营策略,导致经营者之间的某种“协调”或者默契。单边效应则是指合并后的企业与其他企业不协调彼此行为,各自追求自身利益,常常表现为合并后的企业降低产量、增加价格、减少新产品或新种类的投入,等等。[②] 1992 年,美国司法部和 FTC 联合发布的《横向并购指南》中引入了单边效应的概念,将其定义为“合并会减少两个市场主体之间的竞争,从而实质性地削弱有效竞争的情况”[③]。在传统的经营者集中审查中,参与横向并购的企业占据多大的市场份额是美国反垄断法审查的核心,其据此判断是否会引发单边效应,形成无须顾忌其他竞争者便可通过单方面行为排除、限制竞争的影响力。而加入标准必要专利的因素后,经营者集中带来的单边效应的危险性将大大增加。

2012 年 FTC 在博世(Bosch)公司收购斯必克(SPX)公司的案件分析报告中就提出了这一问题,并为博世公司的收购设立了条件:必须剥离其空调回收、修理、充电(ACRRR)产业,交由 Mahle Clevite 公司;终结一切限制 SPX 竞争者在美国市场广告、服务、配送或售卖任何“ACRRR”产品能力的协议;许可为遵

---

① See Salant S W, Switzer S & Reynold R J, *Losses from Horizontal Merger: The Effects of an Exogenous Change in Industry Structure on Cournot-Nash Equilibrium*, Quarterly Journal of Economics, 1983, 98(2): 185 – 199.

② 参见张兴:《横向合并单边效应的识别:一个评述》,载《产业经济评论》2011 年第 1 期。

③ The U. S. Department of Justice and the Federal Trade Commission, Horizontal Merger Guidelines, Issued on August 19, 2010, http://www.justice.gov/atr/horizontal-merger-guidelines – 08192010, Accessed Feb. 1, 2021.

守 SAE International 建立的两项行业标准所可能涉及的专利实施。[①] 因为 FTC 考虑博世对斯必克的收购将为其创设“ACRRR”设备市场上的显著垄断地位（virtual monopoly）。斯必克旗下品牌 Robinair 占据“ACRRR”设备超过 80%的市场，博世旗下品牌占据约 10%，是前者的主要竞争者，且此二者掌握该行业众多的标准必要专利。在完成收购后，二者间的直接竞争将被消除，FTC 担心博世将因此实施提高价格、减缓创新或降低服务质量等单边行为，或利用标准必要专利对行业进入造成阻碍。又如，在诺基亚公司收购阿尔卡特朗讯公司股权案的经营者集中反垄断审查中，[②]我国商务部明确将“通信技术标准必要专利许可”作为本案审查中认定的相关市场之一。具体而言，商务部认为该集中增加了诺基亚 2G、3G 和 4G 标准必要专利的持有份额，增强了通信标准必要专利市场的集中度，可能导致其滥用权利，如拒绝许可、过高收取许可费或进行歧视性许可等，扭曲下游市场的有效竞争；而其他竞争者对该部分标准必要专利依存度极高，无法进行相对制衡，综上，其有较大的导致单边效应的危险，“对无线通信标准必要专利许可市场可能具有排除、限制竞争效果”，因此决定予以附加限制性条件批准。

### （二）封锁效应

相对于在横向合并反垄断审查中较为重要的单边效应，纵向合并中表现为封锁效应。市场封锁是指纵向并购使得实际或潜在对手在获取原材料或市场通路方面受到限制，削弱对手参与竞争的能力和动机，从而使并购方能够有利可图地提高价格，进而严重损害竞争的情形。[③] 但从另一方面讲，纵向合并对竞

---

① See Robert Bosch GmbH: Analysis of Agreement Containing Consent Orders to Aid Public Comment, File no. 1210081 (F. T. C.), https://www.ftc.gov/sites/default/files/documents/cases/2012/12/121203robertboschfrn.pdf, Accessed Feb. 2, 2021.

② 《商务部公告 2015 年第 44 号　关于附加限制性条件批准诺基亚收购阿尔卡特朗讯股权案经营者集中反垄断审查决定的公告》，载 http://www.mofcom.gov.cn/article/b/c/201510/20151001139748.shtml，最后访问日期：2021 年 2 月 2 日。

③ 参见田明君：《纵向并购的市场封锁效应与反垄断政策研究》，载《产业组织评论》2014 年第 3 期。

争也可能产生积极作用，比如通过交易的内部化降低生产成本，进而降低产品价格，鼓励竞争。[①] 在混合合并的情况中则更为复杂，可能会提高潜在竞争者进入相关市场的壁垒，获得或增强对相关产品或服务市场的控制力。[②]

由于标准必要专利的不可替代性，纵向合并中的其他经营者无法寻求替代方案或要负担极高成本，这大大增加了其他竞争者受到技术锁定的危险，[③]纵向合并与混合合并中，标准必要专利对企业影响竞争的能力和动机的增幅更强。以我国近几年商务部对非横向合并案件的审查为例，在2012年谷歌公司收购摩托罗拉移动公司案中，商务部认为“谷歌将有可能仅选择摩托罗拉移动作为(安卓系统的)测试对象。谷歌对移动智能终端制造商的差别待遇将扭曲该市场的竞争，使……其他终端制造商处于不利的竞争地位”[④]，并且在获得摩托罗拉所拥有的若干智能终端制造的核心技术专利后，谷歌可能借助其“强大的软硬件开发和集成能力”，对市场竞争造成损害。在2014年美国微软公司收购芬兰诺基亚公司设备和服务业务(Devices & Services Business)案[⑤]中，商务部指出作为操作系统领域有力竞争者的微软进入移动终端制造领域后，“此前微软为推广其移动智能终端操作系统而对智能手机制造商的依赖程度降低”。“微软有动机通过提高其他智能终端制造商的专利使用费来提高竞争对手成本”，因而于市场竞争不利。2015年，在前述诺基亚收购阿尔卡特朗讯案中，商务部充分考虑涉及标准必要专利的纵向合并会对市场进入产生更大影响，明确指出“持有通信标准必要专利的权利人，在该特定标准设置方面，具有对该标

---

① 参见杜志华、蔡继祥：《欧盟并购控制效率抗辩问题研究》，载《武汉大学学报(哲学社会科学版)》2011年第4期。

② 参见李键、王超武：《ICT行业中涉及标准必要专利经营者集中反垄断的策略选择》，载《重庆理工大学学报(社会科学版)》2018年第10期。

③ 参见王晓晔、丁亚琦：《涉及标准必要专利的经营者集中控制》，载《华东政法大学学报》2016年第6期。

④ 《商务部公告2012年第25号关于附加限制性条件批准谷歌收购摩托罗拉移动经营者集中反垄断审查决定的公告》，载 http://www.mofcom.gov.cn/aarticle/b/c/201205/20120508134325.html，最后访问日期：2021年2月4日。

⑤ 《商务部公告2014年第24号关于附加限制性条件批准微软收购诺基亚设备和服务业务案经营者集中反垄断审查决定的公告》，载 http://www.mofcom.gov.cn/article/b/e/201404/20140400542508.shtml，最后访问日期：2021年2月2日。

准使用的控制权，当这个标准构成进入障碍时，该权利持有人可以控制该标准相关的产品和服务市场”。执法实践中，对于非横向合并的反垄断审查中越发重视对封锁效应的审查，尤其是对涉及标准必要专利的情况，执法机构往往更为慎重。

### （三）消费者权益导向

此外，对非横向合并的审查逐渐呈现以效率取代单纯竞争秩序为价值导向的趋势。如前所述，非横向合并比横向合并更为复杂，其与效率的关系是综合性的。

欧美的经营者集中审查实践发展均呈现对消费者福利、市场效率的重视。欧盟历来将市场效率、科研创新和消费者权益保护作为反垄断执法的重要目标。其2008年发布的《关于控制企业集中的非横向指南》①采用三步法，从合并后企业封锁竞争对手的能力、动机和总体影响三个方面进行考察分析，并将消费者权益保护作为重点切入角度，也即以消费者权益来衡量纵向合并对市场效率的影响。美国反垄断执法机构的审查思路则经历了一个转变的过程，在Brown Shoes与Kinney之间的混合合并一案的裁决中，美国经营者集中审查的思路受到了批评，有学者总结了四个主要的理由②。一是纵向合并后的企业仍需根据成本和需求情况决定两级产品的产量；二是在产品使用比例可变的情况下，即使按固定比例安排两级产品产量，对市场的封锁效应也是有限的；三是纵向合并后其他竞争者和消费者会重新形成供求关系，封锁效应是暂时的；四是纵向合并后的企业降低了生产成本，从而降低价格将有利于消费者。另外，在前述我国商务部审查的微软收购诺基亚和谷歌收购摩托罗拉等案件的审查决定中，也都将消费者权益作为审查论证中的重要因素。

---

① Guidelines on the assessment of non-horizontal mergers under the Council Regulation on the control of concentrations between undertakings [EB/OL], http://ec. europa. eu/comm/competition/mergers/legislation/nonhorizontal-guidelines. pdf, Accessed Feb. 17, 2021.

② 参见黄庆余：《纵向并购的反垄断问题研究》，载《重庆理工大学学报（社会科学版）》2020年第2期。

由于标准必要专利使得经营者集中对市场的影响能力更强，加之前述专利权制度的特点所决定的专利权人自肥倾向，以及专利制度中专利权人个人利益与社会公益的矛盾关系，笔者认为，在涉及标准必要专利的经营者集中审查中，更应强调以消费者权益作为价值导向的思路。

## 第三节　标准必要专利经营者集中的救济方式研究

如前文所述，大多数国家或地区在反垄断法中建立了经营者集中申报制度，要求达到规定标准的经营者必须向反垄断执法机关进行申报，包括大多数采取的事前申报制度和少数实行的事中申报制①，在反垄断执法机构接到竞争者申报的材料后，要进行该经营者集中是否会排除、限制相关市场竞争的判断。如前文所述，FTC在博世公司收购斯必克公司等案审查中，明确注意到标准必要专利因素的加入将扩大经营者集中对市场影响的程度，我国商务部在诺基亚公司收购阿尔卡特朗讯公司案、谷歌公司收购摩托罗拉公司案中更是明确以“标准必要专利市场”作为相关市场。本节不再赘述相关市场的界定问题，将对经营者集中的救济方式进行分析，并为涉及标准必要专利的特殊性问题寻找更合适的破解思路。

### 一、两种方式：结构性救济与行为性救济

通常而言，反垄断执法机构对经营者集中会做出禁止、许可和附加限制性条件许可三种处理。其中，因附加限制性条件许可能够兼顾对市场机制自由运行、竞争者意思自治、市场竞争秩序和公共利益的保护，其最为常见。有学者统计：欧盟1994年至2003年平均做出禁止合并处理案件的比例为1%，而这一比

① 参见丁茂中、林忠：《经营者集中控制制度的理论与实务》，复旦大学出版社2012年版，第15页。

例在2004年至2008年降至0.1%。[①] 限制性条件又可根据其作用方式不同进一步分类，我国商务部将限制性条件分为结构性条件、行为性条件和结构性条件和行为性条件相结合的综合性条件。

## (一)结构性救济

结构性救济是指能够即时且永久地改变市场结构，且不需要中长期监督的一种救济类型，[②]比如剥离有形资产、知识产权等无形资产或相关权益等。结构性救济的思路主要是通过剥离，要求经营者将在相关市场开展有效竞争所需要的业务出售给买方，能够防止集中后企业获得市场支配地位，从而有效保护竞争。由于结构性救济能够根本性改变市场结构，无须花费后续监管的成本，在横向合并中反垄断执法机构经常采取结构性救济措施。传统意义上的剥离主要是有形资产的剥离，而在涉及知识产权的场合，参与集中的经营者可能并不进行有形产品的生产，而是单纯以许可专利权的实施作为业务，集中对有形产品相关市场影响不大，[③]此时反垄断执法机构则会着重要求对知识产权进行剥离。例如2011年，由美国微软公司组织的CPTN控股有限责任公司(CPTN Holdings LLC)收购Novell公司(Novell Inc.)的882项技术专利，EMC(CPTN的联合成立者之一)被要求放弃33项由Novell公司掌握的与虚拟化软件相关的专利权及其应用，美国司法部反垄断局表示将继续监督所购的专利在CPTN公司的成员间分配的问题，以防止其分配结构对创新和竞争不利。[④] 基于成本

---

① 参见刘武朝：《标准必要专利与经营者集中附加限制性条件》，载《工业技术创新》2014年第3期。

② 参见袁日新：《经营者集中救济类型位阶性的理论反思》，载《法律科学(西北政法大学学报)》2016年第2期。

③ 参见刘武朝：《经营者集中附加限制性条件制度研究：类型、选择及实施》，中国法制出版社2014年版，第40页。

④ Press Release, U. S. Department of Justice, CPTN Holdings LLC and Novell Inc. Change Deal in Order to Address Department of Justice's Open Source Concerns, Apr. 20, 2011, https://www.justice.gov/opa/pr/cptn-holdings-llc-and-novell-inc-change-deal-order-address-department-justices-open-source, Accessed Feb. 9, 2021.

效益的考量，许多学者认为结构性救济是原则性适用的救济方式。[①] 但是，对于纵向合并与混合合并而言，结构性救济会遇到逻辑上的困境。一方面，参与合并的企业涉及产业链多层级时，并不一定在二者间存在有竞争关系的相关市场，更不会出现实施结构性救济的逻辑前提：市场结构的过度集中。另一方面，若仅将经营者间不产生重叠的部分业务剥离，获得该部分业务的经营者或因专业度不足而无法获得令人满意的生产效率；若将产生重叠的部分业务剥离，仍然难以解决纵向合并带来的封锁效应。

## （二）行为性救济

行为性救济是指通过附加一定的行为性条件，要求经营者做出一定的行为或承诺，保证合并后不做出对市场竞争有负面影响的行为，比如开放网络或平台等基础设施、许可关键技术（包括专利、专有技术或其他知识产权）、终止排他性协议等。[②] 行为性救济有多种作用机制，如开放基础设施等措施是通过提升其他竞争者的竞争力以促进有效竞争，控制产品价格等禁止性措施是旨在降低集中对竞争的损害程度。

在涉及标准必要专利的经营者集中案件审查中，各国反垄断执法机构常要求经营者做出 FRAND 承诺和不得滥用禁令救济承诺，或要求其实施强制许可。比如在前述博世（Bosch）公司收购斯必克（SPX）公司案中，FTC 附加的限制条件中要求博世公司承诺许可为遵守 SAE International 建立的两项行业标准所可能涉及的专利实施，以保证市场竞争秩序以及市场准入条件。在欧盟法中对此也称为“进入救济”（Access Remedies），也即通过保证其他竞争者有机会进入相关市场来防止垄断。但行为性救济的缺点在于保证经营者在合并后履行承诺的监管成本高，风险性大，因此各国传统上普遍仅将行为性救济作为结构性救济的补充手段。而在涉及标准必要专利的经营者集中问题下，以 FRAND 承诺和不得滥用禁令救济承诺为代表的行为性救济则更为多见，这一点在前文谷歌

① 参见臧俊恒：《合并救济措施类型化研究》，载《经济法论丛》2017 年第 1 期。
② 参见臧俊恒：《合并救济措施类型化研究》，载《经济法论丛》2017 年第 1 期。

收购诺基亚、微软收购摩托罗拉、CPTN 收购 Novell 等案中均有体现。

## 二、强制许可制度

在涉及专利权的反垄断问题中,许多学者尝试从专利法与反垄断法的互动这一角度切入,从多个方面提供解决方案,比如专利法上的强制许可制度。在滥用市场支配地位规制中遇到涉及标准必要专利的拒绝许可行为时,适用强制许可制度已逐渐成为各法域执法机构的共识,学界对其理论基础、现实需求和法律依据已有诸多讨论。①

### (一)关键设施原则

形成这一共识的重要基础是"关键设施原则",其肇始于美国 20 世纪初的铁路终端案②,关键设施原则是指当某个上游市场占主导地位的经营者掌握下游经营者生产所必需且不可复制的设施时,其有义务让下游经营者以适当的对价使用该设施,以避免限制竞争。③ 对于必需设施原则,也有反对观点认为企业的意思自治和私权受法律保护,可能降低创新对企业的激励作用等等。但如前所述,经济法的法律价值与民法不同的是其对实质公平和社会效益的关注。一方面,对标准必要专利实施强制许可,能够带来许可费的收入,增加经营者的经济效益,不仅不会贬损反而有利于其专利权经济价值的实现。另一方面,优势技术的标准化,能够促进生产某一产品的社会必要劳动时间缩短,或提高其产品质量,不仅有利于消费者权益保护,也会促进社会整体生产效率的提高,对社

---

① 参见罗蓉蓉:《论标准必要专利拒绝许可行为的规制——兼谈〈专利法〉第 48 条第 2 款强制许可的适用》,载《时代法学》2020 年第 3 期。

② 224 U. S. 383 (1912) and 236 U. S. 194 (1915), quoted from David Reiffen, Andrew N. Kleit, *Terminal Railroad Revisited: Foreclosure of an Essential Facility or Simple Horizontal Monopoly*, Journal of Law& Economic, Vol. 33, Issue 2 (October 1990), p. 419 – 438.

③ 参见林平、马克斌、王轶群:《反垄断中的必需设施原则:美国和欧盟的经验》,载《东岳论丛》2007 年第 1 期。

会整体的创新而言是具有积极作用的。1997 年的柯达案[①]中,柯达公司拒绝向一些相机维修商提供柯达设备的零部件,美国法院认为柯达公司对其设备和技术具有权利,但其行使知识产权不得损害下游产业竞争者的利益。而欧盟自 1974 年的“商业溶剂案”[②]开始,也将必要设施原则吸纳进了反垄断案件的处理中。

标准必要专利的加入使必要设施原则的条件更易满足,更易导致滥用市场支配地位的情况。一项经营者集中一旦涉及标准必要专利,自然出现某一经营者控制了生产某一产品所必须的技术条件的情况,而其他竞争者无法或极难通过自主研发获得这一技术,且这一技术又是为产品标准所要求的,具有必要性。此时若该专利权人占据行业支配地位,便极易满足美国法院在 MCI 公司诉美国电话电报公司案[③]中确立的四条判断标准,涉嫌滥用市场支配地位。于是,反垄断执法机构往往通过专利法中强制许可的方式使得其他经营者能够平等地利用该技术,以恢复市场竞争秩序。

### (二)经营者集中规制适用强制许可的合理性分析

与滥用市场支配地位不同的是,经营者集中规制是一种事前审查的方式,似乎面临缺乏实施强制许可的论证基础,但笔者认为强制许可制度同样可以作为经营者集中规制的一种方式。欧盟在经营者集中规制措施中有“被许可方前置”(up-front licensee)或“先行许可”(fix-it-first)的方式,前者是指在合并完成之前确定适当的被许可人,后者是指要求合并前完成许可,都是在合并方被要求剥离某项知识产权,又必须使用该知识产权,但被许可方存在不确定性时,确保许可的完成和有效性的方式。[④] 这两种方式提供了一种在事前审查阶段提前要求合并企业履行承诺行为的思路,一定程度上填补了行为性救济的短板,一

① Image Technical Servs. v. Eastman Kodak Co. ,125 F. 3d 1195,1215 - 1216 (9th Cir. 1997).

② Joined cases 6 and 7 - 73, Istituto Chemioterapico Italiano S. p. A and Commercial Solvents Corporation v. Commission of the European Communities,[1974] ECR223.

③ MCI Communications v. American Tel& Tel Co. ,708 F. 2d 1081,1132 - 33 (7th Cir. 1983).

④ 参见金美蓉:《论经营者集中救济措施中的知识产权许可》,载《中外法学》2017 年第 1 期。

定程度上降低了事后监管的成本。

结构性救济与行为性救济各有所长，实践中各个国家、地区往往因反垄断法立法目的的差别而各有侧重。[①] 我国发布的《关于知识产权领域的反垄断指南》将“知识产权许可”列为经营者集中规制的“行为性条件”之一。[②] 但根据许可的方式、期限的不同，其既有可能属于行为性救济，也有可能被归为结构性救济或综合性救济。比如当强制许可为独占方式，无期限的许可时，该专利权的经济价值便不再为专利权人所享有，而是为被许可人享有，此时可视为是将该专利权及其相关业务从合并企业中剥离。强制许可作为行为性救济的方式之一，具有针对性更强、灵活性更强的优势，且其效果是可逆的；同时由于其具备结构性救济的刚性潜质，如通过强制许可在事前审查阶段落实合并方承诺的履行，也兼具监管成本低、效果稳定的优势。

在当前科技进步日新月异的时代下，尤其是在技术密集型行业，一项技术占据行业先进、作为行业标准的时间越来越短，权利人的数量及实力剧烈变化，越来越多的企业参与到标准必要专利的申请获得过程中。[③] 以强制许可代替剥离，给新技术的产生提供了基础平台，同时也避免了不断对新的标准必要专利进行剥离操作的烦琐。同时，不同行业的技术密集程度不同，技术成本在产品生产总成本中的比例也不同，强制许可能够在更大的尺度上选择许可的方式、期限、价格等等，相较于剥离而言，应对不同具体情况的灵活性也要更强。

最后，强制许可制度的引入能够给反垄断执法带来更多的外部资源。标准必要专利的专利权人和其他竞争者之间的问题本质上是专利许可费的确定问题，知识产权法专利制度的专业性使其更擅长解决这一问题。在争议解决上，强制许可制度可以通过合同的方式在合并方与反垄断执法机构、知识产权管理机构、其他竞争者或行业协会之间搭建。通过在合同中约定争议解决方式，可

① 参见方小敏、朱一飞：《欧美企业集中事前申报制度比较研究》，载《环球法律评论》2006 年第 5 期。

② 参见国务院反垄断委员会《关于知识产权领域的反垄断指南》（国反垄法〔2019〕2 号）第 24 条。

③ 参见广东省高级人民法院知识产权审判庭：《通信领域标准必要专利案例法律问题研究》，知识产权出版社 2020 年版，第 48 页。

以使在面对后续问题时有更丰富的救济途径可供选择。作为合同的当事方,其他竞争者、行业协会等主体也能够作为或横向或纵向的监督者,形成对反垄断行为的全方位监管,减轻反垄断执法机构的后续监管压力。①

综上所述,在涉及标准必要专利的经营者集中规制中适用强制许可制度不仅具有合理性,还具有一定的内在优势。

### (三)强制许可的条件

强制许可的条件包括许可费率、支付方式、许可方式等。《关于知识产权领域的反垄断指南》采用了"合理的许可使用费"②的表述,要求经营者说明许可费率的计算方法、支付方式、公平的谈判条件和机会等。欧盟的做法是根据相关知识产权的市场价格、成本和利润综合确定许可费率。笔者认为,由合并方提出并说明许可费率和支付方式的方案,由行业协会或经营者代表根据成本和利润参与谈判,最终由反垄断执法机构确定方案更为妥当,既能充分尊重市场主体的意愿,也能形成相对科学合理的方案。关于支付方式,主要有一次性事前支付和根据销售计算提成两种方式。美国更倾向于前者,③因为考虑到提成会增加其他竞争者的生产成本,仍存在排除、限制竞争的情况,且会导致许可方和被许可方之间形成利润关联,不利于形成正常竞争关系。④ 但笔者认为,后一种考虑是不必要的,因为企业之间存在的利润关系已通过强制许可的方式固定,并不会导致排除限制竞争。被许可方销量增加后通过提成转化为的许可方收益通常不会大于许可方直接销售所获之利润,这决定了许可方不会因此降低竞争动力,被许可方由于经营成本提高也将通过增加销售量及加大创新力度来谋求新的相对竞争优势。而前一种担忧中,被许可方生产成本的增加并不是强制许可制度带来的,而是知识产权制度对智力成果的保护所必然引发的。⑤ 许

① 参见蒋悟真:《反垄断法中的公共利益及其实现》,载《中外法学》2010 年第 4 期。

② 国务院反垄断委员会《关于知识产权领域的反垄断指南》第 24 条第 4 项。

③ U. S. Department of Justice, *Antitrust Division Policy Guide to Merger Remedies*, June 2011, p. 11.

④ 参见金美蓉:《论经营者集中救济措施中的知识产权许可》,载《中外法学》2017 年第 1 期。

⑤ 《专利法》第 12 条规定任何单位或者个人实施他人专利的,应当与专利权人订立实施许可合同,向专利权人支付专利使用费。

可方通过技术研发获得专利技术，形成相对竞争优势是市场规律的正常表现。而如果技术本身的优越性导致其成为标准必要专利后，将引发所获收益减少的后果，则反而会抑制企业研发高精技术的动力。况且，一次性支付一定数额的许可费时，由于不易判断标准必要专利更新换代的时间，所以往往很难确定具体数额，更易产生纠纷；相反，如以提成方式计算则更能激励其他竞争者的技术创新。

强制许可的条件是由各国反垄断法的立法目的所决定的。如前所述，许可费率和支付方式的选择将影响许可方和被许可方之间的利益平衡。一国反垄断法的立法目的更偏向市场效率还是竞争秩序，从根本上决定着强制许可条件的确定。强制许可的条件应与经营者集中的负面影响相适应。每一个具体的经营者集中案例的情况都不尽相同，面对不同的市场结构、准入门槛应调整强制许可的条件，使其能够平衡经营者集中所带来的负面影响。

# 第六章　标准必要专利禁令救济的反垄断规制研究

## 第一节　标准必要专利禁令救济

### 一、禁令救济的法理基础

#### （一）禁令救济的含义

禁令救济（injunctive relief），又被称为“禁止令”“禁制令”，是指法院或有关部门签发的要求当事人做某事或某行为或者禁止其做某事或某行为的命令。禁令制度发源于罗马法，过去是指行政长官在经过短暂调查的情况下，为保护权利人向特定当事人发出禁止令。① 随后该制度在英美法系发展为衡平法上的救济手段，当普通法上对某种损害行为不能提供充分的救济时，便可以寻求禁令来作为补救措施。大陆法系与之对应的是停止侵害救济，虽表述不同但本质上并无区别。

从广义上讲，禁令的内涵是禁止被告为一定行为，因此实践

---

① See Raack & David W, *A History of Injunctions in England before 1700*, Indiana Law Journal, Vol. 61 : Iss. 4, Article 1 (1986).

中在刑事诉讼案件和民事诉讼案件中都有适用,前者往往是因某些形式的不法行为无论对受害者个人还是社会而言都具有较大危害,基于公共规则的考量而发布的禁令,而后者通常是为了实现实质正义,弥补损害赔偿的不足。① 但鉴于本书的焦点是标准必要专利,因此对禁令救济的论述主要限于民事诉讼领域。

在传统的民事纠纷救济中,损害赔偿是主要的救济方式,禁令救济仅具有附属性,但是在知识产权领域中,鉴于权利客体的无形性和易复制性,禁令救济成为权利人保护知识产权免受继续侵害的重要工具。禁令救济一直以来也被誉为专利权人的核心权利之一,在维护专利独占性方面发挥了积极作用,因此历来被各国专利相关法律所重视。例如美国《专利法》第 283 条规定,为了防止专利侵权,法院可以在衡平救济原则的指导下授予禁令。② 再如德国 2011 年修改后的《专利法》指出,如果专利侵权有再次发生的风险,受害方可以对违反第 9 ~ 13 段使用专利的任何人提起禁令诉讼。③ 除了国家专利法的相关规定,一些权威性的国际组织也对禁令救济进行强调,如 1995 年《与贸易有关的知识产权协定》第 44 条规定“司法当局有权命令一方停止侵权”;再如欧洲议会和理事会发布的关于实施知识产权的第 2004/48/EC 号指令中提到,应知识产权权利人的请求,法院可以对被控侵权人发布永久性禁令,禁止侵权人继续侵犯涉及利益的知识产权。④

### (二)禁令救济的类型

专利侵权纠纷的解决过程中,涉及的禁令可分为两种:一种是临时性禁令(contemporary injunction),有时也被称为初步禁令(preliminary injunction),该类禁令往往在案件未经过实质审理时发布,属于民事诉讼法中的行为保全制度范畴;另一种是永久性禁令(permanent injunction),这类禁令由法庭基于调查结

---

① See Anthony Ogus & Louis Visscher, A Law and Economics Perspective on Injunctive Relief, p. 2, https://www.researchgate.net/publication/239850483.

② 35 U.S.C. § 283: Courts "may grant injunctions in accordance with the principles of equity to prevent the violation of any right secured by patent, on such terms as the court deems reasonable."

③ Patentgesetz, BGBl. (2011) I, p. 2302.

④ Directive 2004/48/EC of the European Parliament and of the Council of 29 April 2004 on the enforcement of intellectual property rights [2004] L157/70.

果认定被告成立侵权之后发布，旨在防止被告在专利权的剩余保护期内再次侵权。[①] 通常情况下，未能遵守永久性禁令的一方将面临刑事或民事处罚，包括经济制裁甚至监禁，也有可能被指控蔑视法庭。

我国专利相关的法律制度中，对两种类型的禁令均有规定。正如上文所说，大陆法系国家往往采用与“禁令”一词具有类似效果的“停止侵权”来表达。比如我国《专利法》第 65 条规定“……管理专利工作的部门处理时，认定侵权行为成立的，可以责令侵权人立即停止侵权行为……”该条款就属于永久性禁令。而《专利法》第 72 条则对诉前停止侵权进行了规定，[②]这里的诉前停止侵权就对应英美法系中的临时禁令。这表明为了防止侵害行为及后果的进一步扩大，专利权人可以在符合条件时于诉前寻求临时性禁令救济。在本书探讨的标准必要专利相关的禁令救济中，既涉及侵权诉讼过程中的临时性禁令，也涉及侵权成立之后法院发布的永久性禁令，但大多指后者。

### (三)法理基础

1. 损害赔偿的不充分性

一般财产权受到侵害时，若无法使财产恢复原状，权利人往往通过金钱赔偿的救济方式就可以弥补自己的损失。而知识产权不同于一般财产权，鉴于知识产权客体的无形性和易复制性，[③]侵犯知识产权的行为往往较难被察觉且无法仅仅通过金钱赔偿被永久杜绝。当一项技术获得了专利后，该技术的内容已被公众所知悉，若有市场主体在未经专利权人许可的情况下使用该专利生产产品，尽管专利权人可以通过侵权诉讼要求专利侵权人赔偿其经济损失，但仅仅依靠损害赔偿救济很难保证专利侵权人再也不会从事侵犯专利权的行为。有时，被控侵权者被法院判定侵犯有效专利后，拒绝支付法院规定的损害赔偿金，

---

① 参见吴汉东主编：《知识产权法》，法律出版社 2011 年版，第 199—200 页。

② 《专利法》第 72 条规定“专利权人或利害关系人有证据证明他人正在实施或者即将实施侵犯专利权、妨碍其实现权利的行为，如不及时制止将会使其合法权益受到难以弥补的损害，可以在起诉前依法向人民法院申请采取财产保全、责令作出一定行为或禁止作出一定行为的措施”。

③ 参见丁亚琦：《论我国标准必要专利禁令救济反垄断的法律规制》，载《政治与法律》2017 年第 2 期。

或者被控侵权者面临濒临破产等财务困境，无力支付债务，抑或被控侵权者所在的司法辖区无可供执行损害赔偿的财产，即使法院判定侵犯专利权成立，专利持有人也很难得到金钱赔偿，这些情形下损害赔偿的不充分性就会减损社会福利。鉴于侵权救济的目的是使受侵害的权利恢复原状，当损害赔偿在这方面的作用非常不完美时，就应下达禁令。在上述某些情形中，禁令救济甚至成为标准必要专利权人维护其正当利益的唯一可选途径。①

2. 防止损害进一步扩大原则

假如专利权人没有禁令救济请求权，当专利受到侵害时，专利持有人就只能通过侵权诉讼主张损害赔偿。在冗长繁杂的诉讼程序中，被控侵权人由于不受停止侵权的限制仍然可以继续实施涉诉专利，专利权人受到的损害势必进一步扩大。此外，诉讼程序往往充满不确定性，被控侵权人若对专利的有效性质疑，专利侵权案件的审理可能就因专利复审委员会对专利有效性的审查而陷入中止，没有禁令保障的漫长审判期无疑会对专利权人的正当权益造成严重损害。有学者认为若否认禁令救济，则侵权法体系就变成了对不法行为进行事后征税的税收制度，这会对后期计算损害赔偿数额的司法机构增加额外负担，不符合司法经济的要求。② 综上所述，鉴于专利有效期限的有限性和专利侵权诉讼的长期性，相关法律应允许标准必要专利权人对未经其许可便使用标准专利的实施者申请禁令救济，以防止损害进一步扩大。③

3. 发挥专利权的价值及鼓励创新

专利法的基本理念在于将专利背后的技术知识向公众开放，使其他人在此技术知识的基础上更具针对性地进行技术研发及投资，最终降低发明风险，同时提高技术创新的效率。④ 因此，为了吸引创新者公开其技术知识，专利法授予

---

① 参见韩伟、徐美玲：《标准必要专利禁令行为的反垄断规制探析》，载《知识产权》2016 年第 1 期。

② The Power of Injunctive Relief in Tort: An Introduction, p. 7.

③ 参见郭壬癸：《标准必要专利禁令救济滥用司法规制困境与完善》，载《中国科技论坛》2019 年第 1 期。

④ See Prof. Dr. Lea Tochtermann of Mannheim University, *Injunctions in European Patent Law*, p. 6, https://www.4ipcouncil.com/application/files/3415/5965/6809/L._Tochtermann_Injunctions_in_European_Patent_Law.pdf.

专利权人临时垄断权,使其在一定时期可以自主决定允许实施其专利的主体和价格,换句话说,排除未经许可的主体使用专利正是其专有权的典型表现,这样既可以使权利人前期投入的研发资产得到回报,又可以鼓励创新。[①] 如果专利权持有人没有寻求禁令的权利,专利授予的排他权就会被削弱,制度对从事科技研究劳动的激励作用也会受到影响。[②] 此外,禁令作为维护专有权利的重要手段,它甚至比损害赔偿具有更大的威慑效力。因为被控侵权人进行损害赔偿后,还可以继续实施专利,但是一旦法院颁发禁令禁止继续实施专利,被控侵权人很有可能因无法制造专利产品而被排除在相关市场之外。就禁令救济而言,还有一层容易被人忽视的效用,即在法院同意专利权人的禁令请求之后,往往会说明若日后专利权人与被控侵权者达成许可协议,可以申请撤销禁令的执行。这种禁令加协商的解决方案,可以克服损害赔偿不能充分反映"消费者剩余"[③]的问题,进而实现帕累托效率(pareto efficiency)[④],使专利权人获益和专利技术成果转化效益最大化。

## 二、禁令救济在标准必要专利纠纷中的适用

### (一)标准必要专利禁令救济适用现状

为了更直观地了解标准必要专利权人寻求禁令救济的大致状况,本书试图以表格的方式对涉及标准必要专利禁令诉讼的实践进行梳理(因资料有限,仅

---

① 美国司法部反垄断部门助理检察长 Makan Delrahim 提出"根据美国宪法第 1 条、第 8 条的规定,我们的专利制度授予发明人在有限的时间内实践其发明的专有权",https://www.justice.gov/opa/pr/department-justice-united-states-patent-and-trademark-office-and-national-institute-standards。

② See Smith Intern., Inc. v. Hughes Tool Co., 718 F.2d 1573, 1577 – 78, 219 U.S.P.Q. 686 (Fed. Cir. 1983).

③ 消费者剩余,是指消费者消费一定数量的某种商品愿意支付的最高价格与这些商品的实际市场价格之间的差额。

④ 帕累托效率,也称为帕累托最优(Pareto Optimality),是指资源分配的一种理想状态。假定固有的一群人和可分配的资源,从一种分配状态到另一种状态的变化中,在没有使任何人境况变坏的前提下,使得至少一个人变得更好。See Anthony Ogus, *Louis Visscher: A Law and Economics Perspective on Injunctive Relief*, p. 10.

作出了一个不完全统计作为参考)(见表1)。

**表1 相关统计**

| 案件 | 起诉时间 | 裁决时间 | 审理机构 | 涉及禁令救济的问题及结果 |
|---|---|---|---|---|
| 橙皮书标准案 | 未知 | 2009年 | 德国联邦最高法院 | 请求颁发禁令[1];法院支持 |
| 摩托罗拉 v. 苹果 | 2010年10月 | 2012年 | 美国国际贸易委员会;伊利诺伊州北区联邦法院;佛罗里达州南区联邦法院 | 请求颁发禁令;法院未支持 |
| | 2011年4月 | 2011年12月 | 德国曼海姆地区法院;德国杜塞尔多夫地区法院 | 请求颁发禁令;法院支持[2] |
| 苹果 v. 摩托罗拉 | 2010年10月 | 2011年 | 美国威斯康星州西北地区法院 | 请求颁发禁令;法院未支持 |
| 微软 v. 摩托罗拉 | 2010年11月 | 2013年4月 | 美国华盛顿州西区联邦地区法院 | 请求判定摩托罗拉违反FRAND条款 |
| 摩托罗拉 v. 微软 | 2010年11月 | 2013年4月 | 美国华盛顿州西区联邦地区法院 | 请求颁发禁令;法院未支持 |
| | 2010年 | 2012年 | 德国法院 | 请求颁发禁令;法院支持[3] |
| 华为 v. 中兴 | 2011年4月28日 | 2015年 | 德国法院;法国法院;匈牙利法院;欧盟法院(先行裁决) | 请求颁发禁令 |
| IDC v. 华为 | 2011年7月 | — | 美国特拉华州地区法院;美国国际贸易委员会 | 请求颁发禁令 |
| 华为 v. IDC | 2011年12月 | 2013年 | 深圳市中级人民法院;广东省高级人民法院 | 请求判令IDC寻求禁令的行为构成滥用市场支配地位;法院支持 |
| 苹果 v. 三星 | 2011年4月 | 2014年 | 美国法院 | 请求颁发禁令 |
| 西电捷通 v. 索尼 | 2015年7月 | 2017年3月 | 北京知识产权法院 | 请求颁发禁令;法院支持 |
| 无限星球 v. 华为 | 2014年 | 2017年 | 英国高等法院 | 请求颁发禁令;法院支持 |

续表

| 案件 | 起诉时间 | 裁决时间 | 审理机构 | 涉及禁令救济的问题及结果 |
|---|---|---|---|---|
| 爱立信 v. 小米 | 2014 年 | 2015 年 | 印度德里高等法院 | 请求颁发禁令；法院支持 |
| 华为 v. 三星 | 2016 年 | 2018 年 1 月 | 广东省深圳市中级人民法院 | 请求颁发禁令；法院支持 |
| 三星 v. 华为 | 2016 年 8 月 8 日 | 2018 年 12 月 25 日 | 泉州市中级人民法院 | 请求颁发禁令；法院驳回起诉 |
| 高通 v. 魅族 | 2016 年 6 月 | 2017 年 2 月 | 北京知识产权法院 | 请求颁发禁令；高通撤诉 |
| | 2016 年 6 月 | 2017 年 2 月 | 上海知识产权法院 | |
| 高通 v. 苹果 | 2017 年 10 月 6 日 | 2019 年 6 月 14 日 | 北京知识产权法院 | 请求颁发禁令；高通撤诉 |
| | 2018 年 1 月 12 日 | 2019 年 10 月 19 日 | 福州市中级人民法院 | |
| | 2018 年 1 月 12 日 | 2019 年 5 月 7 日 | 江苏省高级人民法院 | |
| | 2018 年 2 月 2 日 | 2019 年 5 月 10 日 | 青岛市中级人民法院 | |
| | 2018 年 6 月 22 日 | 2019 年 5 月 21 日 | 广东省高级人民法院 | |

〔1〕指要求法院禁止被告使用涉案标准必要专利。

〔2〕曼海姆地区法院颁发了禁令，2012 年 5 月双方达成和解协议后摩托罗拉申请撤销了禁令诉讼。

〔3〕注意在德国禁令不是自动生效，法庭判决摩托罗拉拿到禁令权后，摩托罗拉必须先交押金，才能执行禁令，以至于德国上诉法院推翻禁令时可以赔偿微软的经济损失。

## (二)标准必要专利禁令救济适用特点

基于表 1 中对近年来典型的涉及标准必要专利禁令救济案件的不完全统计，笔者总结得出以下标准必要专利相关禁令救济的适用特点：(1)与标准必要专利有关的纠纷大多集中在无线通信、半导体等高新技术领域。原因在于这些新兴领域的技术创新是在专利保护业已成熟的背景下发展起来的，在标准制定或更新时，相关领域内的最优技术早已专利化，为了保证标准的最优性，不可避免地在标准中将专利纳入。(2)标准必要专利权人寻求禁令的请求大多在专利侵权诉讼中提出，且有时会将标准必要专利和非标准必要专利侵权的禁令请求一起提出,如摩托罗拉诉苹果案中,摩托罗拉共提出 18 项专利侵权,其中仅有两项涉及标准必要专利[①]。(3)标准必要专利权人往往以标准实施者及其关联企业为被告,向一个以上地方法院提起专利侵权诉讼。比如高通诉苹果的专利侵权系列案中,原告高通股份有限公司先在北京知识产权法院起诉了苹果公司、苹果电子产品商贸(北京)有限公司、苹果电脑贸易(上海)有限公司以及苹果贸易(上海)有限公司,[②]而后不久又于福州市中级人民法院以苹果公司及苹果电子产品商贸(北京)有限公司福州泰禾分公司为被告发起了专利侵权诉讼,[③]从表 1 可以看出摩托罗拉诉苹果案中也是如此。(4)标准必要专利权人提起专利侵权诉讼并寻求禁令后,一般情况下标准实施者也会作出类似反诉的举动,如摩托罗拉与苹果、摩托罗拉与微软、华为与三星之间的系列互诉案中,起初的被控侵权者往往会基于自己拥有的标准必要专利提起针对原告的禁令诉讼,有时也会就一般专利提出。[④] (5)针对标准必要专利权人寻求禁令救济的行为,标准实施者往往以主张专利权利用尽、寻求专利无效的宣告性判决或提出强制许可抗辩作为应对方法。(6)在高通诉魅族和高通诉苹果案中,请求停止侵权的诉讼最终都以标准必要专利权人撤诉而告终,可见寻求禁令有时并非标准必要专利权人的主要目的,而仅仅是达成其目的的手段。

## 三、标准必要专利纠纷中禁令救济的适用争议

### (一)造成专利劫持的风险

技术的标准化即实现技术统一规范的过程,目的在于促进产品或服务的通

---

① Case AT. 39985 – Motorola-Enforcement of GPRS Standard Essential Patents, p. 21, https://ec.europa.eu/competition/antitrust/cases/dec_docs/39985/39985_928_16.pdf, Visit on Feb. 6., 2021.

② 参见北京知识产权法院民事裁定书,(2017)京 73 民初 1771 号。

③ 福建省福州市中级人民法院民事裁定书,(2018)闽 01 民初 142 号。

④ 比如苹果诉摩托罗拉案中,针对摩托罗拉在德国杜塞尔多夫地区法院提起的专利侵权诉讼,苹果分别于 2011 年 5 月和 6 月向杜塞尔多夫地区法院和慕尼黑地区法院提出了三项专利侵权诉讼。这三项专利都非标准必要专利。See Annex 1 of Motorola's response to the Complaint [Doc. ID 96].

用性及兼容性,为消费者提供便利,使技术的社会价值最大化,[①]因此标准具有强烈的“公属性”。传统标准制定时往往将专利排除在外,而后将专利技术纳入标准,一方面是迫于高新技术领域标准化进程相对于技术发展的滞后性,另一方面标准化组织制定了一系列专利规则来保证最优技术的广泛使用。然而专利权作为具有垄断性的私权,在与标准结合之后,很容易形成专利劫持。

客观上,标准作为统一规范具有广泛适用性,而且由于不同标准之间的差异性,转向替代标准需要大量额外成本,标准的这种“网络效应”和“锁定效应”赋予了本就具有法定垄断地位的专利权人强大的市场优势,使标准必要专利权人在许可协议谈判时的议价能力大大增强。比如在通信领域,GPRS 标准作为移动网络中提供网页浏览服务的技术被普遍适用:一方面有些地区明文规定手机制造商必须遵守 GPRS 标准;另一方面通信领域的技术更新往往是在前一代技术基础上,因此拥有大量 GPRS 标准必要专利的摩托罗拉就在专利许可中占据了谈判优势。主观上,专利权人在专利研发及标准化过程中投入了大量时间、人力、物力成本,基于偿还前期投入的迫切性和作为市场竞争者的逐利性,会产生攫取市场超额利润的动机。此时,法律赋予专利持有人的禁令救济权在客观条件的基础上为主观动机的实现提供了便利,标准必要专利权人很可能以寻求或实施禁令为威慑,迫使标准实施者接受高额许可费、搭售要求或者歧视性的许可条件。其实,专利劫持与标准必要专利权人的禁令救济权之间的密切关系也得到了广泛承认,有美国学者曾说:“禁令的实施和其潜在的威胁是诱发专利劫持的罪魁祸首。”[②]欧盟委员会在其查处的三星和摩托罗拉标准必要专利垄断案的简报中也提到“专利权人寻求禁令救济可能扭曲许可谈判,衍生出不公平的许可条件”。在摩托罗拉针对苹果的禁令诉讼中,苹果向摩托罗拉提出过共六次许可要约,每一次都对摩托罗拉的要求作出了进一步妥协,和解协议最终达成正是因为摩托罗拉基于其拥有的 GPRS 标准必要专利寻求和实施了

---

① 参见尹雪萍:《标准必要专利禁令之诉的竞争法边界——以欧盟 2015 年华为诉中兴案为视角》,载《东岳论丛》2016 年第 4 期。

② Mark A. Lemley & Carl Shapiro, *Patent Holdup and Royalty Stacking*, 85 Texas Law Review, 2007:2009.

禁令。[①] 在这种情况下，受到劫持的标准实施者要么接受不合理的许可条件，要么因无法生产出符合标准的产品而被迫退出相关市场，无论哪一种结果都会阻碍市场竞争，并对技术的后续创新产生负面影响。

此外，需要注意的是有一类标准必要专利权人更易实施专利劫持，即专利主张实体（PAE）。PAE，作为非实施实体（NPE）的主要组成部分，是指那些自身不参与技术开发与专利实施，主要通过低价购买专利然后通过专利侵权诉讼进行盈利的必要专利持有者。有数据显示，在21世纪，PAE活动大幅度增长。2007年，专利诉讼中有25%是由PAE提出的，到2012年这一比例跃升至60%。若这类主体掌握标准必要专利，以专利许可费或侵权损害赔偿作为收入来源，则更有可能以申请禁令救济为要挟对被控侵权人实施专利劫持。

### （二）对市场竞争的负面影响

标准必要专利，是指为符合某一标准必须要实施的专利技术。[②] 其中，专利是法律规定的具有垄断性质的技术，主要表现在“未经权利人同意，任何第三方不得取得或者使用其专利”以及“权利人有权自主设置包括专利许可费在内的许可条件”。[③] 而标准与专利的结合，使标准必要专利相比于一般专利更易对市场竞争产生负面影响。主要原因在于标准必要专利权人较易获得市场支配地位。标准的必须遵守及广泛适用使 项专利一旦被标准化，就具有了不可替代性。市场经营者如果想参与某领域的竞争，就必须保证自己的产品及服务符合某领域的标准，也即必须得到标准必要专利权人的授权许可，这就产生了明显的锁定效应。[④] 此外，某标准被广泛采纳后，若某企业想要从一项技术标准转移

---

① See CASE AT. 39985 – MOTOROLA-ENFORCEMENT of Gprs Standard Essential Patents, p. 49, https://ec.europa.eu/competition/antitrust/cases/dec_docs/39985/39985_928_16.pdf.

② 参见郭禾、吕凌锐：《确定标准必要专利许可费率的可比协议法研究》，载《中国物价》2020年第1期。

③ 参见王晓晔：《标准必要专利反垄断诉讼问题研究》，载《中国法学》2015年第6期。

④ See J. S. Miller, *Standard Setting, Patents and Access Lock-in: RAND Licensing and the Theory of the Firm*, Indiana Law Review 2007, p. 351.

到另一技术标准，需要支付高昂的成本，因而企业做出标准选择后就很难退出。[①] 此时，专利权人在与潜在的被许可人进行许可条件谈判时就具有市场力量，为了获取高额利润以巩固其竞争优势，专利权人极有可能主张高于专利自身价值的许可费或提出歧视性的许可条件，而标准实施者如果不接受，很有可能被排除出相关市场或者承担巨大的转换成本。[②] 因此，标准与专利的结合本身就赋予了必要专利持有人强大的市场支配性地位及潜在的排除、限制竞争的力量。

### (三)FRAND 承诺与禁令救济的内在矛盾

从上文分析已知，标准必要专利的固有垄断性很可能产生专利劫持现象和限制竞争的效果，为了避免此类严重违背技术标准化目的和初衷的情况发生，大多数标准组织在知识产权规则中都要求成员在申请将专利纳入标准时作出 FRAND 承诺或者 RAND 承诺，即以公平、合理、无歧视的条件将其必要专利许可给所有制造、使用或者销售相关产品的人。[③] 比如 ISO 在其相关知识产权规则中就提出："如果由于技术原因接受了该提案，则提出者应要求已确定的专利权持有人发表声明，说明专利权持有人愿意在合理和非歧视的条件下与全球的申请人协商授权国际许可证。"[④]此外，ITU、美国电信工业协会(TIA)、IEEE 等特定领域的标准化组织都要求权利人按照 FRAND 的原则进行专利授权许可，[⑤]ETSI 甚至规定"知识产权所有者根据知识产权规则中规定的 FRAND 条件授予不可撤销的许可"。

---

① 参见陶爱萍、沙文兵：《技术标准、锁定效应与技术创新》，载《科技管理研究》2009 年第 5 期。

② Nicolas Petit: Injunctions for FRAND-Pledged SEPS: The Quest for an Appropriate Test of Abuse under Article 102 TFEU, 10.

③ See Alexander Italianer, *Innovation and competition*, 21 September 2012, p. 6, https://ec.europa.eu/competition/speeches/text/sp2012_05_en.pdf. 转引自王晓晔：《标准必要专利反垄断诉讼问题研究》，载《中国法学》2015 年第 6 期。

④ 参见《ISO/IEC 导则》第二部分附录 H. 2，转引自杨帆：《国际技术标准与知识产权》，人民法院出版社 2006 年版，第 56 页。

⑤ 参见张平主编：《冲突与共赢：技术标准中的私权保护(信息产业技术标准的知识产权政策分析)》，北京大学出版社 2011 年版，第 38 页。

标准化组织要求专利权人作出 FRAND 承诺的主要目的在于确保标准实施者能有公平的机会使用标准必要专利，背后是为了推动专利技术及标准的广泛实施。而禁令救济作为专利持有人为阻止专利侵权而享有的合法救济手段，其实具有默示拒绝许可或推定拒绝许可的内涵。禁令一旦执行，即意味着被控侵权人不得再实施标准必要专利乃至标准，这与力图确保标准必要专利开放性的 FRAND 承诺是有所抵触的，会使旨在提升产品兼容性、通用性及促进竞争的标准处于危险的困境。理论上，专利权人向标准化组织作出 FRAND 承诺，就意味着承认 FRAND 许可费是对该专利使用的充分补偿，换句话说，只要潜在的被许可人有意愿且有能力支付符合 FRAND 条件的许可费，必要专利权人就不应禁止其使用专利。① 但是在实践中，尽管被控侵权者都表明愿意以符合 FRAND 原则的条件与专利持有人达成许可协议，标准必要专利权人以被控侵权人提出的许可条件不符合公平、合理、非歧视原则为由，执意选择寻求禁令救济的情况屡见不鲜，如苹果诉摩托罗拉案、苹果诉三星案、华为诉中兴案等。鉴于此，有学者认为标准必要专利权人承诺以 FRAND 条款许可标准必要专利后，就代表其默认金钱赔偿可以弥补侵权行为带来的损失，因而不应被允许寻求或实施禁令。② IEEE 2016 年新版专利规则中也作出了类似表述。③ 此外，还有学者认为，作出 FRAND 承诺后的标准必要专利权人再寻求禁令救济是反竞争的，应受到反垄断法的规制。④ 尽管这类观点并未占据主流，但是仍然反映出禁令救济的不合理使用与 FRAND 原则之间的潜在冲突与紧张关系。

---

① See Apple, Inc. v. Motorola, Inc. ,757 F. 3d 1286 (Fed. Cir. 2014), p. 1331, https://www.law.berkeley.edu/wp-content/uploads/2016/05/Apple-v-Motorola-757_F.3d_1286.pdf.

② See Mark A. Lemley & Carl Shapiro, *Patent Holdup and Royalty Stacking*, Texas Law Review. 1991-1992, https://faculty.haas.berkeley.edu/shapiro/stacking.pdf.

③ 专利权人作出 FRAND 许可承诺后不得寻求禁令，也不得执行禁令……除非使用人不愿意将纠纷提交法院审判或者拒绝遵守司法裁决。

④ See Dissenting Statement of Commissioner Maureen K. Ohlhausen in the Matter of Motorola Mobility LLC and Google Inc. FTC File No. 121-0120 (January 3, 2013), https://www.ftc.gov/sites/default/files/documents/public_statements/statement-commissioner-maureen-ohlhausen/130103googlemotorolaohlhausenstmt.pdf.

### (四)禁令承认分歧

尽管禁令仅在颁布该禁令的法院所属国生效,一般不会产生判决在他国承认和执行的问题,但是若被控侵犯专利权的一方在另一国法院提前申请了禁诉令,那么专利权人是否还有权在别国寻求禁令救济就产生了疑问。比如在微软诉摩托罗拉案①中,摩托罗拉拥有 ITU H. 264 标准和电气和 IEEE 802. 11Wi-Fi 标准项下的必要专利,微软以摩托罗拉违反 FRAND 承诺的许可条款为由,在美国华盛顿西区地方法院对摩托罗拉提起了违约诉讼。不久后,摩托罗拉在德国曼海姆地区法院对微软提起了专利侵权诉讼,要求禁止微软在德国销售使用了 H. 264 标准项下必要专利的笔记本电脑,曼海姆法院裁决批准了禁令。为阻止摩托罗拉执行德国法院的禁令,微软向美国地方法院申请了禁诉令,法院基于双方在两国的涉诉争端本质上是相同的且认为在美国违约索赔的结果对德国的侵权诉讼有决定性作用,遂批准了微软请求的禁诉令。此时,摩托罗拉是否有权实施德国法院批准的禁令,就因美国法院发布的禁诉令的域外效力而陷入困境。

## 第二节　反垄断法介入标准必要专利禁令救济的必要性

### 一、禁令滥用行为具有反竞争效果

虽然寻求禁令救济是保护权利人专利权的合法、有效手段,但当本身具有较强垄断地位的标准必要专利权人以不正当的目的寻求禁令救济时,可能产生反竞争的后果。因为禁令的实施其实与拒绝许可具有类似效果,鉴于标准必要专利的不可替代性,当上游市场的某一必要专利被拒绝使用后,标准实施者就

---

① Microsoft Corporation v. Motorola Inc. , et al. , No. 2:2010cv01823 – Document 175 (W. D. Wash. 2012) at 1093.

无法参加下游产品市场的竞争。实践中,这类运用禁令直接拒绝许可的情形很少,专利权人大多以寻求或实施禁令为手段,威胁潜在的专利被许可方接受高额的许可费或搭售等其他不合理的许可条件,此时不论被许可方接受与否,都会损害市场竞争机制及消费者的利益。比如,在苹果诉摩托罗拉案中,苹果公司已在诉讼过程中向摩托罗拉公司提出了许可协调谈判意愿,但摩托罗拉选择无视并继续向法院申请禁令。尽管摩托罗拉的行为并没有在事实上将苹果公司排除出手机市场,但其不合理地寻求禁令的行为无疑会限制竞争。欧盟委员会基于反垄断调查结果,于 2014 年认定摩托罗拉的行为是反竞争的。① 此外,美国司法部和专利商标局 2013 年联合发布的声明中也明确指出,颁布排除令,可能引发专利劫持进而损害竞争,对社会公共利益产生负面影响。②

综上所述,标准必要专利权人不当寻求和实施禁令的行为可能导致反竞争效果、延缓后续创新进而损害消费者福利,这些正是适用反垄断法对该行为进行规制的正当性基础。③

## 二、FRAND 承诺规制效果的局限性

标准的强制性与专利的垄断性赋予了标准必要专利权人强大的市场力量,为避免权利人基于逐利心理滥用其优势地位,国际标准化组织纷纷在知识产权规则中纳入 FRAND 承诺义务,企图确保专利持有人以公平、合理、无歧视的条件实施许可。但是,FRAND 承诺在实践中并未有效避免标准必要专利权人滥用禁令救济的行为。尽管有些学者提出标准必要专利权人在作出 FRAND 承诺

---

① See Case AT. 39985 – Motorola-Enforcement of GPRS Standard Essential Patents, Commission Decision of 29 April 2014 (see IP 14/489), p. 76, 429 – 430.

② 美国司法部和专利商标局 2013 年联合发布的《F/RAND 义务下的标准必要专利救济方式的政策声明》中也明确指出,美国国际贸易委员会对作出 FRAND 承诺的标准必要专利权人的排他性救济,即颁布排除令,可能引发专利劫持进而损害竞争,对社会公共利益产生负面影响。U. S. Dep't of Justice and U. S. Pat. & Trade Off., Policy Statement on Remedies for Standards-Essential Patents Subject to Voluntary F/RAND Commitments 1 – 10 (Jan. 8, 2013), https://www.justice.gov/sites/default/files/atr/legacy/2014/09/18/290994.pdf.

③ 参见韩伟、徐美玲:《标准必要专利禁令行为的反垄断规制探析》,载《知识产权》2016 年第 1 期。

时,就应视为放弃了寻求禁令救济的权利,[①]但是实务界和理论界的主流观点认为并非如此。比如,IEEE 曾在 2016 年新版的知识产权规则中规定了专利权人不得寻求禁令救济的情形,但也仅仅是限制而非剥夺其禁令救济权。再如,2019 年美国相关部门发布关于标准必要专利救济的联合规则声明,明确指出"专利所有人以 F/RAND 条款许可专利的承诺并不妨碍其获得任何特定补救措施,包括禁令救济"[②]。这些都表明标准必要专利权人向标准制定组织作出 FRAND 承诺并不代表其放弃了寻求和实施禁令救济的权利。

除了上述官方对标准必要专利权人的禁令救济权的承认,利用 FRAND 承诺规制禁令滥用行为还存在以下问题:第一,FRAND 承诺的内涵太过模糊,许可双方在进行相关条款谈判时,往往都认为自己提出的许可条件更符合公平、合理、非歧视原则。此时判断权利人是否存在对禁令的滥用还需要结合个案情况对 FRAND 原则的具体含义加以界定,这个过程非常复杂且充满了不确定性。第二,FRAND 承诺无法约束事实标准。标准必要专利依据标准产生的过程可以分为法定标准和事实标准,前者是政府标准化组织或政府授权的标准化组织建立的标准,后者是在没有任何官方或准官方标准设定机构批准的情况下成功地使产业界广泛接受而形成的标准。[③] 鉴于事实标准是在企业进行专利许可的过程中自发形成的,所以 FRAND 承诺这类外部规制对其没有约束力,此时必要专利持有人滥用禁令的行为更加难以规制。第三,解释主体存在不妥之处。FRAND 承诺最初是由标准化组织要求意图使专利标准化的专利权人作出的,当双方当事人就何种许可条款更符合 FRAND 原则有争议时,本应由标准化组织来解释承诺文本的内涵,但由于标准化组织既未规定自己享有该解释权也无相应的强制力,所以 FRAND 承诺在个案中的具体表征往往被不同的法院进行

---

① Joseph S. Miller, Standard-Setting, Patents and Access Lock-in: RAND Licensing and the Theory of the Firm (2007), p. 351, 358, https://digitalcommons. law. uga. edu/cgi/viewcontent. cgi? referer = https://cn. bing. com/&httpsredir = 1&article = 1634&context = fac_artchop.

② 《司法部、专利和商标局和国家标准与技术研究院关于标准必要专利救济的联合政策声明》,载 https://www. justice. gov/opa/pr/department-justice-united-states-patent-and-trademark-office-and-national-institute-standards。

③ 参见杨帆:《国际技术标准与知识产权》,人民法院出版社 2006 年版,第 3 页。

解释并据此裁判。笔者认为,法院相对于标准化组织而言在技术领域专业性上略有不足,因此作为纠纷中 FRAND 原则的解释主体可能有不妥之处。

### 三、合同法规制效果的局限性

标准必要专利权人与标准实施者是平等主体之间的关系,当两者因专利许可协议发生纠纷时,往往依据合同法来确定双方当事人的权利义务关系。但是标准必要专利权人寻求禁令救济时往往与被控侵权者没有授权许可协议的存在,即没有直接的合同关系,此时能否从合同法路径对滥用禁令的行为加以规制呢?

英美法系国家普遍将 FRAND 承诺视作第三人利益合同[①],认为 FRAND 承诺是标准化组织和标准必要专利权人之间签订的合同,合同规定专利持有人对潜在的标准实施者负有以公平、合理、无歧视的条款进行授权许可的义务,当专利持有人违背该义务时,作为第三方受益人的标准实施者享有履行合同的请求权。而实践中专利持有人无视被控侵权人进行许可谈判的意愿寻求禁令的行为,正违反了第三人利益合同中的许可义务。例如,在无限星球诉华为案中,英国法院就分析指出无限星球与 ETSI 之间构成第三方利益合同,作为标准必要专利权人的无限星球应受到 FRAND 声明的约束。[②]

但是,基于第三方利益合同说通过合同法对禁令滥用行为加以规制的做法存在很大局限性:一方面,在大陆法系国家鲜有学者将 FRAND 承诺视为第三方利益合同。以我国为例,大部分学者认为 FRAND 承诺本身过于抽象,就其内容的明确程度来说不符合合同法的构成要件。再如摩托罗拉诉微软案中,德国曼海姆法院明确提出摩托罗拉向 ITU 提交的 FRAND 声明只是邀请标准实施者

① 例如"微软诉摩托罗拉案""爱立信诉 D-Link 案""无限星球诉华为案"等。第三人利益合同是指第三人并不需要与承诺相对人产生任何法律关系,合同利益便已经存在,只要在第三人声明接受该合同利益时,合同就被视为生效且不可予以撤销,第三人可直接依据 FRAND 承诺获得许可条件。

② 参见管育鹰:《标准必要专利权人的 FRAND 声明之法律性质探析》,载《环球法律评论》2019 年第 3 期。

进行协商的意思表示,既不构成利他合同,也不构成针对不特定第三人的有约束力的要约。[①] 因此关于能否适用及如何适用合同法各国法院还未形成一致意见。另一方面,即使在采纳第三方利益合同说的英美两国,法院对 FRAND 承诺规制禁令救济的效果也持不同的看法。美国法院在苹果和摩托罗拉案系列案中提出标准必要专利权人一旦做出 FRAND 声明,不应当对愿意支付合理许可费的标准实施者提出禁令救济;而英国法院在无限星球诉华为案中指出,只有在无限星球拒绝签订符合 FRAND 条款的许可合同时,法院才能拒绝其禁令救济请求。因此即使在合同法路径下,不同国家法院对适用禁令救济是否违反合同义务的判断也难以达成一致。

## 四、专利法规制效果的局限性

尽管标准必要专利具有特殊性,但仍适用专利法的一般规定,其中禁令救济就是专利侵权救济制度的重要组成部分。我国《专利法》第 72 条的规定就涉及专利侵权禁令救济问题,[②]美国《专利法》第 283 条规定法院可以在衡平救济原则的指导下授予专利权人禁令。既然相关法律授予标准必要专利权人对未经其同意便使用专利的标准实施者申请禁令救济的权利,那么能否通过适用专利法来规制禁令滥用行为呢?

其实各国专利法中目前普遍规定专利默示许可制度可以构成对禁令救济的抗辩。专利默示许可制度是指在某些情形下,专利权人使用的语言或采取的行动让被控侵权人产生合理信赖,从而使被控侵权人正当地推定专利权人已经同意其实施专利的一种专利许可形态。[③] 该理论源于英美衡平法上的禁止反言

---

① See Thomas F. Cotter, *Comparative Law and Economics of Standard-Essential Patents and FRAND Royalties*, Tex. Intellectual Property Law Journal, Vol. 22 (2014), p. 318.

② 我国《专利法》第 72 条规定:"专利权人或者利害关系人有证据证明他人正在实施或者即将实施侵犯专利权、妨碍其实现权利的行为,如不及时制止将会使其合法权益受到难以弥补的损害的,可以在起诉前依法向人民法院申请采取财产保全、责令作出一定行为或禁止作出一定行为的措施。"

③ 参见袁真富:《基于侵权抗辩之专利默示许可探究》,载《法学》2010 年第 12 期。

原则，最早由美国联邦最高法院在 De Forest 无线电话公司诉美利坚合众国案[①]中明确阐释，随后大陆法系基于诚实信用原则也规定了专利默示许可制度。据此，有学者认为标准必要专利权人作出的 FRAND 承诺使标准实施者产生合理信赖，使其相信只要支付合理的许可费，必要专利持有者就会许可其使用专利。因此权利人不能以专利侵权为由向标准实施者主张惩罚性赔偿和禁令救济，只能请求判定支付许可费。[②] 但是，这一观点并未成为主流，实践中专利默示许可制度的适用前提往往是在许可合同已经有效成立的情况下，标准必要专利权人在标准制定过程中未披露其专利信息，而后就该专利主张禁令救济或金钱赔偿的不诚信行为。比如我国最高人民法院判决的张某廷与子牙河公司案中提出，“如果标准参与者在标准制定过程中，已对其拥有的专利信息予以充分披露，则不需要适用默示许可制度”。但实践中，标准必要专利权人申请禁令救济时往往未与被控侵权人签订许可合同，而且不存在标准化过程中的信息披露瑕疵，因此无法利用专利法中的专利默示许可制度来对禁令救济展开有效抗辩。

此外，专利法的宗旨是保护专利权人的专有权，使其能在一定时间内通过授权许可获利。[③] 在不涉及传统公共利益的情况下，我国更倾向于保护专利权人的利益，进而推动技术创新和社会福利的整体提升。鉴于专利法法益目标的私法性和 FRAND 承诺内容的模糊性，专利法难以平衡专利权人和社会公共之间的利益，因此通过该部门法来规制标准必要专利权人不合理寻求禁令救济的行为也有很大的局限性。

---

① De Forest Radio Tel. Co. v. United States, 273U. S. 236 (U. S. 1927) 提出“专利权人使用的任何语言或采取的任何行动，只要它能够让他人正当地推定专利权人已经同意其实施专利，则可以构成一种许可，并可以在专利侵权诉讼以此为由进行有效抗辩”。

② See Lichtman Douglas Gary, *Understanding the RAND Commitment*, Houston Law Review, Vol. 47 (2010), p. 1024.

③ 我国曾在 2015 年 12 月公布的《中华人民共和国专利法修订草案（送审稿）》第 85 条的规定，参与国家标准制定的专利权人在标准制定过程中不披露其拥有的标准必要专利的，视为其许可该标准的实施者使用其专利技术，但最终因为涉及构建专利法定许可而被删除。

## 五、适用反垄断法规制的优势

一方面,适用反垄断法规制标准必要专利相关的禁令救济具有合理性。标准必要专利作为一种典型的知识产权保护客体,禁令救济本身是标准必要专利权人拥有的合法权利,是维护专利价值的有效工具。但是,鉴于标准必要专利比一般专利更强的垄断性,如果运用不当,很容易破坏自由、公平的竞争秩序,损害消费者利益。我国反垄断法就不允许滥用知识产权来排除、限制竞争。[①]例如,在华为诉IDC案[②]中,IDC在美国起诉华为侵犯其标准必要专利并寻求禁令救济,华为公司则主张IDC寻求禁令的行为滥用了市场支配地位,应当受到反垄断法的规制。有学者就指出"当知识产权法和专利法出现竞合的时候,特别是涉及标准必要专利的情况下,竞争法往往可以得到优先适用的地位"[③]。

另一方面,适用反垄断法规制受FRAND承诺约束的专利权人滥用禁令救济权的行为具备有效性。首先,反垄断法关注争议行为是否对相关市场的竞争产生了排除、限制作用,这种基于效益和合理竞争原则的分析方法可以有效克服FRAND承诺高度原则性所带来的解释困境,可以避免合同法规制所面临的问题。其次,反垄断法具有公法和私法双重属性,不同于私法主体"不告不理"的维权方法,反垄断执法机构面对可能对竞争带来负面影响的行为,可以主动展开调查,且就法律本身的目的宗旨而言,更有利于实现个体权益和公共利益之间的平衡,因此可以避免依赖专利法规制标准必要专利禁令救济行为的天然缺陷。最后,反垄断法规定灵活,许多条款解释空间很大。鉴于标准必要专利权人往往被认为占据市场支配地位,因此可以考虑运用滥用市场支配地位条款进行规制。如我国《反垄断法》第22条规定了滥用市场支配地位行为的典型种

① 我国《反垄断法》第68条规定,经营者依照有关知识产权的法律、行政法规规定行使知识产权的行为,不适用本法;但是,经营者滥用知识产权,排除、限制竞争的行为,适用本法。因此当标准必要专利权人行使权利超越了合理界限产生上述反竞争后果,反垄断法进行干预就具备了合理性。

② 参见广东省高级人民法院民事判决书,(2013)粤高法民三终字第306号。

③ 王晓晔:《标准必要专利反垄断诉讼问题研究》,载《中国法学》2015年第6期。

类，尽管其中没有明确滥用禁令救济的行为，但鉴于实践中标准必要专利权人常常以寻求禁令为手段，强迫标准实施者接受高额许可费、搭售、不质疑条款等第22条明确规制的不合理许可行为，因此可以通过解释将其纳入我国《反垄断法》第22条的规制范围。此外，若标准必要专利权人滥用禁令救济的行为对市场竞争秩序易造成严重破坏，还可以通过立法将其规定为一种新型的、单独的滥用市场支配地位的行为。①

此外，从责任形式来看，反垄断法特有的行政处罚方式加大了标准必要专利权人的违法成本，相比于合同法、专利法等私法更具有震慑效果。综上，无论是从部门法保护的法益属性，还是从行为分析框架、法条适用的灵活性、责任承担的效果性而言，虽然适用反垄断法对标准必要专利权人滥用禁令救济进行规制并不是唯一途径，但确实是最有效的手段。

## 第三节　标准必要专利禁令救济的反垄断规制域外实践

### 一、美国对标准必要专利禁令救济的反垄断规制

美国作为高新技术最发达的国家之一，无论是拥有标准必要专利权的美国公司数量还是标准必要专利的持有量上一直领先于其他国家的公司。因此，在标准必要专利权人寻求或执行禁令救济方面都有很多法律实践。在美国，有权对禁令进行批准或规制的主体也具有多样性，其中包括作为司法机构的各级法院、作为行政机构的FTC以及作为准司法联邦机构的美国国际贸易委员会（ITC）等。下文笔者也主要从这三个主体入手对标准必要专利禁令救济的规制实践进行讨论。

---

① Nicolas Petit，Injunctions for FRAND-PLEDGE SEPs：The Quest for an Appropriate Test of Abuse Under Article 102 TFEU.

## (一)美国法院

### 1. eBay 公司案

美国《专利法》第 283 条规定,为避免专利权遭受侵害,法院可以在专利权人请求禁令救济时依据衡平救济原则授予禁令。根据衡平法原则,寻求永久禁令的原告需要证明以下四个检验要素,法院才能批准这种救济:(1)原告(申请禁令方)遭受了不可挽回的损害;(2)法律上可获得的救济,如金钱损害赔偿,不足以补偿该损害;(3)在考量原告与被告的负担后,符合衡平救济的原则;(4)公众利益不会因永久禁令而受到损害。[①] 起初四要素检验在禁令颁发的程序中并未得到普遍适用,司法实践中美国法院一般将授予永久性禁令作为专利权人胜诉后的一个自然结果,直至 eBay 公司案[②],美国联邦最高法院才正式强调了正确运用四要素检验框架的重要性。

在该案中,MercExchange 声称 eBay 公司和 Half. com 侵犯了其商业方法专利,基于涉诉专利的有效性,地方法院判决被控侵权人给予损害赔偿,但驳回了 MercExchange 关于永久禁令救济的动议,随后联邦巡回上诉法院又推翻了该项裁决。争议上诉至美国联邦最高法院,最高法院分析指出,专利权的排他性与权利遭侵犯后的救济是不同的,赋予发明成果专利权并不必然意味着要提供禁令救济。此外,审理该案的法官还明确指出,专利权人可能利用禁令作为"讨价还价的工具"收取过高许可费,而标准化可能加剧这一劫持问题。最终最高法院认为,无论是地方法院断然拒绝禁令救济的行为,还是上诉法院断然批准禁令的行为,都是错误的,是否给予或拒绝禁令救济的裁量权必须按照衡平法原则依个案情形去行使。[③] eBay 案中虽然涉及的是一般专利,但其中较为成熟的四要素检验方法为标准必要专利纠纷中是否颁发禁令救济的问题提供了基本的分析框架,比如在苹果诉摩托罗拉、微软诉摩托罗拉、爱立信诉 D-Link 等案

---

① e. g. , Weinberger v. Romero-Barcelo, 456 U. S. 305, 311 – 313 (1982); Amoco Production Co. v. Gambell, 480 U. S. 531, 542 (1987).

② See eBay Inc. v. MercExchange, L. L. C. , 547 U. S. p. 388, 396 (2006).

③ see Apple Inc. v. Motorola, Inc. , 869 F. Supp. 2d 901, 912 (N. D. Ill. 2012).

件中均得到了运用。

2. 苹果公司与摩托罗拉公司系列案

2010 年 10 月 29 日,苹果公司在美国威斯康星州西部地区法院对摩托罗拉及其关联公司提起专利侵权诉讼,声称自己的三项专利遭到侵犯并寻求禁令。对此,摩托罗拉反诉称苹果公司未经许可使用了其专利,其中包括标准必要专利,同时请求法院颁布禁令。

针对双方的诉讼,地方法院作出简易判决认为双方均无权要求任何损害赔偿或禁令。随后在双方继续上诉的过程中①,上诉法院法官首先按照传统的四要素检验框架进行分析,就四要件之一的“不可挽回的损害”而言,明确指出要想证明摩托罗拉的侵权行为对苹果造成了不可挽回的损害,苹果公司需要提供足够的证据证明:(1)摩托罗拉正在蚕食苹果的市场份额;(2)摩托罗拉手机中所含的据称侵权的专利技术与苹果遭受的损害之间存在因果关系,也就是说如果消费者购买该产品不是由于专利功能,那么侵权产品的销售损失不会对专利权人造成不可挽回的伤害,因为即使被指控的产品没有该专利特征,苹果产品销量也会损失。② 因此是否能证明涉诉专利功能推动了消费者对被控侵权方所售产品的需求至关重要,而苹果公司与摩托罗拉在申请对彼此的禁令时都未能证明。

此外,在传统的四要素检验之外,波斯纳法官在拒绝摩托罗拉的禁令请求时解释道,摩托罗拉承诺以 FRAND 条款授权其专利,表明同意将标准必要专利授权给任何愿意支付 FRAND 许可费的人,这实质上含蓄地承认了 FRAND 许可费足以补偿专利权人的研发投入及利润需求。在论及何时可能批准标准必要专利权人的禁令请求时,审理案件的波斯纳法官指出“被控侵权人单方面拒绝支付 FRAND 许可费或不合理地拖延谈判以达到同样的效果时”,禁令可能是合适的。此外,有学者反对在被控侵权者拒绝签订许可协议时就对其行为颁

① 上诉中的专利为:苹果公司在美国编号为 7479949、6343263 和 5946647 的专利以及摩托罗拉在美国编号为 6359898、6175559 和 5319712 的专利。

② See APPLE Inc. and Next Software, Inc. v. MOTOROLA, Inc. and Motorola Mobility, Inc. Nos. 2012 - 1548, 2012 - 1549.

发禁令,因为被控侵权者有权质疑标准必要专利的有效性,此时不能因其不急于谈判而受到惩罚。①

(二)FTC

FTC 依据 1914 年《联邦贸易委员会法》建立,是负责执行各项反托拉斯法律的行政机构,其职责在于对商业组织和商业活动进行调查,保护消费者利益,确保国家市场具有竞争性且繁荣发展。针对不公平竞争行为,FTC 或提起行政诉状启动裁决程序,或向法院提交司法诉状启动司法程序。但需注意,FTC 提起诉状并不意味着对被告违反法律的认定,只有当最终发布同意令时,才具有法律拘束力。

1. Bosch 公司调查案

Bosch 公司是一家位于美国的汽车工业技术及建筑技术的全球供应商,出售 ACRRR(air conditioning recovery,recycling and recharging)设备②,2010 年约占美国 ACRRR 市场的 10%。SPX 的 Robinair 品牌是美国 ACRRR 设备的领先供应商,销售额占据该市场 80% 以上。2012 年 1 月 23 日,Bosch 公司签订收购 SPX 部分业务的协议。根据 FTC 的调查,拟议的收购若完成将使 Bosch 在 ACRRR 设备的美国市场上拥有垄断权。其中,SPX 拥有制造符合行业标准的 ACRRR 设备的标准必要专利,虽然此前已向标准制定组织 SAE International (SAE)承诺按照 FRAND 条款授权其标准必要专利。但是根据 FTC 的调查,即使面对愿意支付 FRAND 许可费的标准实施者,SPX 仍然寻求禁令阻止竞争者使用该标准化的专利技术。FTC 认为该行为违反了《联邦贸易委员会法》第 5 条禁止的不公平交易行为。

FTC 表示,标准是高科技领域和制造业市场的基石,尤其在众多零部件组成的大型设备或高端设备中,标准的实施对于提升组件之间的"兼容性"和"互操性"至关重要。但是,将专利纳入标准的优化标准质量的同时,也增强了标准必要专利持有者的市场支配力,即使仅与复杂设备中的一小部分有关,也可以

① See 757 F.3d 1286 (Fed. Cir. 2014),2012 - 1548,Apple Inc. v. Motorola,Inc. at 1342/p.57.

② ACRRR 设备通过恢复、循环制冷剂来修理车辆空调系统。

通过寻求禁令将生产复杂设备的竞争对手排除在市场之外。因此，作出了FRAND承诺的专利权人基于侵犯标准必要专利的行为而提起禁令救济，可能对美国的竞争、消费者乃至创新产生潜在危害。①

鉴于收购完成后Bosch将获得SPX相关标准必要专利的所有权，FTC要求Bosch放弃对这些必要专利采取禁令救济措施，并且在免许可费的基础上将专利授权给ACRRR设备市场上相关标准的实施者。② Bosch公司还将向标准制定组织SAE保证按照FRAND条款对其获得或研发的其他标准必要专利授权给任何第三方使用，除非第三方以书面形式拒绝按照保证书的内容进行专利许可，或者第三方拒绝遵守经双方同意的法院或其他程序确定的FRAND条款。

需要注意的是，在同意令颁布的过程中，Ohlhausen委员对其中涉及标准必要专利的分析提出了异议。首先她认为基于标准必要专利寻求禁令救济，也许可以被解释为违反了FRAND许可承诺，但是不应被视为《联邦贸易委员会法》第5条所禁止的不正当竞争方法或不公平交易行为；其次她提出通过适用第5条禁止禁令可能会削弱联邦法院和ITC的作用。针对上述异议，FTC回应道，SPX作出FRAND承诺的行为让人有理由相信，对于愿意达成授权条款的被许可人，SPX无权寻求禁令。此外，鉴于专利权人违反FRAND许可义务的行为可能会破坏标准制定过程，且有损害美国消费者利益的风险，因此尽管联邦法院和ITC都有权拒绝禁令救济，但不影响FTC基于公共利益及第5条授予的管辖权采取行动。

2. 谷歌公司调查案

2012年6月，谷歌公司以125亿美元完成了对摩托罗拉的收购。FTC控诉称，在被收购之前，摩托罗拉就曾违背向标准制定组织作出的FRAND承诺，基于其拥有的与智能手机、平板电脑和视频游戏系统相关的标准必要专利，针对具有谈判意愿的被许可方寻求禁令救济。在谷歌收购摩托罗拉之后，延续了原

---

① In the Matter of the Robert Bosch GmbH, FTC File No. 121－0081, Statement of the Federal Trade Commission (November 26, 2012), http://www.ftc.gov/os/caselist/1210081/121126boschcommissionstatement.pdf.

② FTC Order Restores Competition in U. S. Market for Equipment Used to Recharge Vehicle Air Conditioning Systems (November 26, 2012).

来的经营模式。对此,FTC 认为谷歌和摩托罗拉的上述行为构成不公平竞争方法,违反了《联邦贸易委员会法》第 5 条的规定。

FTC 在诉状中重申了标准必要专利权人忽视潜在被许可人的意愿寻求禁令的行为,可能模糊掉专利技术本身的经济价值,这不仅可能导致过高的专利许可费转嫁到消费者身上,而且可能损害标准的更新迭代。因此,这种损害竞争利益和消费者利益的行为理应受到 FTC 的规制,尽管谷歌和摩托罗拉这类机会主义的行为无法适用《谢尔曼法》进行规制,但其对《联邦贸易委员会法》第 5 条禁止不公平竞争方法的违反也授予了 FTC 规制权。[①]

FTC 的最终裁决中要求谷歌及其全资子公司摩托罗拉移动停止对受 FRAND 约束的标准必要专利侵权以任何形式提出禁令救济,[②]除非出现下列情况:(1)潜在被许可人在美国地方法院管辖范围之外;注意如果控制该潜在被许可人的任何母公司或其他实体在美国地方法院的管辖范围内,则应将其视为在美国地方法院的管辖范围内。(2)潜在被许可人以书面形式或口头证据表明其拒绝 FRAND 许可,但是潜在被许可人对专利的有效性、价值、必要性及是否侵权质疑的,并不构成拒绝 FRAND 许可的声明。(3)潜在的被许可人拒绝按照法院的最终裁决或仲裁机构具有拘束力的仲裁订立 FRAND 许可条款。(4)潜在的被许可方在收到含有 FRAND 条款的许可要约三十天内,未提供书面接受条款的确认函的。

在同意令的最后,FTC 表示,鉴于通信行业对消费者的重要性以及该领域知识产权和反垄断法交叉的复杂性,该部门将继续严密监控标准必要专利的授权情况,及时制止任何反竞争的行为。[③] FTC 的上述行动有助于确保消费者继

---

① In the Matter of Google Inc. ,FTC File No. 121 – 0120,Statement of the Federal Trade Commission (January 3,2013) at p. 2,http://ftc. gov/os/caselist/1210120/130103googlemotorolastmtofcomm. pdf.

② In the Matter of Motorola Mobility Llc. , and GOOGLE Inc. ,Docket No. C – 4410,Decision and Order (July 24,2013),p. 7,https://www. ftc. gov/sites/default/files/documents/cases/2013/07/130724googlemotorolado. pdf.

③ Department of Justice,Office of Public Affairs,"Statement of the Department of Justice's Antitrust Division on Its Decision to Close Its Investigations of Google Inc. 's Acquisition of Motorola Mobility Holdings Inc. and the Acquisitions of Certain Patents by Apple Inc. ,Microsoft Corp. and Research in Motion Ltd."

续享受在重要技术市场竞争和创新带来的好处。

## (三)ITC

在美国,除了法院有权发布禁令,根据《1930 年关税法》,ITC 也有权发布排除令来禁止被控侵犯标准必要专利权的商品进口到美国市场。而且,由于 ITC 作为行政机构可以免受禁令救济传统四要素检验的约束,ITC 发布排除令的案件数量曾一度居高不下。比如在 2013 年三星诉苹果电子产品案中,ITC 终裁认定苹果对三星涉及 3G 通信技术的标准必要专利构成侵权,并针对苹果的手机和平板电脑产品颁布了禁止进口到美国的排除令和制止令等禁令。① 但最终由于 ITC 颁发的禁令将损害市场竞争和消费者的利益,奥巴马政府否决了 ITC 的决定,并提出颁发禁令之前应对社会公共利益受到的影响进行全面细致的评估。② 同年,美国司法部和专利商标局在联合发布的《F/RAND 义务下的标准必要专利救济方式的政策声明》③中指出,“美国国际贸易委员会对作出 FRAND 承诺的标准必要专利权人的排他性救济,即颁布排除令,可能引发专利劫持进而损害竞争,这样的救济与社会公共利益不相符”。此外,该声明还表示当潜在的被许可人明确拒绝就 F/RAND 条款进行谈判时,禁令救济可能是适当的。该声明一度保护了潜在的标准实施者的利益,限制了标准必要专利权人的强大市场力量。然而,这项 2013 年联合发布的规则声明在 2019 年 12 月被《司法部、专利和商标局和国家标准与技术研究院关于 F/RAD 义务下的标准必要专利救济方式的联合政策声明》④所取代,原因在于 2013 年声明“被错误地解读

---

① In the matter of Certain electronic devices, Including wireless Communication devices, Portable music and data Processing devices and tablet Computers, Inv. No. 337 – TA – 794, available at https://www.usitc.gov/secretary/fed_reg_notices/337/337794_notice06042013sgl.pdf.

② Obama administration stops ban on import, sale of older Apple devices.

③ U. S. Dep't of Justice and U. S. Pat. & Trade Off., Policy Statement on Remedies for Standards-Essential Patents Subject to Voluntary F/RAND Commitments 1 – 10 (Jan. 8, 2013), https://www.justice.gov/sites/default/files/atr/legacy/2014/09/18/290994.pdf.

④ USPTO, DOJ & NIST Issue Joint Policy Statement on Remedies for Standard Essential Patents Subject to Voluntary F/RAND Commitments (Dec. 19, 2019), p. 4, https://www.uspto.gov/sites/default/files/documents/SEP%20policy%20statement%20signed.pdf.

为暗示了针对标准必要专利权人的特殊救济措施即寻求禁令或排除令可能会损害竞争”。2019 年版声明明确指出，专利所有人以 F/RAND 条款许可专利的承诺并不妨碍其获得任何特定补救措施，包括禁令救济。因此，ITC 和其他决策者能够根据当前法律和相关事实评估是否可以颁发禁令或排除令，关键是在个案当中实现公平与利益平衡。

从上述分析可以看出，美国司法目前并没有明确的适用反垄断法规制禁令救济的案例，更多是遵循传统的禁令救济四要素检验法在个案中加以分析判断。美国的反垄断执法机构往往将标准必要专利权人不合理寻求禁令的行为视作不公平竞争行为，进而通过适用《联邦贸易委员会法》第 5 条加以规制。但是，尽管有 Bosch 公司和谷歌的调查案，运用第 5 条去规制禁令救济的滥用行为的合理性仍处于讨论中。此外，2019 年新发布的关于标准必要专利救济的联合规则声明一改 2013 年版声明对被许可方利益的着重保护，明确表示寻求或实施禁令是标准必要专利权人的合法救济权利，不能一味禁止，而应在个案中根据竞争和效率的影响作出裁决。因此可以说美国的司法、执法机构在运用反垄断法规制标准必要专利权人寻求及实施禁令救济的行为方面，采取了相当谨慎的态度。

## 二、欧盟对标准必要专利禁令救济的反垄断规制

就专利权人的禁令救济权而言，欧洲议会和理事会发布的《2004/48 知识产权执法指令》中规定，[1]为了防止对知识产权迫在眉睫的侵犯，成员国应确保司法当局可以应申请人的要求对被控侵权人发布临时禁令。欧盟《统一专利法院协定》（UPCA）第 63 条规定，当裁定专利侵权成立时，为防止专利权继续受到侵害，法院可以针对侵权人颁布禁令。[2] 该条实质授予了专利权人寻求永久性

---

① Directive 2004/48/EC of the European Parliament and of the Council of 29 April 2004 on the enforcement of intellectual property rights [2004] L157/70. Article 9 “provisional and precautionary measures”.

② UPCA: Article 63: “Where a decision is taken finding an infringement of a patent, the Court may grant an injunction against the infringer aimed at prohibiting the continuation of the infringement”, http://eplaw.org/wp-content/uploads/2017/11/EPLAW-Discretion-Injunctive-Relief-UPC.pdf.

禁令救济的权利。当涉及标准必要专利时，鉴于占据市场支配地位的专利权人可能以寻求禁令为手段实施不公平交易条件或拒绝许可，这就为 TFEU 第 102 条的适用提供了可能。欧盟法院及竞争执法机构如何利用反垄断法对标准必要专利权人寻求禁令救济的行为进行规制，笔者将结合以下具体案例进行分析。

### (一) 橙皮书标准案

本案中，飞利浦和索尼开发的可记录和可重写 CD-Rs 和 CD-RWs 技术被纳入德国"橙皮书"标准中成为标准必要专利，但并未作出 FRAND 承诺或声明。专利权人飞利浦在与标准实施者 LG 和 OLG 协商过程中，认为被许可方提出的报价太低从而拒绝许可，之后以 LG 和 OLG 未经其同意使用其专利并销售相关产品为由向法院寻求专利侵权禁令救济，而被控侵权方主张原告的行为构成滥用市场支配地位，因而提出了强制许可抗辩。[①]

2009 年 5 月 6 日，德国联邦最高法院发布了橙皮书判决，认定原告飞利浦在相关市场上构成垄断地位，潜在被许可人可以针对其寻求禁令的行为提出反垄断抗辩。但是由于该案被告方没有满足法院要求的反垄断抗辩成立条件，最终支持了原告的禁令请求。

法院在分析中表明，在专利侵权案件中，专利有效且侵权事实存在的情况下，若被控侵权者想成功阻止专利权人寻求或实施禁令，必须证明：(1) 专利权人占据市场支配地位，即涉诉专利对进入相关市场而言具有必要性和不可替代性。(2) 专利权人拒绝许可的行为缺乏合理且公正的理由。(3) 被控侵权人能够证明自己有意愿支付许可费，为了证明其希望获得专利许可的诚意及善意，需要提供以下证据：①被许可人已经向专利所有人提出了一份商业上和法律上均可接受的许可要约，该要约内容使专利权人没有客观、非歧视的理由无法拒绝，比如承诺无条件的且不可撤销的履行许可条款的要约[②]；②被许可人要证明

---

① BGH, GRUR 2009, 694 Rn 27 – Orange-Book-Standard.

② Orange Book Standard, Federal Supreme Court [BGH], decision taken on May 6, 2009, – KZR 39/06. p. 14 – 15, https://www.ieforum.nl/backoffice/uploads/file/IEForum/IEForum%20Uitspraken/Octrooirecht/EN%20Translation%20BGH%20Orange%20Book%20Standard%20–%20eng.pdf.

自己不仅愿意支付许可费，而且有能力支付许可费，比如已经向专利持有人支付或者通过托管账户保证支付应当给予的许可费，原因在于被控告的专利使用人在诉讼前开始使用专利，推定他预期将获得许可，这种情况下，他不仅要“预期”他的合同权利，还应“预期”支付许可费的合同义务。而本案中被控侵权人提供的证据并不足以证明其获得专利许可的主观善意和专利权人拒绝许可的恶意。此外，法院进一步指出，对于占据市场支配地位的专利权人而言，只有在其拒绝无条件的许可要约或者提出歧视性条款时，才构成支配地位的滥用。由此可见，法院为潜在的被许可人依据竞争法援引强制许可抗辩规定了较为严格的举证责任。

尽管“橘皮书标准”案的争议必要专利并不涉及 FRAND 承诺，但判决中形成的标准必要专利禁令救济分析框架对之后在欧洲发生的标准必要专利禁令诉讼案件产生了深远影响，大量被告在标准必要专利权人不合理寻求禁令救济时，均以德国和欧盟的竞争法为依据，不同程度地援引“橙皮书标准”提出反垄断抗辩。但需要注意的是，“橙皮书标准”案中涉诉标准必要专利是事实上的标准，由于不受 FRAND 声明或承诺的约束，德国联邦最高法院对专利权人的态度更加宽容一些，这也意味着本案的裁决规则并不能毫无保留地运用于涉及 FRAND 承诺的标准必要专利案件中。

### (二)三星标准必要专利垄断案

三星公司拥有 UMTS 标准下的必要专利，且在 ETSI 制定标准的过程中作出了以 FRAND 条款进行专利许可的承诺。① 然而，自 2011 年 4 月 21 日起，三星基于其持有的 UMTS 标准必要专利陆续在法国、德国、意大利、荷兰以及英国的法院寻求针对苹果的初步禁令和永久禁令。基于上述举动，欧盟反垄断机构认为三星可能构成滥用支配地位并于 2012 年 1 月 30 日对三星系列公司开启了反垄断调查。

① See Case At. 39939 – Samsung-Enforcement Of UMTS Standard Essential Patents, https://eur-lex.europa.eu/legal-content/EN/TXT/PDF/?uri=CELEX:52014XC1004(01)&from=EN.

欧盟委员会最终裁决认为，三星以苹果侵犯其持有的3G标准必要专利为由寻求禁令救济的行为构成市场支配地位的滥用，因而违反了TFEU第102条的规定。鉴于UMTS标准制定过程中三星承诺以FRAND条款许可其标准必要专利，表明三星期望以许可收入的形式获得其标准必要专利的报酬，而不是利用专利的专有权排除他的市场竞争者。在这一特殊情况下，只有在潜在的被许可人拒绝订立或履行FRAND许可条款时，标准必要专利权人才有客观正当理由寻求禁令救济。然而在本案中，苹果公司一直在争取与三星进行谈判，并不存在恶意拖延或拒绝谈判的行为，因此三星在欧洲经济区多地法院请求禁令是缺乏正当理由的。加之三星被认定为具备市场支配地位，如果禁令被批准，其竞争对手苹果就会被排除出欧洲的移动通信产品市场，因此受到了TFEU第102条的规制。

尽管欧盟委员会对作出FRAND承诺的标准必要专利权人的禁令救济权进行了限制，但欧盟委员会也分析指出，当潜在被许可人存在以下情况时，标准必要专利权人针对其侵权行为请求禁令救济是被允许的：(1)潜在被许可人财政困难和无力支付；(2)潜在被许可人的资产被法院扣押，即没有充分可供赔偿侵权的资产；(3)潜在被许可人拒绝接受符合FRAND原则的许可协议。因此不愿支付以及没有能力支付FRAND许可费都属于现在被许可人非善意的情况。

此外，欧盟委员会的裁决中还为三星提供了许可条款的谈判框架，其中包括不超过12个月的谈判期；如果谈判期满时双方仍未达成符合FRAND原则的许可协议，则由法院或仲裁机构等第三方确定单方面许可或交叉许可的FRAND许可条款。三星也将该许可框架纳入了“谈判邀请”中。但需要注意，潜在的被许可人也可以拒绝签署许可框架，这并不意味着其拒绝接受FRAND条款，而是应当由法院或仲裁庭结合案件具体情况进行评估。

在欧盟委员会针对三星展开反垄断调查的同年年底，三星公司就单方面宣布撤销其在欧洲经济区的禁令。调查结束后的最终文件里三星承诺自收到欧盟委员会正式通知之日起五年内，不会在其有关智能手机和平板电脑的标准必要专利的基础上，针对善意的潜在被许可人向欧洲经济区内的任何法院或法庭寻求禁令，并且会遵守许可框架与标准实施者进行专利授权谈判。上述承诺为三星 UMTS 标准下必要专利的所有潜在被许可方提供了一个"安全港"(safe-harbour),使其免于禁令救济的威胁。而且"安全港"规则与橙皮书标准案中关于禁令救济抗辩的要求相比,潜在被许可方的善意门槛要低一些,举证责任也更轻。

### (三)摩托罗拉标准必要专利垄断案

2011 年 4 月 1 日,摩托罗拉以苹果侵犯其三项专利为由,向德国曼海姆地区法院申请禁令救济,试图使苹果公司停止在德国销售任何使用其专利的苹果产品。其中两项专利是标准必要专利。[①] 2011 年 12 月 9 日,曼海姆地区法院做出判决认为苹果侵犯了摩托罗拉拥有的 GPRS 标准必要专利并颁发了禁令。[②]在禁令执行之前,苹果公司向摩托罗拉提出了五次许可要约,但主要基于以下两点理由被拒绝:(1)未将 iPhone 4S 列入侵权产品;(2)未承诺如果将来苹果试图质疑已授权的标准必要专利的有效性,摩托罗拉将有权终止许可协议。2012 年 12 月 30 日摩托罗拉宣布执行禁令的当天,苹果公司提出了第六次"橙皮书"要约,其中承诺将 iPhone 4S 列入侵权产品并同意终止条款,此后其暂缓执行禁令的申请才得到上诉法院的同意。从上述苹果公司与摩托罗拉的许可协议谈判过程来看,摩托罗拉寻求并实施禁令的行为使苹果被迫接受了原先拒绝的不合理许可条件。鉴于此,苹果公司于 2011 年起向欧盟委员会举报摩托罗拉就其标准必要专利的禁令救济涉嫌违反竞争法。基于苹果公司的举报,欧盟委员会正式启动了针对摩托罗拉的反垄断调查。

2014 年,欧盟委员会作出最终裁决,认为摩托罗拉向德国法院寻求和实施针对苹果公司禁令的行为违反了 TFEU 第 102 条[③]和《欧洲经济区协议》(EEA)

---

① 一项被宣布为 UMTS 移动通信标准的必要专利,另一项 Cudak 专利已被宣布为 GPRS 标准的必要专利。

② See Case AT. 39985 – Motorola-Enforcement of GPRS Standard Essential Patents, p. 21, https://ec.europa.eu/competition/antitrust/cases/dec_docs/39985/39985_928_16.pdf.

③ TFEU 第 102 条对滥用市场支配地位行为进行了概括性描述,并规定滥用行为包括但不限于:(1)施加不公平交易条件行为;(2)限制生产、销售或技术发展,使消费者遭受损害的行为;(3)歧视性商业行为;(4)搭售和附加其他不合理交易条件的行为。

第54条[①]，原因在于：一方面，在GPRS标准制定过程中摩托罗拉承诺按照FRAND条款许可GPRS标准必要专利；另一方面，苹果并非不愿意达成符合FRAND条款的许可协议。有证据显示苹果公司在2011年7月20日就向摩托罗拉发出了第一份“橙皮书”许可要约，并且被拒绝后又陆续提出了5次要约，每次内容都作出了一定妥协。而摩托罗拉在苹果公司提出第二份橙皮书要约后仍坚持寻求并实施禁令，该行为可能产生以下反竞争的效果：(1)暂时禁止苹果公司GPRS兼容产品在德国进行线上销售，这既限制了消费者的选择权也部分削弱了下游产品的竞争。(2)在和解协议中包含了不利于苹果公司的许可条款，其中包括：①如果苹果对和解协议覆盖的标准必要专利的有效性质疑，摩托罗拉有权终止许可。就终止条款而言，一方面该条款限制了苹果公司就和解协议所覆盖的标准必要专利的许可费进行谈判的能力，因为无法排除个别可能无效的必要专利使用费，另一方面也可能导致其他潜在被许可方对无效专利付费，这会增加标准产品的生产成本并最终将相应负担转嫁给消费者。[②] ②苹果公司承诺将iPhone 4S列入和解协议涵盖的侵权产品名单。③苹果公司承认摩托罗拉对过去损失的索赔。这项承诺也于苹果公司不利，因为摩托罗拉是基于GPRS标准下Cudak这一必要专利技术寻求禁令的，而苹果公司因该禁令所承认的是过去的侵权行为，其中还涉及德国的2G、3G和Wi-Fi/WLAN标准必要专利，这些都没有经过法院审查。(3)通过实施禁令强迫苹果公司接受不合理许可条件还可能对标准的更新及制定产生负面影响。标准化组织为专利权人设置FRAND承诺的义务就在于平衡必要专利持有人和标准实施者之间的利益，苹果公司在第二次“橙皮书”要约中，明确同意以德国法院制定的FRAND许可费率签订许可协议，但是未被接受，之后在禁令的压力下作出了更多让步，

---

① Agreement on the European Economic Area, Article 54. “在本协定范围内或在本协定大部分范围内具有支配地位的一个或多个经营者的任何滥用行为，当其可能影响缔约方之间贸易时，应被禁止，因为这与本协定的运作不相符合。这种滥用特别可能包括：(a)直接或间接施加不公平的销售价格或其他不公平的贸易条件；(b)在损害消费者利益的情况下限制生产、市场或技术发展；(c)对与其他贸易方进行的同等交易适用不同的条件，从而使它们处于竞争不利地位；(d)缔约各方必须接受补充义务，而补充义务就其性质或按照商业惯例而言与该等合同的标的无关。”

② See Case AT. 39985 – Motorola-Enforcement of GPRS standard essential patents, p. 60.

长此以往会削弱人们对标准制定的信心,损害消费者的利益。

在欧盟委员会调查过程中,摩托罗拉曾否认禁令的实施产生了排除、限制竞争的效果,因为其认为禁令只持续了几个小时且只禁止了苹果在德国的线上销售,并不影响实体店、第三方网站等其他销售渠道的销售。欧盟委员会并未接受这一说法,并指出排除苹果产品的时间长短并不重要,只要专利权人的行为有能力排除、限制竞争,就应该受到 TFEU 第 102 条的规制。此外,欧盟委员会认为针对苹果公司的禁令之所以持续时间短,是因为苹果公司在禁令执行后立即接受了摩托罗拉提出的于其不利的许可条款;而且针对苹果公司线上销售的禁令的执行,实际上将苹果在德国的所有销售置于风险之中,加之移动设备市场的产品周期较短,因此摩托罗拉寻求并执行禁令的行为对竞争产生的负面影响并不小。

还有一个问题值得关注,即摩托罗拉滥用市场支配地位寻求并执行禁令的行为已于 2012 年 5 月 29 日结束,但是欧盟委员会于 2014 年作出认定垄断的裁定,背后的合法依据在于:(1)鉴于和解协议仍然有效,其中的某些条款可能会影响 FRAND 许可费率及损害赔偿额,因此摩托罗拉的行为可能造成的反竞争影响仍然存在;(2)行业参与者之间关于标准必要专利权人寻求并实施禁令的争议大量存在,是个值得关注的问题;(3)当时仍没有关于标准必要专利权人寻求和执行禁令的合法性的联盟裁决实践。各国法院在处理这一问题时,往往得出实质上不同的结果,因此欧盟的此次反垄断实践可以为相似争端的统一裁决作出贡献。总而言之,欧盟委员会通过积极的反垄断执法,在客观判断 FRAND 原则的遵守情况及双方的主观善意后,规制了摩托罗拉的禁令滥用行为,有利于维护市场竞争秩序,也为后续反垄断法对标准必要专利权人寻求及实施禁令的合理性判断提供了基本原则。

### (四)华为诉中兴公司案

华为技术有限公司是我国电信领域的领军企业,2009 年 3 月其拥有的某项与智能手机有关的专利技术被 ETSI 纳为 LTE 标准必要专利,同时华为承诺以 FRAND 条款向第三方授权专利的使用。2010 年 11 月至 2011 年 3 月,华为与另一个活跃于电信行业的跨国公司——中兴通信公司就华为持有的 LTE 标准必要专利的许可条款展开谈判，华为提出了其认为合理的 FRAND 许可费，而中兴希望达成交叉许可协议，双方一直未达成许可协议。2011 年 4 月 28 日，根据《欧洲专利公约》第 64 条①和德国《专利法》第 139 段②的规定，华为对中兴未经许可使用其专利的行为起诉到德国地方法院寻求损害赔偿，并提出了禁令救济。中兴公司抗辩称华为公司忽视其谈判意愿并寻求禁令救济的行为是一种违反 TFEU 第 102 条滥用支配地位的行为。

德国地方法院在审查华为的禁令之诉是否构成滥用市场支配地位时，发现德国联邦最高法院与欧盟委员会对该问题的审查方法存在差异。若按照德国联邦最高法院判决的橙皮书标准案的观点，中兴作为被许可方向华为提出的要约并非"无条件"，而且在未经许可继续使用专利的情况下，并未预先履行合同支付或托管相应许可费，因此华为寻求禁令救济的行为具有正当性。但如果按照欧盟委员会在三星标准必要专利垄断案和摩托罗拉标准必要专利垄断案中的确立的安全港规则，作为被许可方的中兴具备谈判意愿的情况下，受 FRAND 承诺约束的标准必要专利权人寻求禁令救济的行为可能被认定为滥用市场支配地位。基于上述矛盾，2013 年 3 月 21 日，德国杜塞尔多夫法院根据 TFEU 第 267 条③请求欧盟法院就以下问题作出初步裁决：(1) 向标准化组织作出 FRAND 承诺的标准必要专利权人对声称有谈判意愿的专利侵权人提起禁令之诉，是否构成 TFEU 第 102 条所禁止的滥用市场支配地位；(2) 关于"有谈判意愿"，TFEU 第 102 条是否规定了量化的或时间上的标准，比如只需专利侵权人声称具备还是需要实质上已经展开了谈判；(3) 如果被控侵权人提交一个可接受的、无条件的许可要约是专利权人构成滥用支配地位的先决条件，该许可要

---

① The European Patent Convention Article 64 "Rights Conferred by a European Patent"：(3) Any Infringement of a European Patent Shall be Dealt with by National Law.

② CJEU, Judgment of the Court (Fifth Chamber) in Case C – 170/13, 16 July 2015, Para. 10, http://curia.europa.eu/juris/document/document.jsf? docid = 165911&mode = lst&pageIndex = 1&dir = &occ = first&part = 1&text = &doclang = EN&cid = 6216178.

③ TFEU Article 267："欧盟法院对下列事项的初步裁决有管辖权：(a) 对本条约的解释……" https://eur-lex.europa.eu/legal-content/EN/TXT/PDF/? uri = CELEX:12012E/TXT&from = EN。

约需符合什么特点及时间要求;(4)被控侵权人是否需要履行及如何履行“预期”许可协议的义务,如是否需要对过去使用专利的行为作出解释并支付许可费;(5)上述标准必要专利权人滥用市场支配地位的判断标准是否适用于禁令以外的其他救济措施。①

欧盟法院针对上述问题首先表明,专利权人寻求禁令救济的行为本身并不违法,相反给予其禁令救济权有利于更好地保障专有权、促进创新。但是鉴于标准必要专利权人在专利标准化过程中大多向标准化组织承诺按照FRAND原则授权专利许可,基于第三方对此产生的“合理期待”及标准必要专利的特性,必要专利持有人寻求禁令救济的行为应当受到一定限制。欧盟法院也在裁决中也指出,只有在符合下述条件时,作出FRAND承诺的标准必要专利权人对被许可方寻求或实施禁令救济,才不会被视为违反TFEU第102条滥用支配地位条款的行为:(1)在提起诉讼之前,标准必要专利所有者已经向被控侵权人发出诉讼警告并指明标准必要专利及其侵权方式;(2)在被控侵权人表达出订立FRAND条款的谈判意愿后,专利权人向被控侵权人提出一个包含各项条款的许可要约,并明确许可费及其计算方式;(3)被控侵权人收到上述要约后并未按照本领域公认的商业惯例及诚实信用原则作出勤勉的回应,比如未及时作出符合FRAND原则的反要约,或者反要约被专利权人拒绝之后,在没有提供适当保证金的情况下继续使用该涉诉专利。此外,还需注意尽管在某些情形下标准必要专利权人被禁止寻求禁令救济,但是其仍然有权实施请求损害赔偿等其他的救济措施,这也是欧盟法院对德国地方法院第五个问题的回答。

综上所述,欧盟法院并非认为专利权人可以不受限制地行使禁令救济权,但也不认同标准必要专利权人一提出禁令救济就自动引发反垄断审查。欧盟法院对TFEU第102条的解释,实际上提供了一套善意的标准必要专利权人与潜在被许可人之间的协商谈判程序,企图通过规定双方在协商过程中的义务,来明确禁令救济的滥用边界及被控侵权人反垄断抗辩成立的前提条件。与橙

---

① CJEU, Judgment of the Court (Fifth Chamber) in Case C – 170/13, 16 July 2015, Para. 39(1) – (5).

皮书标准案和欧盟委员会针对三星和摩托罗拉的反垄断调查案相比,欧盟法院的禁令救济规则更强调在标准必要专利权人和被诉侵权人之间寻求利益平衡。因为它既没有像橙皮书标准案中一样,要求被许可人提出合理、无条件的要约并预先履行要约内容作为反垄断抗辩成立的条件,也没有像欧盟委员会确立的安全港规则那样有过度保护被许可人利益的偏向,而是开辟了一条中间道路,更好地平衡了专利许可双方及社会公共利益。2020 年,德国慕尼黑第一法院根据欧盟法院在华为诉中兴案中确立的禁令救济规则发布了《关于审理侵犯专利权纠纷案件时反垄断强制许可抗辩适用指南》,指南中正式明确标准实施者拥有质疑专利有效性的权利,明文否定了之前德国联邦最高法院在橙皮书案中的有关观点,此外还重申了 FRAND 许可谈判双方所负担的谈判义务,为实践中如何具体适用该规则提供了指导。

从上述欧盟成员国法院及竞争执法机构的实践可以看出,鉴于颁发永久性禁令会对被控侵权人产生排除、限制竞争的后果,欧盟反垄断执法机构往往依据 TFEU 第 102 条对标准必要专利权人寻求禁令救济的行为进行审查和规制。与美国的实践不同,欧盟竞争执法机构明确了滥用禁令救济构成非法滥用市场支配地位,并在具体的案例中阐明了非法寻求或实施禁令行为的判断要件。基于欧盟法院和欧盟委员会的实践,本书对 TFEU 第 102 条的适用也有了进一步的认识:首先,法院颁发禁令的行为并不会影响标准必要专利权人禁令救济可能存在的滥用性质。换句话说,是否寻求或实施禁令属于摩托罗拉自由裁量权的范畴,即使法院批准执行禁令,仍不能免除摩托罗拉根据 TFEU 第 102 条所承担的义务①。其次,第 102 条对限制竞争或有能力限制竞争的行为都予以禁止,而不论其成功与否。比如摩托罗拉诉苹果案中,尽管摩托罗拉针对苹果的禁令只持续了几个小时且只针对其在德国的线上销售,实际对竞争造成的限制微乎其微,但欧盟委员会还是基于摩托罗拉的行为有能力对竞争造成负面影响而进行了反垄断规制。此外,同样是适用 TFEU 第 102 条对标准必要专利禁令救济进行分析,法院和反垄断执法机构对案件的规制后果却有细微差别。从德

① Case At. 39985 – Motorola-Enforcement of Gprs Standard Essential Patents, p. 56.

国联邦最高法院及欧盟法院的实践来看,当标准必要专利权人寻求禁令救济的行为构成对支配地位的滥用时,其规制后果通常是认定潜在被许可方的反垄断抗辩成立,对专利权人的禁令请求不予支持。而欧盟委员会作为反垄断执法机构运用第102条的规制后果则更为丰富。一方面,根据法规(EC) No. 1/2003第7(1)条[①],如果欧盟委员会发现存在违反TFEU第102条和EEA协议第54条的行为,其可以通过决定要求有关企业终止这种侵权行为。如果侵权行为已经结束,欧盟委员会可以认定过去曾发生过侵权行为,比如摩托罗拉标准必要专利垄断案中,摩托罗拉滥用市场支配地位寻求并执行禁令的行为已于2012年5月29日结束,但是欧盟委员会仍继续调查并于2014年作出反垄断裁定。为了确保一项决定的有效性,欧盟委员会还可以要求主导企业避免采取任何与被认定的滥用行为具有同等效力的措施。另一方面,根据条例(EC) No. 1/2003第23(2)条,欧盟委员会可以通过决定对故意或过失违反TFEU第102条和EEA协议第440条的经营者处以罚款,欧盟委员会在选择是否处以罚款时有自由裁量权。上述更为全面且彻底的规制措施,无疑使得反垄断执法机构对标准必要专利权人滥用禁令救济的行为有更强的威慑力。

综合美国和欧盟对标准必要专利禁令救济的反垄断规制实践,我们可以看到禁令救济作为维护知识产权的重要手段被各国法律普遍承认,标准必要专利权人寻求和实施禁令本身并不构成对支配地位的滥用。但是,在特殊情况即缺乏客观理由的情况下,必要专利权人寻求禁令可能构成权利滥用。

---

① See Council Regulation (EC) No. 1/2003 of 16 December 2002, Article 7 "Finding and termination of infringement", https://eur-lex.europa.eu/legal-content/EN/TXT/PDF/? uri = CELEX:32003R0001&from = en.

## 第四节　我国标准必要专利禁令救济的现状及问题

### 一、我国标准必要专利禁令救济的现状

#### (一)立法实践

我国法律文本没有直接使用“禁令”一词,而是使用了与其具有类似效果的“停止侵权”来表述。我国涉及标准必要专利禁令救济的规定性文件类型多样,包括法律、行政法规、地方性法规、司法解释和法院内部审判指引等。[①] 为了厘清现有立法内容,笔者选择对相关规范性文件进行梳理。

在法律层面,我国《专利法》第 65 条规定……管理专利工作的部门处理时,认定侵权行为成立的,可以责令侵权人立即停止侵权行为。我国《专利法》第 72 条则对诉前停止侵权采取的措施进行了规定。[②] 此外,《民法典》第 179 条的规定,承担侵权责任的方式包括停止侵害。上述法律条款表明我国的法院及专利工作行政部门有权颁发禁令,为专利权人寻求禁令救济提供了法律基础。

在行政法规层面,国务院反垄断委员会 2017 年发布的《关于滥用知识产权的反垄断指南(征求意见稿)》规定了分析、认定拥有市场支配地位的标准必要专利权人申请禁令救济的行为是否具有排除、限制竞争效果时,围绕专利许可双方在谈判过程中的行为所需考虑的因素。但是在 2019 年正式印发的反垄断指南中删除了与禁令救济相关的内容。

司法解释层面,最高人民法院发布的《关于审理侵犯专利权纠纷案件应用法律若干问题的解释(二)》第 24 条对与标准有关的专利侵权禁令救济作出了

---

① 参见袁波:《标准必要专利禁令救济立法之反思与完善》,载《上海财经大学学报》2018 年第 3 期。

② 我国《专利法》第 72 条规定,专利权人或利害关系人有证据证明他人正在实施或者即将实施侵犯专利权、妨碍其实现权利的行为,如不及时制止将会使其合法权益受到难以弥补的损害,可以在起诉前依法向人民法院申请采取财产保全、责令作出一定行为或禁止作出一定行为的措施。

相应规定，[1]即着眼于标准必要专利权人和被控侵权人的主观过错程度，提出标准必要专利权人与被控侵权人在协商专利许可条件时，前者“故意违背公平、合理、非歧视的许可义务”而后者“无明显过错”的情况下，专利权人对禁令救济的申请将不会得到支持。但是该司法解释存在两处罅隙——一方面欠缺对公共利益的考量，另一方面该规定只针对推荐性标准中明示的必要专利，而未提及未明示的专利及强制性标准中所含必要专利。[2]

法院内部审判指引虽不属于立法或司法解释，但其作为具有引导作用的规定性文件也不可忽视其重要性。请见《最高人民法院关于审理专利纠纷案件适用法律问题的若干规定》。[3] 再结合前述《专利法》中第65条和第72条的规定，可见我国法律分别赋予了行政机关和司法机关颁发禁令的权利，而且从法律文本规定来看，行政机关有权发布永久性禁令，司法机关根据审判进程既可以颁布诉前禁令、诉中禁令这类临时性禁令，也可以在专利侵权成立后颁布永久性禁令。此外，北京市高级人民法院《专利侵权判定指南(2017)》提出了两个与禁令救济密切相关的问题：一是指出根据必要专利授权许可双方的过错程度来决定是否支持专利权人请求停止实施专利的主张；二是列举了被诉侵权人在标准必要专利许可协商过程中存在明显过错的行为。无独有偶，《广东省高级人民法院关于审理标准必要专利纠纷案件的工作指引(试行)》中规定在专利侵权纠纷中，根据标准必要专利权人与标准实施者双方在许可谈判过程中的主观过错来判断是否颁发禁令，而在垄断纠纷中按照反垄断法的基本分析框架分析禁

---

① 最高人民法院发布的《关于审理侵犯专利权纠纷案件应用法律若干问题的解释(二)》第24条第1、2款规定：“推荐性国家、行业或者地方标准明示所涉必要专利的信息，被诉侵权人以实施该标准无需专利权人许可为由抗辩不侵犯该专利权的，人民法院一般不予支持。推荐性国家、行业或者地方标准明示所涉必要专利的信息，专利权人、被诉侵权人协商该专利的实施许可条件时，专利权人故意违反其在标准制定中承诺的公平、合理、无歧视的许可义务，导致无法达成专利实施许可合同，且被诉侵权人在协商中无明显过错的，对于权利人请求停止标准实施行为的主张，人民法院一般不予支持。”

② 参见袁波：《标准必要专利禁令救济立法之反思与完善》，载《上海财经大学学报》2018年第3期。

③ 《最高人民法院关于审理专利纠纷案件适用法律问题的若干规定》第8条规定：“人民法院决定中止诉讼，专利权人或者利害关系人请求责令被告停止有关行为或者采取其他制止侵权损害继续扩大的措施，并提供了担保，人民法院经审查符合有关法律规定的，可以在裁定中止诉讼的同时一并作出有关裁定。”参见韩伟、徐美玲：《标准必要专利禁令行为的反垄断规制探析》，载《知识产权》2016年第1期。

令救济问题。[①]

## (二)司法实践

### 1. 华为诉IDC案

华为公司与IDC公司均是ETSI的成员。2009年9月,IDC公司曾发表声明,称其拥有无线通信领域2G、3G、4G技术标准下的大量标准必要专利及专利申请,并承诺将遵循公平、合理、无歧视的FRAND原则授权标准组织的其他成员实施其专利。[②] 华为公司作为无线通信设备生产商,为了符合中国对通信产品的技术标准要求,请求IDC公司就其在中国的相关标准必要专利进行许可。[③] 在许可谈判过程中,IDC公司提出就2G、3G、4G标准中其拥有的所有必要专利进行应支付许可费的、全球性的、非排他性的许可,并要求华为公司将其所有专利给予IDC公司免费许可。还坚称对任何一项要约的否认均视为对整体邀约的拒绝。此外,华为公司认为IDC公司对其主张的专利许可费,远高于其已授权给苹果、三星等公司的许可费,故拒绝了其要约。在华为秉持着善意谈判态度的情况下,IDC公司以侵犯专利为由于2011年7月分别向美国特拉华州地方法院、ITC起诉华为公司,并请求对华为公司启动337调查,禁止华为公司制造、销售、进口3G产品。[④] 在此背景下,华为公司于2011年12月以IDC公司为被告向深圳市中级人民法院提起诉讼,以IDC公司滥用市场支配地位为由请求法院追究其法律责任。[⑤]

一审法院及上诉法院均认为,在许可谈判过程中,IDC公司向华为提出的许可要约违反了公平、合理、无歧视原则,而且以寻求禁令为手段,威胁华为接

---

① 参见《广东省高级人民法院关于审理标准必要专利纠纷案件的工作指引(试行)》,载《竞争政策研究》2018年第3期。

② 参见祝建军:《标准必要专利使用费条款:保密抑或公开——华为诉IDC标准必要专利案引发的思考》,载《知识产权》2015年第5期。

③ 参见广东省高级人民法院民事判决书,(2013)粤高法民三终字第305号。

④ 参见祝建军:《标准必要专利使用费条款:保密抑或公开——华为诉IDC标准必要专利案引发的思考》,载《知识产权》2015年第5期。

⑤ 参见广东省高级人民法院民事判决书,(2013)粤高法民三终字第306号。

受其主张的高额许可费、单方免费交叉许可及其他歧视性的许可条件。基于作为标准必要专利权人的 IDC 寻求并实施禁令的行为会导致华为的出口产品被排除出美国市场,造成排除、限制竞争的后果,法院最终认定 IDC 构成滥用市场支配地位。其实,华为诉 IDC 案是我国法院审理的第一起标准必要专利禁令救济的垄断纠纷案件,在裁判中法院考量了行为主体的善意状态,并将其作为判断滥用市场支配地位的因素之一,但是并未像欧盟法院审理华为诉中兴案那样,对标准必要专利权人和被许可方"善意"的具体表现进行明确的论述。

2. 西电捷通诉索尼案

原告西电捷通公司拥有一款名称为"一种无线局域网移动设备安全接入及数据保密通信的方法"的专利①,随后该专利经申请被纳入了与无线局域网有关的国家强制性标准②成为标准必要专利。在标准制定过程中,西电捷通公司承诺其或其委托授权的第三方愿意与任何将使用该标准专利权的申请者,在合理的无歧视的条件下协商专利授权许可,即作出了 FRAND 声明。被告索尼公司作为移动通信设备制造商,自 2009 年 3 月至 2015 年 3 月,通过电子邮件与西电捷通就上述标准必要专利的许可问题进行了协商,但一直未达成许可协议。2015 年 7 月,西电捷通向北京知识产权法院提起诉讼,请求法院判定索尼公司立即停止使用原告涉案专利,立即停止生产、销售使用原告涉案专利的手机产品并赔偿相应的经济损失。③

法院在认定被告构成专利侵权后指出,一般情况下,权利人请求判令侵权人停止侵权行为的,法院应当支持,但基于国家利益、公共利益的考量,人民法院可以不判令被控侵权人停止被诉行为,而判令其支付相应的合理费用。本案中,法院并未就国家利益、公共利益展开分析,而是从标准必要专利的特点入手展开了论述。法院指出基于原告作出的 RAND 承诺,被告作为潜在被许可方有

---

① 2005 年 3 月 2 日在我国获得专利授权,专利号为 ZL02139508. X。

② 《信息技术　系统间远程通信和信息交换局域网和城域网　特定要求　第Ⅱ部分:无线局域网媒体访问控制和物理层规范》和《信息技术　系统间远程通信和信息交换局域网和城域网　特定要求　第Ⅱ部分:无线局域网媒体访问控制和物理规范:2. 4GHz 频段较高速物理层扩展规范》。

③ 参见北京知识产权法院民事判决书,(2015)京知民初字第 1194 号。

理由相信专利权人不会拒绝许可，因而实施涉案专利具有合理性基础。但若双方协商后没有达成许可协议，被告在下述两种情形中继续实施标准必要专利就无法排除专利权人寻求禁令救济的权利：(1)许可协议未果是因被控侵权人的过错，而专利权人无过错；(2)双方均有过错，在考量过错大小及平衡双方利益后，法院认为应当支持专利权人有关停止侵权的诉讼请求。① 结合案情，法院认为被告在协商过程中对原告提出的提交权利要求对照表的要求不合理，有拖延谈判的故意，因此判令支持原告要求被告停止侵权的请求。

此案表明，潜在被许可方必须善意地与标准必要专利权人进行协商，只有在被许可方无过错的情况下，法院才会基于防止专利权人滥用标准必要专利而拒绝专利权人的禁令救济请求。法院在本案中虽然提及了专利权人可能滥用标准必要专利阻止许可协议的达成，但并没有运用反垄断法进行规制。

3. 华为诉三星系列案

华为技术有限公司与韩国三星电子株式会社均是全球领先的无线通信技术产品的制造者和销售者，而且都在世界上许多国家投资设立关联公司(子公司或控股公司)。此外，两者均在世界范围内拥有大量无线通信标准必要专利且作出了相应的 FRAND 承诺。自 2011 年 7 月起华为与三星开始进行必要专利交叉许可谈判，然而至 2016 年双方仍未达成许可协议。在此背景下，华为以三星未经许可使用其拥有的八项 4G 标准必要专利为由，向深圳市中级人民法院提起系列诉讼，请求法院判令三星方立即停止侵权。② 为了对抗华为的上述专利侵权之诉，三星方亦就其持有的两件 3G、六件 4G 标准必要专利向深圳市中级人民法院起诉华为侵权，并寻求针对华为的禁令救济。③

三星方就华为的专利侵权诉讼提出了"权利用尽"抗辩，然而法院指出，三

---

① 参见北京知识产权法院民事判决书，(2015)京知民初字第 1194 号。

② 案号分别为(2016)粤 03 民初 815、816、817、838、839、840、841、842 号。专利号分别为：200810091957.6、201110269715.3、200610058405.6、200810091433.7、200880008361.3、201010137731.2、201010146531.3、201110264130.2。

③ 案号分别为(2016)粤 03 民初 1382、1383、1384、1385、1386、1387、1388、1389 号。专利号分别为：201180027314.5、201310305946.4、201310065415.2、201210298757.4、200510129702.0(3G)、201210293613.X、200480001088.3(3G)、200880126492.1。

星方与华为就4G标准必要专利的交叉许可进行谈判的五年间,从未主张华为已将4G专利许可授权高通公司使用,因而三星无须再取得华为的许可。此外,法院基于对事实的分析,认定三星在谈判过程中存在以下恶意拖延谈判的行为:(1)坚持将标准必要专利与普通专利进行捆绑谈判;(2)始终未对华为提交的标准必要专利权利要求对照表进行积极回应;(3)在报价方面消极懈怠;(4)在协议未果的情况下,华为试图将双方标准必要专利交叉许可所涉及的争议提交给中立的仲裁机构进行解决,但三星拒绝了华为的仲裁提议;(5)在法院主持的调解过程中三星没有提出实质性调解方案。① 与此相对,华为并无明显过错。因而法院认为,在双方就标准必要专利进行交叉许可谈判的过程中,三星故意违反FRAND原则,存在明显过错,遂判决三星方面立即停止以制造、销售、许诺销售的方式侵害两案涉案专利权的行为。

需要注意的是,法院还从诉讼双方所拥有的标准必要专利的实力方面分析了双方是否遵循了FRAND原则。由此可以看出,法院在判断是否批准标准必要专利权人的禁令救济请求时,会着重分析双方在谈判过程中是否存在过错、是否遵循了FRAND原则,如果被许可方存在拖延谈判的主观故意,在标准必要专利权人无过错的情况下,法院就会颁发禁令。但法院同时指出,在停止侵权判决生效后,双方仍可以进行许可谈判,双方达成协议后就可停止禁令的执行。

4. 高通诉魅族案及高通诉苹果案

高通作为全球手机芯片的主要供应商,拥有大量与3G(WCDMA和CDMA2000)及4G(LTE)无线通信标准相关的专利。魅族公司生产并销售的手机符合3G标准,但从2009年至2016年双方一直未就标准必要专利的许可协议达成一致。2016年6月,高通以魅族公司协商过程中具有明显的恶意和过错为由,同时向北京和上海的知识产权法院提起诉讼②,请求法院依法判令魅族公司立即停止侵犯其主张的九项发明专利权③,包括但不限于停止制造、销售、

① 广东省深圳市中级人民法院民事判决书,(2016)粤03民初816号。

② 参见北京知识产权法院民事裁定书,(2016)京73民初496号;上海知识产权法院民事裁定书,(2016)沪73民初473号。

③ 其中包括专利号为00807372.4的3G标准必要专利。

许诺销售侵犯原告专利权的移动通信终端产品,并停止使用侵犯高通专利权的方法。无独有偶,2017 年至 2018 年,高通陆续向国内多地法院起诉苹果及其关联公司侵犯其名称为“操作存储器装置的系统及方法”的标准必要专利,并请求法院就苹果方的侵权行为颁发禁令。①

之所以将两案放在一起讨论,是因为两起案件最终都以双方达成“一揽子”和解协议、高通撤回起诉为结果。由于法院并未进行实质判决,很难认定上述与标准必要专利相关的侵权案件中,高通是否滥用了其持有的标准必要专利、被控侵权方是否在谈判过程中违反了 FRAND 原则以及法院是否会批准原告的禁令请求。但从案件的结果来看,标准必要专利权人向法院寻求禁令救济,可能有利于专利授权许可协议尽快达成。

### (三)执法实践

1. 微软收购诺基亚设备和服务业案

2013 年 9 月 13 日,商务部收到了微软收购诺基亚设备和服务业务案的经营者集中反垄断申报,经审查,商务部决定附加限制性条件批准此项经营者集中。② 在审查决定中商务部指出,鉴于微软拥有智能手机行业大量标准必要专利,基于其向标准制定组织(SSOs)作出的 FRAND 承诺,不针对中国境内智能手机制造企业就上述专利寻求禁令或排除令,除非专利权人已遵循了 FRAND 提出许可条件,而潜在被许可人却没有善意签订 FRAND 许可并遵守这些许可条款。此外,商务部还要求诺基亚每年提交一份报告,其中包括诺基亚基于其持有的受 FRAND 承诺约束的标准必要专利寻求或执行禁令的案例。虽然全文未明确指出微软或诺基亚寻求禁令救济的行为可能具有排除、限制竞争的效果,但从上述涉及禁令的限制性要求中可以看出,商务部反垄断执法机构对标

---

① 参见青岛市中级人民法院民事裁定书,(2018)鲁 02 民初 179 号;广东省高级人民法院民事裁定书,(2018)粤民初 87 号;江苏省高级人民法院民事裁定书,(2018)苏民初 5 号之一;福建省福州市中级人民法院民事裁定书,(2018)闽 01 民初 142 号。

② 参见 2014 年商务部发布的《关于附加限制性条件批准微软收购诺基亚设备和服务业案经营者集中反垄断审查决定的公告》,载 http://fldj.mofcom.gov.cn/article/ztxx/201404/20140400542415.shtml,最后访问日期:2023 年 8 月 2 日。

准必要专利权人寻求禁令救济的行为较为关注,且原则上认为不应寻求禁令。

2. 诺基亚收购阿尔卡特朗讯股权案

2015 年 4 月 21 日,商务部收到诺基亚收购阿尔卡特朗讯股权案的经营者集中反垄断申报。① 经过调查后,商务部认为此项经营者集中对通信标准必要专利许可市场可能具有排除、限制竞争的效果,遂对这起案件附加了批准的限制条件。鉴于诺基亚在收购完成之后就会拥有大量 2G、3G、4G 蜂窝通信标准必要专利,因此商务部要求其承诺在对等的前提下,不应通过寻求或执行禁令来阻止附有公平、合理、无歧视(FRAND)许可承诺的标准必要专利的实施,除非在专利权人无过错的情况下,潜在被许可人恶意拖延谈判或者没有善意遵守许可条款。此外,同微软收购诺基亚设备和服务业案一样,商务部要求诺基亚在收购完成后每年报告其基于标准必要专利寻求禁令救济的案例,以供商务部监督。

3. 高通滥用市场支配地位案②

高通公司拥有大量 CDMA、WCDMA 和 LTE 技术标准的必要专利且这些标准被广泛采用,这意味着若无线通信设备制造商想要生产、销售符合上述标准的无线通信终端产品,就需要获得高通公司相关标准必要专利的授权许可,否则可能被当事人起诉侵犯其专利权并面临禁令救济的风险。国家发改委在调查时也认识到,由于标准必要专利具备必要性和不可替代性,禁令一旦被执行,未获得专利许可的无线通信设备制造商就可能被迫退出相关市场,换句话说,高通在很大程度上具有阻碍、影响潜在被许可人进入相关市场的能力。

虽然国家发改委在对高通的行政处罚决定书中,花费了大量篇幅论证高通市场支配地位的构成及其收取高价许可费、无正当理由搭售非标准必要专利及附加不合理条件等滥用行为的存在,并未直接将不合理寻求禁令救济视为专利权人滥用支配地位的行为,但是二者的关系还是相当密切的,关于实施禁令救济后果的分析也为之后扩展反垄断法滥用市场支配地位条款的适用范围提供

---

① 参见《商务部公告 2015 年第 44 号 关于附加限制性条件批准诺基亚收购阿尔卡特朗讯股权案经营者集中反垄断审查决定的公告》,载 http://fldj. mofcom. gov. cn/article/ztxx/201510/20151001139743. shtml,最后访问日期:2023 年 8 月 2 日。

② 参见中华人民共和国国家发展和改革委员会行政处罚决定书(发改办价监处罚[2015]1 号)。

了可能。

除上述三个案件中我国执法机构有提及标准必要专利权人禁令救济的问题外，在“国家发改委对美国IDC公司涉嫌价格垄断调查案”中，我国反垄断执法机构也基于FRAND承诺，对标准必要专利权人主张禁令救济请求权的正当性质疑过。基于以上实践可以看出，我国反垄断执法机构几乎没有明确表示标准必要专利权人滥用禁令救济的行为会受到反垄断法的规制，而是仅仅指出被许可方有遭遇禁令救济的风险，更多将禁令救济视为一种寻求高额许可费或不合理许可条件的手段。

## 二、我国标准必要专利禁令救济制度的问题

### (一)禁令救济适用条件有待明确

按照我国过去的法律实践，禁令救济往往被视为侵权行为发生后的必然结果。但近年来，随着标准必要专利禁令救济纠纷案件的增多，我国也逐渐意识到，基于标准必要专利的垄断性和维护产业发展的必要性，对标准必要专利权人寻求或实施禁令救济的行为必须加以限制，若禁令颁发不当，很容易损害消费者利益，甚至对市场竞争产生负面影响。然而我国目前尚未形成统一的禁令救济适用条件。

在“华为诉IDC”“西电捷通诉索尼”“华为诉三星”等涉及标准必要专利禁令救济的案件中，我国法院在判断标准必要专利权人寻求禁令的行为是否合理时，主要依据必要专利持有人对FRAND承诺的遵守情况及被诉侵权人在谈判过程中有无“明显过错”来判断是否善意。这一点在《关于审理侵犯专利权纠纷案件应用法律若干问题的解释(二)》第24条也有所表现。该条指出，当标准必要专利权人“故意违背公平、合理、非歧视的许可义务”且被控侵权者“无明显过错”的情况下，法院应当拒绝专利权人对禁令救济的请求。但是无论是司法实践还是规范性文件中，都未对“故意违反FRAND许可义务”及“明显的过错”进行进一步的划分。与此形成鲜明对比的，是德国橙皮书标准案中确立的善意被

许可方的判断标准,其中不仅要求潜在的被许可方提供无条件且不可撤销的许可要约,而且要求其在未经专利权人许可使用专利时,向专利权人支付或者通过托管账户保证支付应当给予的许可费。① 虽然橙皮书案中确立的标准事后被认为对标准实施者施加了过于严苛的责任,但这种细致的判断标准更有利于推动规范的明确性与实践的统一性。此外,对于规定了禁令救济适用条件的规范性文件而言,法律位阶越高越容易实现普遍适用,以《广东省高级人民法院关于审理标准必要专利纠纷案件的工作指引(试行)》为例,该文件中对"无明显过错"进行了较为清晰的阐述,但因法律位阶较低只能发挥有限的影响力。

## (二)滥用相关反垄断法规制经验不足

自我国法院审理"华为诉IDC案"后,涉及标准必要专利禁令救济的专利侵权案件逐渐增多,法院在是否批准禁令请求方面的判断标准也逐渐趋向成熟,如最高人民法院发布的《关于审理侵犯专利权纠纷案件应用法律若干问题的解释(二)》第24条以专利许可双方在谈判过程中有无"明显过错"来决定是否颁发禁令,第26条规定在构成专利侵权时,要结合国家利益、社会公共利益来考量是否授予禁令,但均未对标准必要专利禁令救济的反垄断问题作出明确规定,也很少在司法实践中运用反垄断相关法律进行分析。此外,在反垄断执法机构的实践中,与FTC、欧盟委员会等域外反垄断执法机构相比,我国反垄断执法机构几乎没有就标准必要专利权人寻求禁令救济的行为进行过单独调查,关于禁令滥用行为是否可以适用《反垄断法》第22条进行规制以及如何认定禁令申请行为构成滥用,都未曾进行过深入分析。这就导致我国可资参考的经验寥寥。究其原因,主要在于立法有待完善,我国《反垄断法》第68条虽然规定"经营者滥用知识产权,排除、限制竞争的行为,适用本法",但原则性太强,并没有为规制专利权人的滥用行为提供有效指导。再如国家市场监督管理总局发布的《关于禁止滥用知识产权排除、限制竞争行为的规定》中第13条对标准制定和实施过程中经营者的义务作出了规定,要求其不得实施"专利伏击"行为及以违背

---

① BGH, GRUR 2009, 694 Rn 27 – Orange-Book-Standard.

FRAND 原则的条款实施许可,但并未提及标准必要专利权人的禁令救济问题。[①] 此外,《关于知识产权领域的反垄断指南》的正式文件将原先征求意见稿中的禁令救济相关条款删除,也不利于我国适用反垄断法规制禁令滥用行为。

### (三)禁令滥用行为的类型未定性

基于上述分析和各司法辖区的实践,我国反垄断法将标准必要专利禁令救济置于滥用市场支配地位的框架下进行规制。但是在我国《反垄断法》涉及滥用市场支配地位行为类型的第 22 条中,并未明确规定"滥用禁令救济"及其行为类型。法律条款或相关的司法解释中不规定禁令滥用行为,可能造成执法或司法部门在规制相关垄断行为时缺乏法律依据;更重要的是,禁令滥用行为如何定性,对将来执法或司法部门适用滥用市场支配地位条款的方式有很大影响。

我国《反垄断法》第 22 条第 1 款列举了 6 种具体的滥用市场支配地位的行为类型外加"国务院反垄断执法机构认定的其他滥用市场支配地位的行为"这一兜底条款。对标准必要专利权人滥用禁令救济的规制,可以从以下几个方面予以定性:

首先,禁令滥用行为可以被理解为标准必要专利权人实施 6 种在第 22 条中明确列明的禁止行为的工具或手段。在这种定性方式下,既可以将禁令救济直接视为第 22 条第 1 款第 3 项[②]无正当理由,拒绝交易的行为,也可以将禁令

---

① 《关于禁止滥用知识产权排除、限制竞争行为的规定》第 13 条规定,经营者不得在行使知识产权的过程中,利用标准(含国家技术规范的强制性要求,下同)的制定和实施从事排除、限制竞争的行为。具有市场支配地位的经营者没有正当理由,不得在标准的制定和实施过程中实施下列排除、限制竞争行为:(1)在参与标准制定的过程中,故意不向标准制定组织披露其权利信息,或者明确放弃其权利,但是在某项标准涉及该专利后却对该标准的实施者主张其专利权。(2)在其专利成为标准必要专利后,违背公平、合理和无歧视原则,实施拒绝许可、搭售商品或者在交易时附加其他的不合理交易条件等排除、限制竞争的行为。本规定所称标准必要专利,是指实施该项标准所必不可少的专利。

② 《反垄断法》第 22 条第 1 款规定,禁止具有市场支配地位的经营者从事下列滥用市场支配地位的行为:(1)以不公平的高价销售商品或者以不公平的低价购买商品;(2)没有正当理由,以低于成本的价格销售商品;(3)没有正当理由,拒绝与交易相对人进行交易;(4)没有正当理由,限定交易相对人只能与其进行交易或者只能与其指定的经营者进行交易;(5)没有正当理由搭售商品,或者在交易时附加其他不合理的交易条件;(6)没有正当理由,对条件相同的交易相对人在交易价格等交易条件上实行差别待遇;(7)国务院反垄断执法机构认定的其他滥用市场支配地位的行为。

救济分解为标准必要专利权人为实现以不公平的高价销售商品、进行商品搭售或实施差别待遇等目的而采取的威胁手段，进而由执法或司法部门直接依据第22条第1款第1、5、6项对超高定价、搭售及歧视等行为结果进行规制。若采用这种将标准必要专利禁令救济视为手段而非目的的方法，则无须增加新的法律条款，在相应的司法解释或行政执法办法中作出相应规定即可。

其次，禁令滥用行为可以被归入第22条第1款第7项的兜底性条款中，此时需要国务院反垄断执法机构将不合理禁令救济的行为认定为其他滥用市场支配地位的行为。

最后，若标准必要专利权人滥用禁令救济造成排除、限制竞争的效果在我国大量、反复出现，则有必要将其作为一种独立的滥用市场支配地位的类型予以规制，以提高执法、司法效率，更好地维护我国市场竞争秩序。

上述三种对禁令救济的不同定性方法，会影响《反垄断法》第22条的适用方式，相应地，具体实施时的难易程度也有一定差别。不论以何种方式引入对标准必要专利权人禁令滥用行为的反垄断规制，都需要在对行为性质进行深入理解和分析的基础上，尽快作出抉择，以增强我国适用反垄断法规制禁令滥用行为的明确性及合法性。

# 第七章　完善标准必要专利反垄断规制路径的建议

## 第一节　建议在 WTO 制度中纳入 FRAND 许可原则

### 一、TBT 技术标准的规定分析

#### (一)技术标准对国际贸易的影响

波斯纳(Posner)于 1961 年提出了技术差距(Technology Gap)理论。该理论主要认为:国际产生贸易流的源头主要是技术差异。[①] 根据该理论我们可以得出,一国企业为了具有市场优势地位会进行技术创新,而技术创新会使得企业构建起相对于其他企业的护城河,从而占据更多的市场份额。技术是可以迭代的,一般情况下,拥有先进技术的企业可以获得向更高技术进发的先发优势。其就可以率先以自己的产品为中心确立技术标准,在确保自己的产品获得优势的同时对其他企业进行技术

① See Edward N. Wolff, *Productivity Growth and Shifting Comparative Advantage on the Industry Level*, Technology and International Trade, Edward Elgar Publishing Limited,1997.

创新的路径限制，以期永久获得对其他国家企业的“技术制高点”。所以，技术标准对国际贸易的影响如下：技术标准是国际贸易产生的原因，在一定程度上减少交易成本，促进国际贸易的发展；如果一国企业一直可以保持对他国企业的技术优势，其完全可以通过设立技术标准来对他国企业“降维打击”，这会催生贸易保护主义，限制国际贸易发展。桑德斯也曾说过：“标准这种技术性贸易壁垒是国际贸易保护主义的最后庇护所，是调节当今国际贸易的杠杆。”当下，产业链对于一国工业生产发展日益重要，而一些发达国家利用对产业链中的高技术部分标准化控制整条产业链，这对于全产业链的我国来说是不利的。作为WTO的成员，我们应该在WTO框架内重视维护我国的产业利益。而关贸总协定乌拉圭回合谈判中制定的《技术性贸易壁垒协议》（Agreement on Technical Barrier to Trade，以下简称TBT协议）为我们提供了可用蓝本。

### （二）TBT协议对国际标准的规定分析

1. TBT协议对技术标准的定义

TBT协议并没有在正文中给出技术标准的定义，而是在附件中给出“标准”的定义。[①] 从“公认机构”的字眼可以看出，TBT协议对标准的定义和ISO以及IEC对标准的定义是一脉相承的。但是根据其1.1条，除了根据ISO的定义外还要联系上下文以及本协议的目的和宗旨，这是对于技术标准定义的兜底性的条款，同时也为对于其的法律解释预留了空间，这是规则层面分析。而从事实层面看，则要求技术标准要满足成员的合理期待，从而减少分歧，降低生产成本，而此中“合理期待”的程度为何，亦有待法律之解释。

2. TBT协议对技术标准的适用问题及有效性问题的规定

首先，TBT协议2.4条使用了“shall”，可以得出该条款具有强制性。而且其用列举的方式表明有三种抗辩理由：一是基本气候因素；二是地理因素；三是

---

① 官方解释是：“经公认机构批准的、规定非强制执行的、供通用或重复使用的产品或相关工艺和生产方法的规则、指南或特性的文件。该文件还可包括适用于产品、工艺或生产方法的专门术语、符号、包装、标志或标签要求。”参见 http://sms.mofcom.gov.cn/article/wtofile/201409/20140900724769.shtml，最后访问日期：2023年8月5日。

基本技术问题。而如何将这三种理由和合法目标无效或不适当相联系则有赖于成员举证。

其次,我们可以看出,该条款是反向规定了技术标准适用的有效性问题。其用“or”来表述说明成员只需要证明“合法目标无效”或者“不适当”其中一条即可。

### (三)对发展中国家的关注:以我国为例

我们应当注意到,TBT 协议的序言中提到“认识到国际标准和合格评定体系可以通过提高生产效率和便利国际贸易的进行而在这方面作出重要贡献”以及“认识到国际标准化在发达国家向发展中国家转让技术方面可以作出的贡献”,且其中并没有“国际标准化组织”的表述。[①] 由此可以看出,即便标准化组织没有采用 TBT 协议的规章制度,TBT 协议也是鼓励并支持技术标准普及发展的。[②] 所以我们应该顺应这种趋势,不能因为技术标准具有的垄断性质而一味地否定。

TBT 协议中的 14.1 条将有关该协议的争端纳入了 WTO 争端解决的范围,我国应当在 WTO 框架内寻求相关争端的解决,推进打造“WTO + 国际标准化组织 + 成员(国家)”合作模式。[③] 我国作为世界第一贸易大国,应该依托所拥有的“一带一路”建设、亚投行等平台,进一步提升我国在国际贸易中的影响力,向贸易强国迈进。

## 二、建议在 WTO 制度中纳入 FRAND 许可原则

### (一)对 WTO 相关法律制度的梳理和分析

基于上述分析,我们发现作为纠纷焦点的标准必要专利往往属于国际标准

---

① 参见董静然:《〈TBT 协定〉中的国际标准规则法律解释研究》,载《上海对外经贸大学学报》2016 年第 2 期。

② United States-Measures Concerning the Importation, Marketing and Sale of Tuna and Tuna Products, WT/DS381/AB/R, para. 379.

③ 参见王世川、黄意:《WTO〈TBT 协定〉框架下国际标准的“应然”与“实然”分析》,载《标准科学》2020 年第 3 期。

必要专利。鉴于国际标准中必要专利更强大的网络效应和锁定效应,国际标准的制定也渐渐成为政府监管的首选内容。[①] WTO 框架下的 TBT 协议在序言中就提出国际标准有利于提高生产效率、促进国际贸易,并且将减少成员方之间在技术标准上的差异作为其目标。[②] 但是 TBT 协议中并没有规定国际技术标准中的专利问题,这为各国政府最大限度地采用国际标准造成了潜在阻碍,因而可能不利于非贸易壁垒的消除。

在与知识产权保护关系更密切的 TRIPs 协定中,尽管没有涉及标准必要专利许可的明确安排,但部分规定为标准化专利的反垄断规制提供了依据。首先,TRIPs 协定第 7 条和第 8 条指明了协定的目的在于帮助技术知识的生产者和使用者以有利于社会福利的方式发挥相互优势,并规定成员可采取必要措施在"社会经济和技术发展至关重要的部门"促进公共利益。[③] 这些原则性的规定使成员在保护涉及公共利益的知识产权时更具有灵活性,而标准必要专利就具有很强的公共属性。其次,TRIPs 协定第 40 条指出,"一些与知识产权有关的限制竞争的许可做法可能对贸易产生不利影响,并阻碍技术的传播",随后列举了效力不争条款、强制一揽子许可等具有反竞争性质的许可行为。作为较易占据市场支配地位的标准必要专利权人而言,也有很大可能落入该条款的规制范围。最后,TRIPs 协定第 31 条规定存在特殊情况时,允许 WTO 成员授予专利强制许可。鉴于标准必要专利权人的垄断地位,WTO 成员相关机构也可能通过该途径解决涉及标准必要专利的许可问题。

综上,WTO 框架下的 TRIPs 协定为解决标准必要专利相关的许可问题提

---

① See Walter Mattli & Tim Bithe, *Setting International Standards-Technological Rationality or Primacy of Power*?,56 WORLD POL. 1,7 (2003).

② TBT 协议序言称"认识到国际标准和合格评定体系可以通过提高生产效率和便利国际贸易的进行而在这方面作出重要贡献;因此期望鼓励制定此类国际标准和合格评定体系"。

③ TRIPs 协定第 7 条规定,知识产权的保护和实施应有助于促进技术革新及技术转让和传播,有助于技术知识的创造者和使用者的相互利益,并有助于社会和经济福利及权利与义务的平衡。第 8 条规定,在制定或修改其法律和法规时,各成员可采用对保护公共健康和营养,促进对其社会经济和技术发展至关重要部门的公共利益所必需的措施,只要此类措施与本协定的规定相一致。只要与本协定的规定相一致,可能需要采取适当措施以防止知识产权权利持有人滥用知识产权或采取不合理地限制贸易或对国际技术转让造成不利影响的做法。

供了很多可挖掘的空间。鉴于 FRAND 许可原则有利于促进技术的广泛传播及标准的广泛使用,笔者认为有必要将其纳入 WTO 法律制度框架。

### (二)建议将 FRAND 许可原则纳入 TRIPs 协定中

随着全球供应链的日益成熟,国际标准的运用也变得越来越频繁。鉴于标准相关专利的重要性,标准化组织往往制定知识产权规则和政策,除了规定在标准制定过程中专利持有者披露其标准相关专利的义务,还要求其承诺按照 FRAND 原则进行专利授权许可。尽管标准化组织制定的知识产权规则和政策并不具备法律的强制执行力,但 FRAND 制度在经验上取得了巨大的成功,它确保了先进技术的广泛获得和广泛传播,并推动了产品和服务成本的降低和消费者福利的增加,因而产生了较大的国际影响力。① 在各国解决标准化专利相关的许可纠纷时,实际上赋予了 FRAND 承诺法律效力。比如美国法院在“苹果诉摩托罗拉移动案”②及“微软诉摩托罗拉案”③中,将标准必要专利权人向标准化组织做出的 FRAND 承诺视为第三人利益合同,并基于 FRAND 许可义务限制了必要专利权人的寻求禁令救济的权利。欧盟委员会在关于“摩托罗拉反垄断案”④和“三星公司反垄断案”⑤的分析中,曾基于标准必要专利权人进行授权谈判的行为是否符合 FRAND 原则,来分析专利权人是否违反了 TFEU 第 102 条。此外,在“华为诉中兴通信案”⑥中,欧盟法院认为如果占据支配地位的标准必要专利权人没有在谈判过程中遵循 FRAND 原则,则被控侵权人可以就禁令救济提出抗辩。从主要国家的实践中可以窥见,FRAND 许可原则已经被普遍接受,成为授权实施标准必要专利应遵循的“宪法性原则”,正如马克・莱姆利所说的,“公平、合理和无歧视的 FRAND 许可原则应该成为知识产权许可的

---

① See Mathew Heim and Igor Nikolic, A FRAND Regime for Dominant Digital Platforms. Para. 25. 10 J. INTELL. PROP. INFO. TECH. & ELEC. COM. L. 38 (2019).

② Apple, Inc. v. Motorola Mobility, Inc., 886 F. Supp. 2d 1061, 1083 (W. D. Wis. 2012).

③ Microsoft Corp. v. Motorola, Inc., 696 F. 3d 872, 884 (9th Cir. 2012).

④ Case AT. 39985 – Motorola-Enforcement of GPRS standard essential patents.

⑤ Case At. 39939 – Samsung-Enforcement of UMTS standard essential patents.

⑥ CJEU, Judgment of the Court (Fifth Chamber) in Case C – 170/13, 16 July 2015.

普遍性原则"[①]。

从 TRIPs 协定的原则性规定来看,其最终目的在于激励创新,而 FRAND 许可原则在确保专利权人合理获益的前提下,通过推动技术的广泛使用,也可以促进相关技术的进一步发展。此外,TRIPs 协定第 7 条表明,知识产权保护应符合权利与义务相平衡的理念。对于比一般专利更易形成垄断地位的标准化专利而言,为专利权人施加更严格的 FRAND 许可义务,既可以减轻潜在的反竞争可能,又可以确保专利权人获得经济收益,因而更符合 TRIPs 协定利益平衡的要求。

鉴于 FRAND 许可原则在标准相关专利的许可领域已达成国际共识,且与 TRIPs 协定在相关理念上实际一致,因此笔者建议在 TRIPs 协定中将 FRAND 许可原则纳入并赋予其国际法层面的法律效力,具体可以通过以下途径:(1)将 TBT 协议中的技术标准与 TRIPs 协定中的专利许可建立起联系,加强 TBT 委员会对国际标准制定组织将专利纳入技术标准过程的监督,增强标准必要专利许可的透明度和可预见性。(2)TRIPs 协定第 40 条第 2 款在列举部分反竞争许可做法后,将判断某一做法是否对竞争产生不利影响的权利赋予 WTO 成员方,允许其基于合理性原则进行个案评估。[②] 鉴于标准必要专利许可双方是否遵循 FRAND 原则在理论上和实践上被许多成员方的司法、执法机构作为判断是否违反竞争法的要素之一,因此可以将 FRAND 许可原则的相关规定纳入 TRIPs 协定第 40 条第 2 款,表述为成员方依据其法律法规对反竞争许可行为进行评估时,可以将"FRAND 原则的履行程度"纳入考虑范围。(3)鼓励各成员更多地适用标准化组织制定的 FRAND 许可原则,推动标准化组织积极地参与到标准化专利"必要性"的审查过程中,充分发挥标准制定组织的专业性,促进纠纷的减少和高效解决。(4)将 FRAND 许可原则纳入 TRIPs 协定,让更多技术后进的发展中国家以公平、合理的专利许可费享受到技术发展的成果。

---

① Fritz Machlup, *An Economic Review of the Patent System*, United States Government Printing Office, 1958.

② 参见孔祥俊:《WTO 知识产权协定及其国内适用》,法律出版社 2002 年版,第 325 页。

### (三)TRIPs 协定相关规定分析

WTO 制度框架下,知识产权的相关问题集中规定在 TRIPs 协定当中。自 TRIPs 协定的谈判过程开始,发达国家和发展中国家之间的对立和争执就一直存在,在防止国际贸易扭曲的目标面前,前者更强调对知识产权的“保护”,后者更重视规制知识产权权利人的反竞争行为①,而前者在协定制定过程中具有更大的话语权②。笔者认为,随着各国实践中涉及滥用知识产权的反垄断规制案例增多,TRIPs 协定不应再仅被解释为对知识产权的机械保护,而应当考虑到“促进技术创新、转让、传播”和“社会和经济福利”③等价值的重要性。TRIPs 协定第一部分“总则和基本义务”(General Provisions and Basic Principles)的第 8 条中对滥用知识产权的情况做出了规定,其承认了“知识产权权利人有滥用知识产权或采取不合理的限制贸易或对国际技术转让造成不利影响的做法”④时,各成员采取适当的、与协定的规定相一致的措施的需要。联合国贸易与发展委员会国际贸易和可持续发展中心(UNCTAD-ICTSD)认为“第 8.2 条很大程度上反映了印度代表团在乌拉圭回合谈判中的意见,即 TRIPs 协定的主要目标应该是阻止知识产权保护带来的阻碍竞争的滥用并提供解决机制”⑤。滥用知识产权的表现方式众多,在专利许可过程中附加不合理条件是其中最主要的情况,但结合 TRIPs 协定第 7 条的表述,应当认为各成员可以通过法律对其他滥用知识产权的规制条件和方式进行进一步规定。

TRIPs 协定第 40 条是第 8 条原则的进一步细化,其主要规定又集中于前两款,第 3 款和第 4 款规定的强制性双边合作机制未能在实践中发挥显著作用,

---

① See UNCTAD-ICTSD, *Resource Book on TRIPS and Development*, Cambridge University Press, 2005, p. 121 – 122.

② 参见董涛:《TRIPS 竞争规则研究》,载《法治论丛》2003 年第 3 期。

③ See Art. 7, Agreement on Trade-Related Aspects of Intellectual Property Rights (TRIPS).

④ “to prevent the abuse of intellectual property rights by rights holder or the resort to practices which unreasonably restrain trade or adversely affect the international transfer of technology...”, See Art. 8.2, Agreement on Trade-Related Aspects of Intellectual Property Rights (TRIPS).

⑤ See UNCTAD-ICTSD, *Resource Book on TRIPS and Development*, Cambridge University Press, 2005, p. 127.

不再赘述。第1款对本条约束的范围进行了限缩,其仅仅调整"知识产权许可行为和许可条件"[①],专利许可协议中附加不合理条件的行为和拒绝许可的行为均在此列。但是,知识产权许可协议(Contractual Licences)之外的情况,如涉及知识产权的经营者集中,严格意义上讲便不在该条的调整范围内。第2款列举了"独占性回授"、"不质疑条款"和"强制性一揽子许可"[②]三种情形,在这些情形下成员可以按照法律法规采取适当措施防止或控制此类行为。应当注意到该款采取了非穷尽式列举的方式,也即类似的情形包括但不限于前述三者,专利劫持、歧视性许可等也应包括其中。各成员有权对明确的知识产权滥用行为适用本身违法或合理原则以判断其是否具有反竞争效果,[③]并通过立法进行规制。

除此之外,TRIPs协定也从防止司法程序滥用和透明度等角度对防止滥用知识产权进行了规定。对于标准必要专利问题,TRIPs协定虽没有直接涉及,但事实上这一问题的规制必要性要更为显著且争议性更小。标准的制定消除了事前替代性技术的竞争,使得标准必要专利比一般专利本身更容易导致市场势力的出现,[④]无论从进入市场还是竞争过程而言,都具有更大的阻碍竞争的效果。前述TRIPs协定第40条第2款的非穷尽式列举似留有这种可能,可以通过条约解释的路径,在不突破TRIPs协定其他规定的情况下为各成员规制标准必要专利许可滥用赋予了合法性。但笔者认为,标准必要专利问题本身的特殊性决定了其地位不应仅居于需要经解释方可纳入范围的"未列举情形"。

### (四)对专利强制许可的规定分析

强制许可制度是对专利权的必要限制,为《巴黎公约》和TRIPs协定所重

---

① "licensing practices and conditions", See Art. 40. 1, Agreement on Trade-Related Aspects of Intellectual Property Rights (TRIPS).

② "which may include for example exclusive grant back conditions, conditions preventing challenges to validity and coercive package licensing. . . ", See Art. 40. 2, Agreement on Trade-Related Aspects of Intellectual Property Rights (TRIPS).

③ 参见李嘉:《国际贸易中的专利标准化问题及其法律规制》,华东政法大学2012年博士学位论文,第95页。

④ 参见唐要家:《标准必要专利许可滥用反垄断研究》,知识产权出版社2020年版,第15页。

视，[①]而授予强制许可的条件又是对此类限制的限制，解决的是强制许可制度如何平衡社会公共利益与私权利的问题。

《巴黎公约》第5条中规定"本联盟各国都有权采取立法措施规定授予强制许可，以防止由于行使专利所赋予的专有权而可能产生的滥用，例如：不实施"[②]。TRIPs协定对强制许可规定在第31条之二[③]中，其将强制许可的条件规定为拟使用者此前已按合理商业条款和条件从权利持有人处努力获得许可，但在合理的期限内未果；国家紧急状态或其他极端紧急情况下（national emergency or other circumstances of extreme urgency）；公共非商业性使用（public noncommercial use）。而在该条（c）款和（k）款中对为纠正限制竞争行为而实施强制许可都做了肯定性表述。其中（k）款中要求强制许可适用的限制竞争情况应当是经司法或行政程序认定的，且确定许可费时可以考虑纠正限制竞争效果的需要。

实践中许多国家都在知识产权法或竞争法中对相关问题做出了规定。我国《专利法》规定"专利权人行使专利权的行为被依法认定为垄断行为，为消除或者减少该行为对竞争产生的不利影响的"，"国务院专利行政部门根据……申请，可以给予……强制许可"。[④] 国务院反垄断委员会发布的《关于知识产权领域的反垄断指南》对涉及知识产权的反垄断执法问题做了更为详细的规定。值得注意的是，其注意到了标准必要专利的特殊性问题，如规定了对拥有标准必要专利的经营者是否具有市场支配地位的判断等。

---

① 参见冯晓青主编：《知识产权法》（第3版），中国政法大学出版社2015年版，第237页。

② "Each country of the Union shall have the right to take legislative measures providing for the grant of compulsory licenses to prevent the abuses which might result from the exercise of the exclusive rights conferred by the patent, for example, failure to work", Art. 5. A. (2), Paris Convention for the Protection of Industrial Property.

③ Art. 31. (b), Agreement on Trade-Related Aspects of Intellectual Property Rights (TRIPS).

④ 《专利法》第53条。

## 第二节 完善标准化组织制定的知识产权规则和争议解决机制的建议

### 一、明确相对确定的 FRAND 许可原则

目前,各标准化组织对于 FRAND 许可原则的内容基本规定为“公平、合理、非歧视”①,这种界定是原则性、框架性的,而对于何为“公平、合理、非歧视”,没有具体规定。例如,对于不同的标准必要专利实施人,其专利使用条件是否要完全一致、标准必要专利权人和实施人之间如何确定专利使用条件、标准必要专利的许可费如何确定、如何界定许可费是否合理,等等。这些具体标准的模糊界定,造成 FRAND 许可原则在实际操作中困难,影响禁令救济和确定许可费率,②以及司法判定中的准则不明确。因此,要在国际技术标准化领域推广 FRAND 许可原则,则制定该原则的标准化组织需要进一步明确原则的具体内容。

笔者认为,可从以下几方面明确 FRAND 许可原则:第一,标准化组织制定更为具体的事前披露制度。目前的事前披露制度,是要求标准制定过程中涉及的相关专利的专利权人披露其专利内容。建议要求专利权人在披露专利的同时,披露该专利许可使用的条件。这样,避免了标准制定后标准必要专利实施人在使用该专利时,因不对等的信息而造成的争议。关于这点,一些标准化组织已经有了规定,如 VITA、IEEE、ETSI 等。③ 第二,向所有企业开放许可。专利被纳入标准后,应向所有企业开放许可,不因企业的国别、性质、规模等而禁止

---

① 也有组织规定为“合理、无歧视”,即 RAND 原则,例如 ITU,二者含义相同。

② 参见中国应用法学研究所课题组、丁文严:《标准必要专利 FRAND 声明与禁令和费率问题研究》,载《中国应用法学》2020 年第 2 期。

③ VITA 规定成员方必须披露许可的最高费率和许可的格式文本。IEEE 和 ETSI 在尝试加强事前披露的标准以提高信息透明度。参见丁蔚:《标准化中知识产权的“事前披露”政策》,载《电子知识产权》2007 年第 18 期。

其使用专利、进入市场。第三,许可的条件和费率应具有公平性和合理性,即标准必要专利许可的条件和费率不应高于该专利在纳入标准前许可其他使用人使用的一般条件和平均费率,且在不同的实施人之间也应保持相对一致的水平。不存在针对个别实施人采用过高或过严的限制条件和费率,或者因被起诉而额外收费。① 此外,许可的条件和费率应与市场上同行业的平均水平保持一致,具备合理性。第四,如何确定费率的计算标准。关于许可费率的计算标准,学术界和司法界有不同观点,主要有"整体市场价值理论"和"最小可售单元理论"。② 笔者认为,应由市场上涉及专利的终端产品不同模块相加产生的累积价值作为费率计算基础,在标准必要专利涉及的全部专利权人之间按比例分配,然后由许可人和使用人在此基础上对许可费率进行协商。目前实践中,有公司支持上述方法,如爱立信、诺基亚等,也有公司例如高通提出反对,尚无统一标准。

## 二、构建违反专利信息披露义务的惩罚机制

### (一)标准制定过程中的信息披露义务

为了使标准在成员间顺利推广适用,标准化组织一直致力于减少标准适用的专利成本,也就更青睐于把没有知识产权负担的技术纳入标准,这给专利权人将其专利纳入标准带来了严重阻碍。所以为了使自己的专利技术易于进入国际技术标准的大门,专利权人会在标准制定过程中隐瞒技术的真实专利状况,等到标准进入适用阶段再向采用该标准的企业主张自己享有的专利权利。

---

① 参见丁道勤:《专利标准化的法律规制研究》,中国法制出版社 2017 年版,第 187 页。

② "整体市场价值理论"认为在计算终端产品包含的某一项专利的许可费时,该终端产品的整体价值都合法合理地归属于专利特征。"最小可售单元理论"认为标准必要专利在实施过程中产生的总体价值并非当然地归标准必要专利权人所有,基于对标准实施者继续实施标准的激励需要,部分价值盈余将作为生产收益归标准实施者所有,特殊情况下出于公共利益考虑还会将部分盈余分配给消费者。参见宋文琦:《标准必要专利 FRAND 许可费计算方法研究》,载《成都理工大学学报(社会科学版)》2020 年第 2 期。

为了避免该种"专利伏击"①情形的发生,国际标准化组织均将标准制定过程中的信息披露义务作为其专利规则的重要部分。比如ISO/IEC专利规则规定,参与标准制定的当事方(包括提案的提交人和所以参与编写的相关人)都应当积极披露其专利状况,但确定专利的责任不归ISO/IEC负责。② 而ITU则会向已知的专利权利人发送格式文本,从而促使权利人发布的信息披露文本更加标准化,提高确认工作的效率性和可操作性。

### (二)构建惩罚机制

目前,各国际标准化组织虽然规定了标准必要专利权人的事前信息披露义务,但是对于违反披露义务的惩罚机制,却尚无明确规定,实践中多通过默示许可原则或反垄断法进行事后规制。③ 信息披露义务是为防止专利权人利用其信息优势地位,进行"专利劫持"④或滥用市场地位,对标准必要专利的实施人使用专利造成阻碍,"是保障专利与标准结合后相关各方利益的有效手段"⑤。而惩罚机制的缺失,使得信息披露义务对于专利权人缺乏约束力,提高了专利实施人许可使用专利的成本和风险。因此,笔者建议,应构建违反专利信息披露义务的惩罚机制,要求违反披露义务从而对标准制定或实施造成损害的专利权人承担法律责任,从而对专利权人履行信息披露义务产生有效约束。

关于惩罚机制的具体内容,笔者建议,可以从以下几方面进行规定:第一,如果在标准制定前,专利权人没有主动进行专利披露,则视为其默示同意使用其专利;第二,上述默示同意使用的情况下,专利许可使用的条件和费率也应视为权利人默认同意降低;第三,如果专利权人进行了虚假或不充分的披露,则对

---

① See Mark A. Lemley & Carl Shaprio, *Patent Holdup and Royalty Stacking*, Texas Law Review 85 (2007), p. 3.

② 《ISO/IEC导则》第二部分附录H.2。

③ 参见单麟:《浅析标准必要专利信息披露义务》,载《中国发明与专利》2017年第2期。

④ 专利劫持,是指专利权人以向法院申请禁令或提起诉讼相威胁,向专利实施人索取高出正常合理费率的许可费或提出不必要的额外许可条件。

⑤ Lemley M., *Intellectual Property Rights and Standard-Setting Organizations*, Ssrn Bectronic Journal (2002), p. 1889 – 1980.

于标准化组织制定标准，以及实施人实施标准时产生的损失，包括直接损失和因准备实施标准造成的费用支出，专利权人要进行相应的赔偿。[①] 此外，如果涉及国家强制技术标准，违反信息披露义务还要承担相应刑事责任。

## 三、构建标准必要专利许可联合谈判机制和争议解决机制

标准制定组织是协调各种经济活动和相互利益冲突的灵活的社会横向合作规制组织。反垄断法尽量不要干预社会横向合约治理作用的有效发挥，政府所能做的最好的事情是促进和支持标准制定组织知识产权规则的完善和有效实施，鼓励其建立联合谈判机制和争议解决机制。反垄断法应该允许标准制定组织在标准制定之前组织成员企业就许可费率进行谈判；发生争议时，鼓励运用其内部机制解决问题。

### （一）联合谈判机制

联合谈判机制借鉴了源于英美法的互争之诉机制，致力于解决标准必要专利许可谈判中信息不对称的问题，将权利归属的矛盾集中解决。标准必要专利纠纷集中在费率问题，属于商业谈判的范畴，除双方发生争议后通过司法裁判进行事后矫正救济外，更需要双方通过前期诚信谈判达成许可协议，构建诚信的联合谈判机制促成交易实现。[②] 联合谈判机制可以由标准化组织或者授权的中立机构发起，关键在于如何设计明确的谈判和约束机制，[③]通过分析研判权利人提供的证据及信息，商定各专利技术对标准的贡献和价值，进而确定权利人所占的费率份额。[④] 专利权人向谈判机构披露专利许可信息和相关证据，协助

① 参见丁道勤：《专利标准化的法律规制研究：从专利至上主义到创新至上主义》，中国法制出版社 2017 年版，第 234 页。

② 参见祝建军：《知识产权疑难案件裁判思维（二）》，法律出版社 2018 年版，第 235—238 页。

③ 中国法院网，https://www.chinacourt.org/article/detail/2018/04/id/3280366.shtml，最后访问日期：2021 年 3 月 14 日。

④ See Contreras, *Fixing FRAND: A Pseudo-Pool Approach to Standard-Based Patent Licensing*, Antitrust Law Journal Vol. 79:1, p. 47 - 97(2013).

联合裁决机构对案件进行“定性”和“定量”分析，根据成本、周期、利润等多方面因素确定专利许可的费率和贡献比例，使得裁决结果具有较高的精准度和较强的可操作性，构建防止标准必要专利纠纷发生的事前预防机制。所有参与该联合谈判机制的当事人均有义务履行裁决结果，避免一事一议造成认定时间过久、效率低下的问题，也为其他裁决机构处理同类案件提供富有参考价值的费率标准，有利于实现相对范围的裁决平衡。值得注意的是，由于联合谈判机制利益集中度过高，强制性披露许可费率可能会引发权利人或者实施者专利劫持，将费率统一抬高或者压低，造成限制或者排除竞争的后果，引发反垄断调查。尽管存在一定的操作风险，但是联合谈判机制作为预防或者处理争端解决的一种方式，在参与方自愿协商的基础上可以最大限度降低专利许可的实施成本，提高标准必要专利的商业化程度。

### (二)在标准化组织内部构建争议解决机制

FRAND 许可承诺虽然为标准必要专利许可过程中所可能发生的专利劫持设定了一道红线，但该定义较为原则，增加了该类交易的不确定性，提升了交易成本，一定程度上阻碍了技术的转移与更新。[①] 由于标准必要专利的专业性和秘密性，争议涉及的大部分证据其实是由标准化组织掌握的，司法机构在争议解决过程中很难保证标准化组织提供案件所需信息，[②]而且标准必要专利纠纷的确定终究属于商业谈判的范畴，司法尽量不要过多干预市场，只有在市场失灵的情况下，司法才有介入的必要。[③] 因此，在商业纠纷走向司法途径之前，由现阶段标准化组织组建内部争议解决机制，既可以降低权利实施成本，又可以跟踪了解 FRAND 具体执行情况。鉴于此，标准化组织可以在内部组建争议解决机构，专门就专利许可的费率问题在权利人和实施人之间进行统一协调，运用专业优势公平分配利益，将许可费率框定在较为合理的范围内，赋予 FRAND

---

① 参见任天一、石巍：《FRAND 许可的经济分析及争端解决机制探究》，载《科技与法律》2017 年第 1 期。

② 参见董铸辉：《浅析标准必要专利纠纷解决途径之仲裁制度》，载《法制与经济》2019 年第 1 期。

③ 参见祝建军：《标准必要专利全球许可费率司法裁判问题研究》，载《知识产权》2020 年第 10 期。

许可实践中更多的确定性，增强被许可人实施标准的信心。①

## 四、国际组织、代表性国家对标准制定组织专利规则的建议

### （一）欧盟反垄断机构对标准制定组织专利规则的建议

《横向合作协议指南》将标准制定组织制定标准的行为称为成员之间横向的标准化协议。② 其中第277条也指出只要标准制定组织的专利规则可以做到参与标准的制定是不受限制的、采用标准的程序也公正透明，且专利持有人可以在标准化协议中提供FRAND承诺，则标准的制定过程一般不会对TFEU第101条第1款所指的竞争造成不利影响，即使标准化协议存在产生市场力量的风险。此外指南指出，若标准化协议不满足上述条件，则需要根据TFEU第101条第3款进一步判断标准化协议对市场竞争的综合影响。第一，应当将标准制定组织成员是否有开发替代标准或者产品的自由纳入考虑因素。若标准制定协议规定其成员只能生产符合该标准的产品则对竞争产生阻碍作用的可能性就会显著增加。第二，指南的第301段指出标准的应用范围越广，对市场产生的影响就越大，因此标准制定组织的专利规则就越需要保证市场竞争者平等地参与标准制定过程。故还应从标准准入的角度进行考虑，即判断标准化协议在参与标准的制定方面是否存在适用于其成员或非相关标准制定成员的歧视性条款，是否存在标准进入堡垒。若标准的制定过程是开放的，即允许市场上受标准影响的所有积极的或潜在的利益相关者参与标准的制定过程，则对竞争产生不利影响的可能性就会降低。③ 同时指南指出虽然在标准制定阶段很难预测

---

① 参见任天一、石巍：《FRAND许可的经济分析及争端解决机制探究》，载《科技与法律》2017年第1期。

② See Guidelines on the Applicability of Article 101 of the Treaty on the Functioning of the European Union to Horizontal Co-operation Agreements(2011/C 11/01).

③ See Nikolaos E. Zevgolis, *The Interaction between Intellectual Property Law and Competition Law in the EU: Necessity of Convergent Interpretation with the Principles Established by the Relevant Case Law*, Multi-dimensional Approaches Towards New Technology, p. 45.

该标准在制定完成之后是否会在实践中被广泛采用，但可以通过参与制定标准的成员的相关市场份额来评估标准未来的应用程度，因为参与标准制定的公司在大多数的情况下都会采用该标准。① 第三，判断标准化协议是否具有反竞争影响时标准制定过程的透明度也是重要考虑因素。指南建议标准制定组织应尽可能地提高标准制定工作中的透明度，从而使得最终制定的标准能够更多地考虑所有利益相关者的利益而不被个别专利持有人所操控，以防止后续标准制定过程中出现专利劫持。第四，是否存在歧视性条款也是重要考虑因素。若标准制定协议存在任何对参与成员或潜在成员进行歧视或区别对待的条款，则可能就会产生反竞争的效果。② 第五，要把标准必要专利的披露水平考虑在内。事先披露最具限制性的专利许可条款原则上会促进专利持有人在标准制定阶段相互竞争从而承诺更有利于标准实施者的专利许可条款，从而促进技术标准的广泛适用，一般不会对竞争产生负面影响。指南也对常见的具有反竞争效应的标准化协议进行了不完全列举，包括当标准被市场大规模采用之后限制产品的选择或创新、影响最终产品的商业条件、在标准已经成为了行业惯例且该标准对生产者进入市场极其重要的条件下取消专利回赎权等情形。

### (二)美国反垄断机构对标准制定组织专利规则的建议

标准制定组织在制定专利规则时不可避免地会遇到制度困境，若着重于加强专利规则的广泛性和有效性，则其对专利持有人的吸引力就越低，专利持有人将其专利纳入标准的意愿也就越低，从而将会降低标准的质量。但过于宽松的专利规则又可能对竞争产生不利影响，从而具有引发反垄断机构审查的危险。③ 在这种背景下，2012 年 9 月，美国司法部部长副助理 Renata Hesse 和时任

---

① See Nikolaos E. Zevgolis, *The Interaction between Intellectual Property Law and Competition Law in the EU: Necessity of Convergent Interpretation with the Principles Established by the Relevant Case Law*, Multi-dimensional Approaches Towards New Technology, para. 296.

② See Horizontal Cooperation Guidelines (n 5), para 280.

③ See Joseph Scott Miller, *Standard Setting, Patents and Access Lock-in. RAND Licensing and the Theory of the Firm*, 40 IND. L. Rev. 351, 353 (2007) (detecting in this dilemma a "tension between free access and tight control.").

FTC 总检察长助理的 Joseph F. Wayland 在国际会议上联合发表了旨在降低标准化过程中专利劫持可能性的建议，其中与标准制定组织专利规则有关的可以概括为信息披露要求、交叉许可规定以及申请禁令救济的限制三点。[①] 虽然该意见在性质上并没有法律约束力，但由于 FTC 和司法部的执法决定具有广泛的自由裁量权，故反垄断官员的任何公开评论都会受到市场竞争者的高度重视，因此这些建议可能会对美国标准制定组织的行为产生直接影响。

首先，Renata Hesse 和 Joseph F. Wayland 在信息披露方面对标准制定组织提供了建议，即在标准制定的过程中，标准制定组织要提前确定任何拟议的技术路径中是否涉及专利持有人不愿以 FRAND 承诺进行许可的专利技术的情形，若存在这种情况，应及时通知其他成员。[②] 然而，该项建议并不要求成员事先作出具体的 FRAND 承诺，而旨在尽可能减少后期无意识侵权。同时 Joseph 指出各标准制定组织信息披露的范围和具体制度可以根据自身情况有所差异，但本质上它们都需要达到将涉及标准的所有专利以某种形式对外发布的程度。[③] 同时他们也指出专利在提交申请之后的 18 个月内是保密的，[④]这就为专利持有人延期披露提供了可乘之机，故其建议将专利披露的范围扩展到现有的专利以及正在进行的专利申请。同时 Renata 指出标准制定组织还需要防范专利权人利用机会主义分区进行专利申请。例如，由于标准制定组织的成员参与了整个标准制定过程，也就会知道该标准涵盖哪些专利技术，因此其有可能通

---

① See Jonas Hein, *The Recent DOJ and FTC Policy Suggestions for Standard Setting Organizations-The Way out of Standard-Essential Patent Hold-Up*, New York University Journal of Intellectual Property and Entertainment Law 2, no. 2 (Spring 2013): 339 – 368, p. 345.

② Joseph F. Wayland, Assistant Attorney Gen., U. S. Dep't of Justice, *Antitrust Policy in the Information Age: Protecting Innovation and Competition*, Remarks Prepared for the Fordham Competition Law Institute Annual International Antitrust Law and Policy Conference 5 (Sept. 2 1, 2012), p. 5.

③ See Rudi Bekkers & Andrew Updegrove, *A study of IPR Policies and Practice Sofa Representative Group of Standards Setting Organizations Worldwide*, 34 (2012), http://sites.nationalacademies.org/PGA/step/IP Management/PGA_072197, p. 48 – 49.

④ 35 U. S. C. § 122(b) (2006). This is the result of the American Inventors Protection Act of 1999 that sought to prevent the existence of so-called "submarine patents". Before, applications were kept secret until the issuance of the patent. This leads to duplicative research by inventors unaware of the pending application that now were potentially infringing the issued patent. See Janine M. Mueller, An Introduction to Patent Law 25 n. 73, 53 (3d ed. 2009).

过划分这项专利针对一项技术进行肢解,同时提交多个专利申请来实现自己利益的最大化,这在增加标准实施成本的同时,也会对市场竞争产生不利影响。同时美国反垄断法是否允许标准制定组织成员事先就许可条款进行联合谈判也是近年来讨论的热点。虽然该建议并没有提到这个问题,但美国司法部和FTC已经承认这种事前集体协调的条款并不必然违反反垄断法,而需要通过合理推定原则进行判断。① 若标准制定组织能够证明其联合行为产生的动态效率来提供有利于竞争的证据,或证明其进行事前谈判的目的是削弱专利持有人的市场力量,或可以通过促进标准制定过程中各专利持有人之间的竞争来降低最终的特许权使用费,则不会具有非法垄断的嫌疑。

其次,在交叉许可方面,Wayland 建议标准制定组织给予其成员以 FRAND 许可承诺进行现金许可或允许自愿交叉许可的选择权。② 两家拥有标准必要专利的公司可以通过交叉许可协议相互许可各自拥有的专利技术;而对于那些没有特定专利组合的制造商来说,现金许可是其主要选择。交叉许可是一种市场驱动的机制,也能够有效解决专利许可费堆积问题。③ 交叉许可也可能引发专利冻结,即通过串通上游市场来诱导纵向约束,进而产生巨大的反竞争效应。④ 具体而言,若交叉许可普遍推行,则非整合的下游企业面临的则是所有已经签订交叉许可协议的垂直整合企业。上游建立交叉许可的企业只需要提高专利许可费就能提高下游竞争对手的成本费率,进而迫使下游竞争对手提高其产品价格,采取垂直整合的企业就可以通过价格优势吸引消费者购买其产品,实现对下游市场的进一步控制从而对其他竞争对手造成损害。因此 Wayland 建议

---

① U. S. Dep'T of Justice & Fed. Trade Comm'N, *Antitrust Enforcement and Intellectual Property Rights: Promoting Innovation and Competition*, 52 (2007).

② See Joseph F. Wayland, Assistant Attorney Gen., U. S. Dep't of Justice, *Antitrust Policy in the Information Age: Protecting Innovation and Competition*, Remarks Prepared for the Fordham Competition Law Institute Annual International Antitrust Law and Policy Conference 5 (Sept. 21, 2012), p. 9.

③ See Damien Geradin, Anne Layne-Farrar & A. Jorge Padilla, *The Complements Problem Within Standard Setting: Assessing the Evidence on Royalty Stacking*, 14 B. U. J. Sci. & TECH. L. 144, 146 (2008).

④ See Klaus M. Schmidt, *Licensing Complementary Patents and Vertical Integration* 5 (Ctr. for Econ. Studies & Ifo Inst. for Econ. Research, Working Paper, Nov. 2006), http://ssrn.com/abstract=944169.

将 FRAND 现金许可和自愿交叉许可作为专利持有人许可承诺的两个选项,这可以帮助那些没有参加交叉许可的下游公司与上游交叉许可方进行有效竞争。但 Jonas Hein 教授指出,这项建议仍无法防止上游公司对下游市场行使控制权,因为就算专利持有人选择 FRAND 纯现金许可也不妨碍纵向整合的企业采用提高竞争对手成本的策略来切断下游竞争者的市场份额。[①]

最后,在禁令救济方面,发布禁令要求停止进一步侵权以及根据利润损失或"合理使用费"计算损害赔偿金是专利诉讼中救济专利权人的两种关键措施。[②] 而若不对标准必要专利权人申请禁令救济的权利加以限制,则会诱发标准必要专利权人利用禁令相威胁迫使专利实施者接受明显不合理的许可条款的专利伏击行为。但又如前文所言,若对该权利进行过度限制又可能引发反向劫持问题。至于如何对标准必要专利权人申请禁令救济进行适度限制,以及当标准制定组织成员作出 FRAND 许可承诺时是否意味着其同时放弃了对那些愿意以 FRAND 条款签订专利许可合同的专利实施者申请禁令救济的权利目前仍是理论界探讨的问题。Hesse 和 Wayland 的建议中针对这一问题采取了不那么激进的处理方法,建议标准制定组织在其专利规则中对作出 FRAND 许可承诺的专利持有人申请禁令救济的权利进行一定限制,特别是当他们企图通过禁令将自愿且有能力履行许可承诺的专利实施者排除在市场之外或迫使其接受明显不合理的许可条款时。[③]

### (三)中国反垄断机构对标准组织制定专利规则的建议

中国反垄断机构承认标准必要专利的专利池具有降低专利许可的谈判成

---

① See Jonas Hein, *The Recent DOJ and FTC Policy Suggestions for Standard Setting Organizations-The Way out of Standard-Essential Patent Hold-Up*, New York University Journal of Intellectual Property and Entertainment Law 2, no. 2 (Spring 2013): 339 – 368, p. 360.

② See Andrew Moir et al., *Recent Guidance on SEP Licensing in the US and EU*, Managing Intellectual Property 252 (2015), p. 12.

③ Renata Hesse, Deputy Assistant Attorney Gen., U. S. Dep't of Justice: "Six 'Small' Proposals for SSOs Before Lunch", Remarks Prepared for the International Telecommunications Union Patent Roundtable (Oct. 10, 2012), p. 11.

本，提高专利研发的效率的作用，但其同时也担心过于宽松的专利规则会导致阻碍竞争的效应。国家发改委也指出交叉许可可能会将专利和潜在的替代技术捆绑在一起从而对产品价格施加下行压力，对下游市场的竞争造成阻碍。因此在标准的形成和建立专利池方面，其建议标准制定组织应制定相关专利规则确保相关市场竞争者参与标准制定的公平机会以及标准制定过程竞争的公平性和透明度，同时要建立池中核心专利的流入流出机制，确保池中专利的必要性，也要特别注意交叉许可协议是否涉及定价、独家回授等容易引发垄断问题的条款。① 目前我国反垄断执法机构正在致力于建立完善的主动审查机制，对市场上存在的事实标准以及专利池进行定期审查，分析其对市场竞争造成的影响，从而对阻碍市场竞争的标准及时进行指正和引导。② 至于对国际技术标准的态度，中国政府也从我国的国情出发，认识到了我国仍处于技术输入国的地位，大多数企业在国际市场上扮演的是专利实施者的角色。③ 若不对标准必要专利权人行使专利权的行为进行有效规制，我国企业将会在国际市场上处于被动地位，故中国评论员也经常将国际技术标准本身视作潜在的技术贸易壁垒。④ 强制实施某个国际技术标准可能会对国际贸易造成阻碍，故若根据 TBT 协议实施的一项技术标准是强制性的，则该标准中的专利都必须按照 FRAND 承诺的规定许可给各国使用。⑤ 同时仍需注意 SAC 正在制定的《中国标准 2035》将 5G 技术、区块链、人工智能等新兴技术作为了中国未来制定技术标准的重点领域，故中国在未来也必将针对这些相关产业制定相关规则进行指导和支持。Dezan

---

① 参见丁文严、韩萍：《标准必要专利保护的中国路径——“标准必要专利保护法律问题研究”研讨会综述》，载《法律适用》2018 年第 19 期。

② 参见李娜：《法律激励理论视角下我国专利池的法律规制完善》，载《科技管理研究》2018 年第 23 期。

③ See GU Minkang, *Anti-Abuse of Intellectual Property Rights Under the Anti-Monopoly Law: China's Approaches*, Frontiers of Law in China, Vol. 10:3, p. 3(2015).

④ See Tim Pohlmann & Knut Blind, The Interplay of Patents and Standards for Information and Communication Technologies, 37 Praxis der Informationsverarbeitung und Kommunikation 189, 191 (2014).

⑤ See Christopher McElwain & LaRiviere Grubman, *The World's Laboratory: China's Patent Boom, IT Standards and the Implications for the Global Knowledge Economy*, Santa Clara Journal of International Law 14, no. 2 (2016): 441 – 460, p. 455.

Shira 教授认为中国下一步将会把工作重点放在协调国内标准之上,其后再将国内成熟的技术标准推向国际。[①] 但同时我们也应通过完善反垄断规制体系对未来在新兴领域的标准制定工作进行有效监督,防止对竞争产生不利影响。

## 第三节　完善我国标准必要专利反垄断规制路径建议

### 一、完善中国反垄断法和相关立法

#### (一)完善中国反垄断立法(制定标准必要专利反垄断规制单行条例)

目前,中国规制知识产权滥用的反垄断法律法规依旧主要是我国《反垄断法》第 68 条的规定,[②]只有在滥用知识产权行为构成对竞争的伤害时,其才会受到反垄断法的规制。2019 年 7 月,国家市场监督管理总局发布的《禁止滥用市场支配地位行为暂行规定》则对滥用行为的反垄断规则做出了进一步说明。但总体而言,上述规定过于宽泛,难以满足不断发展的标准必要专利高科技企业对法律适用的需求,故建议条件成熟时,我国有权机关对标准必要专利反垄断规制单独立法,以促进我国标准必要专利高技术行业的健康发展。

在中国反垄断法及相关知识产权标准必要专利反垄断规则的修订和制定中应重点明确和细化以下几点原则:①改变现有立法禁止行为过于宽泛的法律规定,进一步明确和科学界定构成非法滥用专利许可需要满足的条件;②在标准必要专利反垄断规制单独立法出台前,标准必要专利适用一般的反垄断审查规则;③专利权行使行为大多情况下可以促进竞争和经济效率,反垄断执法应该充分权衡其效率效应和竞争伤害效应;④要肯定专利权是专利法赋予专利权

---

① See Alexander Chipman Koty, *What is the China Standards* 2035 *Plan and How Will it Impact Emerging Industries*?, https://www.asiabriefing.com/personnel/alexander-chipman-koty.html.

② 我国《反垄断法》第 68 条规定,经营者依照有关知识产权的法律、行政法规规定行使知识产权的行为,不适用本法;但是,经营者滥用知识产权,排出、限制竞争的行为,适用本法。

人的合法权利，一般不会受到反垄断法的禁止；⑤反垄断法并不认为标准必要专利本身就赋予持有人市场支配地位。

### （二）提高反垄断案件审查审理的科学性和说服力

反垄断法实践中认定违法行为必须具有明确的严重伤害竞争的客观证据，这些证据必须基于严谨的法学、经济学理论分析和相关市场数量实证。对标准必要专利许可行为的反垄断审查审理，应适用合理推定原则而非本身违法原则。未来中国知识产权标准必要专利反垄断立法、司法和执法应充分体现基于效应的合理推定审查原则要求，案件裁决应依据坚实的充分可信的竞争伤害（数量化的）证据，要强化：①赋予被告充分的抗辩权，其有权针对违法指控提出相应的效率抗辩证据；②在审查审理标准必要专利反垄断规制案件时，应该充分吸收行业专家参与，并将专家证言作为重要的证据；③反垄断司法和行政执法机关在重大案件审查审理时，应该委托第三方开展相关市场竞争状况的“市场研究”。

## 二、完善标准必要专利许可滥用反垄断规制路径建议

### （一）明确市场支配地位的构成及滥用的认定因素

各国反垄断法中，滥用市场支配地位行为的成立通常需要符合两方面要件：一方面是前提条件，即必须证明经营者在相关市场中占据支配地位；另一方面是经营者实施了排除、限制竞争的行为。简言之，适用反垄断框架对任何滥用行为进行规制时都需遵循以下基本分析步骤：界定相关市场、认定市场支配地位、分析相关行为是否构成滥用。前文关于标准必要专利权人针对专利实施者寻求禁令救济的行为是否构成滥用的论述中，都默认了必要专利权利人占据市场支配地位，在“推定说”[①]的论证逻辑下可能如此，但事实情况远比这复杂。

---

① 一旦某特定技术被选择并纳入广泛实施的标准，可与其竞争的技术就会从市场上消失。标准必要专利的不可替代性使其构成一个单独的相关市场，因此具有完全的市场份额，推定其具有市场支配地位。

正如欧盟委员会在《关于横向合作协议适用 TFEU 第 101 条的指南》第 269 条提到的,"即使标准的建立能够赋予或者强化专利权人的市场力量,也不能得出结论认为持有标准专利就等同于占有市场支配地位"。也就是说并非每一个标准必要专利权人都理所当然地占据市场支配地位,必须从个案入手进行具体分析。我国《反垄断法》第 23 条也规定,认定经营者占据市场支配地位需要对其市场份额、市场能力、其他经营者的进入障碍等因素进行综合分析。鉴于认定标准必要专利权人占有市场支配地位是适用反垄断法规制滥用许可行为的前提,因此这一步骤内容的规定格外重要,既要注意到标准必要专利自身特点,也要将其置于反垄断法的一般规则之下,通过正确认识市场份额的认定方法及作用,考察不同标准之间的竞争、衡量必要专利许可谈判双方的实力及社会公共利益,对市场支配地位问题作出合理判断。至于运用何种方法进行分析认定,因其他章节有详细介绍,此处就不再赘述。

禁令救济构成滥用的认定,应当结合上述双方当事人许可谈判中的"善意"标准及市场竞争秩序来考量。有学者提出,鉴于 TFEU 第 102 条和《欧洲经济区协议》第 54 条禁止可能直接对消费者造成损害的滥用行为,以及通过影响竞争而间接对消费者造成损害的行为,基于我国知识产权保护现状,司法和执法部门可以将损害消费者利益作为认定标准必要专利滥用禁令救济的一个实质性要件,进而使得适用反垄断法规制专利权人滥用市场支配地位的条件更为严苛,以此提高我国知识产权保护的水平。

### (二)完善标准必要专利歧视性许可反垄断规制路径建议

#### 1. 确立针对标准必要专利歧视性许可的反垄断立法规则

前文中笔者分析了标准必要专利许可中的歧视性许可问题,讨论了歧视性许可的构成要件以及在许可中存在价格歧视的原因,还有反垄断法实践中认定歧视性许可中存在的问题等。在我国的反垄断法不断完善过程中,许可人本身的定价、许可自主权不断地被纳入法律规范来进行保护和制约,但对标准必要专利中的歧视性许可规制仍然是反垄断法领域以及知识产权领域的新课题,至今为止尚没有非常完整和明确的法律法规来对此进行规范。标准必要专利权人对被许可人进行歧视性许可当然会对市场竞争以及社会福利造成影响，属于滥用市场支配地位行为。因而要不断完善相关的反垄断立法，以对标准必要专利歧视性许可进行系统性的规制。

我国现阶段关于标准必要专利歧视性许可的规定仅有《关于禁止滥用知识产权排除、限制竞争行为的规定》，以及《关于知识产权领域的反垄断指南》。指南第19条涉及专利许可中的差别待遇问题，认为具有市场支配地位的经营者，如果没有正当理由对条件相同的被许可人实施不同的许可条件，并且该行为排除或者限制了竞争，那么该行为构成滥用市场支配地位，指南中还列出了关于判定差别待遇的部分考量因素，标准必要专利中的歧视性许可问题也可以参照该框架来进行判断。

普通知识产权领域歧视性许可因为不涉及技术标准问题，与标准必要专利的歧视性许可仍然存在差异，关于标准必要专利的合理许可费范围以及界定方式，还有标准必要专利歧视性许可的具体判定标准并没有相关的法律法规予以规制。实践中，涉及标准必要专利歧视性许可的案例中，法院的判决也存在较大的差异，制定标准必要专利反垄断规则有利于反垄断法制建设，促进企业公平竞争。我国应该对标准必要专利反垄断规则做进一步细化的立法，实现标准必要专利歧视性许可的反垄断法治。

2. 加强关于标准必要专利许可的信息搜集规则建设

标准必要专利许可中，标准必要专利权人与被许可人签订的许可合同往往是保密的，这样的保密合同中即使存在歧视性许可条款，反垄断执法机构或司法机关也很难获得相关的信息。因为涉及商业机密问题，即使在反垄断执法和司法过程中也难以获得较为准确的歧视性许可的具体数据。

在上文提到的华为诉IDC案中，广东省高级人民法院在案件审理过程中因为IDC公司的许可收费合同属于商业机密，无法获得IDC公司在标准必要专利许可中具体的许可收费合同，所以法院在判断垄断的过程中采取了替代性方法来判断是否存在歧视性许可收费，显然这样的方式准确性无法得到保证。建立标准必要专利信息搜集系统非常有必要，可以建立标准必要专利的信息披露制度，确立强制性信息披露的范围。让被许可人在标准必要专利许可协议签订前,了解合理的收费情况,使被许可人在签订许可合同时极其不利的地位有所改善,从而有效降低歧视性许可的可能性。在审理标准必要专利滥用市场支配地位的反垄断案件中,通过建立相关信息系统,司法机关可以获得更多关于是否存在歧视性许可的数据,做出更加准确的判断。

3. 确立科学的歧视性许可的审查方法

关于歧视性许可的具体审查和确定方式,实践中不同的法院做法差异较大,确立歧视性许可的科学审查方式有利于判决和执法的一致性。

在反垄断案件审理的时候,要判定歧视性许可,必须先判定合理许可费和许可条件的范围,确立合理许可费范围需要考虑较多的因素,法院可以以反垄断执法前的许可费为基础来考量其他因素最终确定一个关于合理许可费用的区间,法院不应该直接确定具体的许可费用,因为标准必要专利权人享有受到法律保护的定价自由权,综合各种因素而确定一个合理区间,既可以保护标准必要专利权人的定价权,也可以保护被许可人不受歧视的权利。

标准必要专利的歧视性许可行为往往发生在相关专利的产品市场,有的时候也会对创新和技术市场产生影响。一个专利一旦被标准纳入,就会排除掉其他替代性的专利,反垄断执法和司法实践中在判定标准必要专利许可费时,会缺乏可以替代参考的相关专利,审查的时候可以考虑在标准必要专利被纳入专利以前的存在竞争关系的其他替代性专利的情况,但是由于专利被纳入标准以后商业价值会发生较大的变化,所以这样的替代性的技术只可以作为一个参考因素,不可以作为判断的依据,这也是华为诉 IDC 中法院采取替代性方法被部分学者批判的原因。因为标准必要专利相较于纳入标准以前商业价值一般会有很大的提高,所以采用替代性方式很容易出现低估其价值的错误判定,标准必要专利的歧视性许可审查在考虑替代性技术情况之外,仍然需要结合技术价值、商业价值以及其他价值因素来进行综合判定,不可以依靠单一因素来进行反垄断审查。

### (三)完善标准必要专利许可搭售反垄断规制路径

上文分析了标准必要专利许可搭售中,可以直接适用的反垄断法律非常少,但是许可搭售却是标准必要专利反垄断司法和执法中非常常见的一种滥用行为,标准必要专利许可搭售的反垄断规范相关制度还有待进一步完善。

1. 完善合理原则和本身违法原则在标准必要专利许可搭售中的运用

我国关于滥用市场支配地位的立法一定程度上参考了本身违法原则,规定了部分行为为滥用行为的具体体现,其中就包括了搭售行为,按照这样的立法思路,法院很容易在标准必要专利许可搭售问题中,将许可搭售直接认定为搭售行为,从而判定其属于滥用市场支配地位行为。

通过以上分析可以得知,搭售行为本身具有一定正面的经济效益,并且并不是所有的搭售行为都是违法行为,单纯地利用本身违法行为来进行判断会过于片面,可能会导致法院的判断错误。在本身违法原则的基础上,法院可以运用合理性原则来判断许可搭售问题。合理性原则要求法院在考虑搭售行为的垄断效应的同时,考虑许可搭售行为是否可以提高经济效益以及该行为的动机、市场影响等具体因素。结合具体案件的情况来进行进一步分析,有利于减少单一本身违法原则判断可能存在的纰漏。法院在判定标准必要专利涉及许可搭售反垄断问题时,可先利用本身违法原则来判定其是否属于极易发生竞争危害的行为,然后再根据案件的具体实际案情综合判断分析。

2. 降低强迫性因素在许可搭售问题中的作用

在标准必要专利许可搭售问题中,强迫性因素虽然属于判定搭售违法的重要因素之一,但是在实践中这样的强迫性是很难判断的(是否存在强迫很难进行举证和推断),我国在滥用市场支配地位的相关立法中也并没有将强迫因素纳入其中,可见强迫性因素本身在反垄断执法和司法中实际操作的价值不大,但反垄断法实践中仍然有法院将该因素作为较为重要的考量因素。出于该因素的不确定性,建议反垄断执法和司法实践中,将强迫性因素仅仅作为一种补充性的考量因素,不作为直接判定许可搭售违法的依据。

3. 完善我国许可搭售立法

许可搭售本身在标准必要专利领域发生,但是我国却没有比较完善的法律来对其进行定义和约束,近些年反垄断领域标准必要专利案件频发,许可搭售在反垄断法中却常常会处于一种“真空”状态。笔者认为,应完善许可搭售本身的定义规定，比如规定如何具体地判定许可搭售的竞争危害；也应对反垄断法的实施出台一些具体的指导规定，比如明确许可搭售行为具有正面效益的情况以及是否引入 FRAND 原则进行规制等，我国也可以参照一些国际条约来进一步完善许可搭售立法。①

## 三、完善经营者集中反垄断规制路径建议

《关于知识产权领域的反垄断指南》中，首先明确了“保护竞争和激励创新，提高经济运行效率，维护消费者利益和社会公共利益”的综合价值导向，并明确了“考虑知识产权的特点”以及“根据个案情况考虑相关行为对效率和创新的积极影响”等原则。我国在法律原则层面上的认识已较为先进，注意到消费者权益保护的重要性，并且充分考虑到经营者集中对发挥专利技术先进性的积极作用。

在分析排除、限制竞争影响时，指南将“行业特点与行业发展状况”“交易相对人的市场地位及对相关知识产权的依赖程度”“相关技术更新、发展趋势及研发情况”②等因素纳入考虑范围，照顾到了涉及知识产权的经营者集中的特殊性问题。由此及前文所列案例可以看出，我国反垄断执法机构对涉及知识产权的经营者集中规制已突破了传统的审查标准，注意到了知识产权问题的特殊性，其大致思路是将知识产权看作独立的相关市场，单独考察集中对该市场内竞争的影响。但是考虑到标准必要专利不同于一般意义上的知识产权，尤其是强制性标准中的标准必要专利，应进行单独规定。笔者认为，一项纳入强制性标准的标准必要专利在该时间节点下便脱离了知识产权的相关市场，其强制性使得不再存在“替代产品”。事实上，所有的标准必要专利在其所在的知识产权相关市场都是唯一产品，都应当在经营者集中这一事前审查阶段被审查。就审查的内容而言，有学者指出“是否存在专利平衡需求”应作为重点之一，但即使存在

① 比如《关于控制限制性商业惯例的多边协议的公平原则和规则》等国际条约。

② 参见国务院反垄断委员会《关于知识产权领域的反垄断指南》第 5 条。

专利平衡需求,对专利权人集中后滥用市场支配地位的限制作用也并不强大。一项专利技术被纳入强制性标准后,应视为自动进入公共产品领域成为"必需设施",应通过限制性条件使得专利权人能够因此获利,其他竞争者也能获得公平利用该专利技术的机会。如此一方面保护了科研创新的积极性,另一方面也使得其他竞争者不仅能够公平参与市场竞争,也能够在该专利技术的基础上进一步进行科技研发,形成新的技术相关市场,最终使得竞争秩序不因标准必要专利而发生变化。

指南明确了对涉及知识产权的经营者集中可能附加的结构性条件和行为性条件。对于结构性救济,指南强调了在剥离知识产权或其所涉业务时,应确保受让方有使用该知识产权参与市场竞争的条件、能力和意愿。① 对于行为性条件则列出了知识产权许可,保持知识产权相关业务的独立运营以确保相关业务的有效竞争条件,FRAND 承诺和收取合理的许可使用费四项具体措施。② 笔者认为,在当今社会,尤其是技术密集型产业涉及标准必要专利的经营者集中规制中,应以行为性救济为主,必要时适用结构性救济,并逐步探索利用强制许可制度解决这一问题的具体方式,为反垄断执法提供更多的外部资源。

## 四、完善我国标准必要专利禁令救济的反垄断规制路径

前述内容对国内外司法、执法实践的分析,为完善我国通过反垄断法规制标准必要专利权人滥用禁令救济的行为提供了丰富的参考素材。针对我国相关立法、司法与执法现状,有必要从以下几个方面入手去推动我国标准必要专利禁令救济的反垄断法规制走向成熟。

### (一)完善反垄断相关法律内容

法作为调整社会关系和人的行为的特殊社会规范,力图在对生活资料最少

---

① 国务院反垄断委员会《关于知识产权领域的反垄断指南》第 22 条。

② 国务院反垄断委员会《关于知识产权领域的反垄断指南》第 24 条。

阻碍和浪费的前提下满足人类对享有某物和做某事的要求。[①] 规范上的不足会使涉及标准必要专利的禁令救济缺乏有效的制度支撑和秩序保障,因此需要完善针对禁令滥用行为的规制制度。反垄断相关法律内容的完善方式有两种:一方面,可以通过完善《反垄断法》,将对标准必要专利权人滥用禁令救济的规制条款纳入其中。在这一过程中,既可以通过司法解释的方法将滥用禁令救济的行为视作实现超高定价、搭售及歧视性许可等目的的手段或纳入第 22 条第 1 款第 7 项的兜底性条款,也可以直接增加有关滥用禁令救济的专门条款。另一方面,鉴于修改立法的复杂性,为了便于操作,我国可以先制定关于标准必要专利禁令救济的反垄断法律规制指南,基于现有法律条款,结合实践经验对法律法规及司法解释中不完善的地方作进一步阐释,或者将一些具有前瞻性的措施以指南的形式加以推广使用。[②] 国务院反垄断委员会发布的《关于滥用知识产权的反垄断指南(征求意见稿)》就是考虑到标准必要专利权人实施禁令救济的行为可能产生排除、限制竞争的效果,因此提出了一系列考察禁令请求是否具有正当性的标准。但是该条在 2019 年正式颁布的《关于知识产权领域的反垄断指南》中被删除。为了完善反垄断法对标准必要专利权人滥用禁令救济的规制,应当重新在该指南中纳入禁令救济的相关规定,并在反竞争效应和公共利益的基础上,进一步明确禁令救济构成非法滥用的条件。

### (二)明确禁令救济滥用行为的反垄断法规制标准

#### 1. 明确规制原则

基于国内外标准必要专利权人寻求禁令救济的案例及相关司法、执法实践,我们可以得知标准必要专利权人出于追求利益的盲目性,很可能利用相关专利的不可替代性滥用其市场垄断力量,造成对潜在的标准实施者及市场秩序的损害。鉴于此,国家应当对必要专利持有人限制、排除市场竞争的不合理许可行为进行规制。但我们也应注意到,专利许可协议作为合同的一种类型,本

① 参见舒国滢主编:《法理学导论》(第 2 版),北京大学出版社 2012 年版,第 27—30 页。

② 参见丁亚琦:《论我国标准必要专利禁令救济反垄断的法律规制》,载《政治与法律》2017 年第 2 期。

应遵循当事人意思自治来达成合意。相应地,是否愿意达成许可协议,专利许可条款的内容以及专利权受到侵害时如何救济也应属于意思自治范畴,正常情况下不受诸如政府等外来力量的干预。鉴于国家干预不是对意思自治的根本否定,而是解决无约束的契约自由所产生的弊端,在适用《反垄断法》对标准必要专利权人不合理的禁令救济行为进行规制时,应明确并遵循以下规制原则。

(1)公共利益原则

标准与专利的结合,在强化了标准必要专利权人相关技术市场的垄断力量时,也增加了该技术专利的公共产品属性。因为标准设置的初衷在于保证产品或服务的质量,提高产品或服务的兼容性及通用性,进而降低交易成本,增进消费者福利。标准必要专利承袭标准化的基因也因此具备了公益属性,与产品的质量安全及消费者的福利息息相关。[①] 因此,标准必要专利权人寻求与实施禁令的行为绝对不能对公共利益造成损害。此外,反垄断法的宗旨在于促进竞争和维护社会公共福利,当标准必要专利权人的行为属于合理使用专利权的范畴且未对公共利益造成负面影响时,就没必要适用反垄断法律来规制权利人的相关行为。所以专利权人寻求禁令救济的行为是否损害了公共利益至关重要。在美国 eBay 案中,最高法院提出专利侵权人实施禁令需要满足四个条件,其中之一就是"标准必要专利权人必须证明公共利益不会因为永久禁令而受到损害"。[②] 此外,在 GenDem Corp. v. Femdale Labs. , Inc. 案中,审理法官在颁发临时禁令之前也分析了其对公共利益的影响。[③] 因此,公共利益原则应当作为运用反垄断法律对标准必要专利权人滥用禁令救济加以规制的重要原则之一。

至于公共利益的具体内涵,除了包括公共安全、公共卫生、重大环境保护、社会资源等一般情形,在判断是否受到负面影响时,还可以与标准类型结合起来,比如鉴于强制性标准比推荐性标准对社会公众的影响更大,国家标准比地方性标准的影响力更大,当强制性标准及国家标准内的必要专利持有人寻求禁令时,更容易被认定为滥用行为进而引起反垄断法的适用。

---

① 参见吕明瑜:《知识产权垄断的法律控制》,法律出版社 2013 年版,第 116 页。

② See eBay Inc. v. MercExchange, L. L. C. , 547 U. S. 388, 391 (2006).

③ See GenDem Corp. v. Femdale Labs. , Inc. , 32 USPQ 1567 (E. D. Mich. 1994).

(2)合理限度原则

科学监管要求在知识产权保护与市场自由竞争之间实现协调与平衡,这一点在标准必要专利领域实现难度更大也更为重要。就纳入标准的专利本身而言,某项获得专利保护的技术可能只是某一复杂系统的一小部分,因这一小部分去禁止整个系统的运行可能是过度的。① 据调查,一个智能手机中包含25万件标准必要专利,某手机供应商若被禁止实施某项标准必要专利,在不存在替代性标准必要专利的情况下,该手机供应商的生产和销售将被迫终止,这对手机供应商来说显然是不合比例、有失公平的。就标准必要专利对终端产品的影响而言,基于标准的强制性和专利的必要性,专利对某项标准的贡献与专利实现的功能对终端产品的贡献价值可能在实践中被刻意夸大,如尽管通信只是手机中的模块且在智能手机走向高端、功能优化之后所占比重有所下降,但高通过去一直按照整机比例而非通信模块的单价收取专利费,这也是有违比例原则的。基于以上理由,尽管寻求禁令救济是专利权人的法定权利,是实现知识产权保护的重要手段,但法院或有权颁布禁令的执法机构在审查标准必要专利权人提起的专利侵权案件时,即使认定侵权行为存在也不应不假思索地授予其禁令。正如美国eBay案中法院强调的,批准禁令前要考虑因果关系、金钱赔偿的充分性以及对公共利益的影响。此外,针对标准必要专利权人主体属性上的差异也应适当采取不同的限度,比如对无限星球、Conversant等专利主张实体,鉴于其主要以低价购买专利然后实施专利侵权诉讼为盈利手段,因此在审查这类主体对标准实施者提出的禁令请求时,应当更为谨慎,以避免专利劫持及对下游产品市场造成的竞争减损。但与此对应,保护市场竞争也不应以不合理地牺牲知识产权所有人的利益为代价,尽管标准必要专利权人作出了以FRAND原则进行专利授权的承诺,也并不意味着剥夺了其禁令救济权。例如,华为诉三星案中,法院基于争端双方交叉许可谈判过程的表现,认为三星方存在恶意拖延谈判、消极回应标准必要专利报价等违背FRAND原则的行为,因此同意了华

---

① Prof. Dr. Lea Tochtermann, University of Mannheim: Injunctions in European Patent Law, p. 1, available at https://www.4ipcouncil.com/application/files/3415/5965/6809/L._Tochtermann_Injunctions_in_European_Patent_Law.pdf.

为提出的停止侵权诉讼请求。合理限度原则其实回归到了禁令救济最初的目的,即实现实质公平,平衡各方利益,适用反垄断法规制滥用禁令的行为也应遵循这一原则。

2. 明确许可双方当事人主观“善意”的判断标准

判断标准必要专利权人是否构成对禁令救济的滥用,欧盟委员会在摩托罗拉诉苹果案中分析了“善意的谈判参与者”的考量要素;欧盟法院在华为诉中兴案中创设的禁令救济规则,也提及了几个判断必要专利许可双方谈判行为是否符合善意的标准。无论是“滥用”还是“善意”,都具有很强的主观性和模糊性,在很难给出明确定义的情况下更需要去探索标准,以增强司法和执法的可预见性,使许可谈判双方当事人的注意义务与其法律责任相称。结合国内外司法、执法过程中的经验,可以通过纠纷双方的以下外在行为推断其主观“善意”是否成立。

从标准必要专利权人的角度:(1)申请禁令救济前,是否以警告函等书面形式告知标准实施者被侵权之标准必要专利以及其具体侵权行为;(2)在标准实施者表达谈判意愿后,专利权人是否在合理的时间内提出符合FRAND原则的许可要约,包括标准必要专利许可范围、许可费率及其计算方法;(3)如果拒绝反要约,是否及时告知标准实施者;(4)标准必要专利持有者是否存在很早就发现了涉嫌侵权的行为,但故意等到标准实施者进行大规模投资后,才申请禁令救济;(5)禁令颁布后,无视已履行完赔偿义务的被控侵权者的积极作为,仍然坚持实施禁令;(6)是否给予被控侵权者合理的初步协调期。

从标准实施者的角度:(1)在标准必要专利权人未提出许可条件的情况下,是否主动向专利权人提出合理的许可谈判条件;(2)收到专利侵权警告函后,是否及时表达了进行标准必要专利许可谈判的意愿;(3)收到许可要约后,是否存在恶意拖延谈判的行为,如果认为必要专利权利人提出的许可条件违背FRAND原则,是否积极主动地提出符合该原则的反要约;(4)标准实施者在收到拒绝反要约的通知后,如仍实施专利,是否预期履行了相关义务,如向第三方独立机构临时性交付反要约中规定的专利许可费、提供足额担保或将专利费放入一个独立的托管账户，[①]并将相关标准必要专利的使用情况告知专利权人；(5)在反要约拒绝通知到达标准实施者后的30天内协商失败或者许可条件发生争议时，标准实施者是否积极寻求法院、仲裁机构或其他独立第三方机构的处理并接受其裁决结果；(6)标准实施者有无履行FRAND许可协议的能力，比如被控侵权方是否存在资金困难且不能清偿债务的情形，或者其财产所在的司法辖区不能为损害赔偿提供有效的执行方式。[②]

综上，通过分析标准必要专利许可谈判过程中哪一方存在恶意拖延的行为以及哪一方提出的许可条件更贴合FRAND原则，可以推断出标准必要专利权人与标准实施者的"善意"程度，进而可以认定标准必要专利权人是否滥用了禁令救济。此外，在这一过程中，要注意标准实施者对标准必要专利有效性、必要性、实施情况及是否侵权的质疑，不影响对其主观善意的判定。

### (三)《专利侵权判定指南(2017)》的意义

北京市高级人民法院的《专利侵权判定指南(2017)》借鉴了华为诉中兴案的"五步骤"谈判程序，对判断标准必要专利权人是否违反FRAND义务和专利实施者在谈判过程中是否具有明显过错的判断做出了具体规定。[③] 由此可见，标准必要专利权人和标准实施者所需遵守的义务是一一对应的，二者合起来构成了一套完整的谈判流程，是对"华为诉中兴案"确定的五步骤谈判流程的借

---

① 参见韩伟、徐美玲：《标准必要专利禁令行为的反垄断规制探析》，载《知识产权》2016年第1期。

② 参见袁波：《标准必要专利禁令救济立法之反思与完善》，载《上海财经大学学报》2018年第3期。

③ 有下列情况之一，可以认定专利权人故意违反公平、合理、无歧视的许可义务：(1)未以书面形式通知被诉侵权人侵犯专利权，且未列明侵犯专利权的范围和具体侵权方式；(2)在被诉侵权人明确表达接受专利许可协商的意愿后，未按商业惯例和交易习惯以书面形式向被诉侵权人提供专利信息或提供具体许可条件的；(3)未向被诉侵权人提出符合商业惯例和交易习惯的答复期限；(4)在协商实施许可条件过程中，无合理理由而阻碍或中断许可协商；(5)在协商实施许可过程中主张明显不合理的条件，导致无法达成专利实施许可合同；(6)专利权人在许可协商中有其他明显过错行为的。有下列行为之一的，可以认定被诉侵权人在标准必要专利许可协商过程中存在明显过错：(1)收到专利权人的书面侵权通知后，未在合理时间内积极答复的；(2)收到专利权人的书面许可条件后，未在合理时间内积极回复是否接受专利权人提出的许可条件，或在拒绝接受专利权人提出的许可条件时未提出新的许可条件建议的；(3)无合理理由而阻碍、拖延或拒绝参与许可协商的；(4)在协商实施许可条件过程中主张明显不合理的条件，导致无法达成专利实施许可合同；(5)被诉侵权人在许可协商中有其他明显过错行为的。

鉴。而且《专利侵权判定指南(2017)》明确规定,在标准必要专利权人履行了FRAND义务且专利实施者在谈判过程中亦无明显过错的情况下,若专利实施者及时向法院提供了相应的担保,则标准必要专利权人申请禁令救济的主张法院不予支持;在双方均具有过错的前提下,法院应判断主要责任一方,从而决定是否支持禁令救济申请。由此可见,《专利侵权判定指南(2017)》对是否应支持禁令救济申请的判断标准仍不够具体,其赋予了法官较大的自由裁量权,使需在具体案件中根据双方过错程度决定是否对禁令救济申请予以支持。而根据各国实践和标准必要专利权人的特征来看,我国对标准必要专利权人申请禁令救济应遵循"原则上无救济,禁令救济为例外"的宗旨。

首先,根据欧盟法院针对"华为诉中兴案"所确定的五步骤谈判程序,只有标准必要专利权人履行了作为义务且专利实施者没有积极作为的情况下,禁令救济的申请才能被支持。同时,近年来,美国在司法实践中也对标准必要专利权人申请禁令救济作出了严格限制。我国司法裁判也应注意到域外对专利实施者的保护不断强化的趋势,且我国在国际市场上仍扮演着"专利输入国"的角色,对标准必要专利权人申请禁令救济进行严格限制是符合我国利益的。其次,标准必要专利权人具有更大的授权许可范围和强有力的市场竞争优势,在谈判过程中本就与专利实施者处于不平等的地位,若将对标准必要专利权人申请禁令救济予以支持作为一般准则,则标准必要专利权人很可能以申请禁令救济为手段迫使专利实施者接受不公平的许可条件。因此,遵循"原则上无救济,禁令救济为例外"的原则是符合我国国情的,可以有效平衡标准必要专利权人和专利实施者的权利关系,确保二者可以在平等的基础上进行善意有效的协商。

由于《关于滥用知识产权的反垄断指南(征求意见稿)》对禁令救济的规定过于概括,而《专利侵权判定指南(2017)》不具有普遍性效力,且作为基本法的《反垄断法》对专利权人滥用禁令救济没有任何规定,专利法也未对标准必要专利权人享有的申请禁令救济的权利做出任何限制,导致实践中法院审理该类案件的态度一直模糊不清。因此,首先应当把标准必要专利权人滥用禁令救济的行为纳入我国《反垄断法》第22条作为滥用市场支配地位的一种情形,然后在反垄断法相关司法解释中对禁令救济的具体适用规则进行规定,同时遵循"原则上无救济,禁令救济为例外”的原则,即规定在判断标准必要专利权人和标准实施者是否履行了各自的义务时,可以借鉴《专利侵权判定指南(2017)》的相关规定,同时将“双方无法达成一致时,被诉侵权人没有预先提供适当的担保或提存相应的特许权使用费”列为被诉侵权人的明显过错之一,从而避免被诉侵权人获得比其他获得许可的普通专利实施者更有利的竞争优势,防范潜在的道德风险。

### (四)运用经济学的分析方法

通常我们认为,侵权应当被防止,或者至少被有效阻止,而禁令救济是实现这一目的的有力工具。在标准必要专利权人起诉潜在被许可人侵犯专利、寻求禁令救济时,除了少数情况下标准必要专利被认定无效,大多数案件中被控侵权人最终都被证实实施了侵权行为,若按照阻止侵权至上的逻辑,就应毫无例外地颁发禁令。但在高科技领域,过于严苛地实施这类具有不完全针对性的权利可能会造成社会福利的损失。[①] 尤其基于标准的广泛实施所带来的锁定效应和网络效应,同意受 FRAND 承诺约束的标准必要专利权人的禁令请求,无疑会阻碍标准的推广甚至产生限制市场竞争的效果。

有时,为了平衡专利权人和标准实施者的权益,为了在保护知识产权和维护市场竞争与社会公共利益之间达到效益最大化,有必要在标准必要专利权人寻求禁令的个案中运用经济分析,分析各当事方的标准必要专利实力如何,与其他标准实施者已达成的许可协议相比是否存在歧视性许可条件以及颁发禁令分别会对市场竞争与消费者福利造成何种影响。实践中,反垄断法的适用与经济学分析关系密切,比如在分析某经营者是否占据市场支配地位时,相关的经济学分析方法有很多。原因在于法律推理通常采用事后视角看待法律纠纷,重点关注何种补救措施能使问题得到公正解决,而经济学往往更重视调查某解决方案会对未来的行为产生什么影响,这一视角符合反垄断法维护市场竞争秩序的行为规制逻辑。然而,对于必要专利持有人寻求或实施禁令的反竞争后果

---

① Anthony Ogus & Louis T. Visscher, *A Law and Economics Perspective on Injunctive Relief*, p. 2.

却鲜少有学者或机构从经济学的视角加以分析。因此,为了正确适用反垄断法对标准必要专利权人不合理禁令救济行为的正当、有效规制,需要考虑在调查时运用经济学的分析方法,考量在此种利益冲突下,哪种解决方案更有利于实现社会效益最大化。

### (五)加强各机构之间的协调与配合

我国对知识产权的保护,一直采取以司法保护为主,以行政保护为辅的"双轨机制"。为了更好地处理知识产权纠纷中的技术问题,我国主张在遇到较专业的技术性问题时采取积极主动的态度并发展出了"技术调查官"制度。① 但与英美法系中确立的"法庭之友"制度②相比,我国目前的"技术调查官制度"还存在与其他事实查明机制衔接不足、审查意见不予公开等问题。③ 在关于标准必要专利禁令救济的案件中,既可以看到法院在专利侵权诉讼中衡量是否颁发禁令救济的身影,也可以看到反垄断执法机构基于寻求或实施禁令可能造成的排除、限制竞争效果,对标准必要专利权人开展反垄断调查。对于国家知识产权局、反垄断执法机构等行政机关而言,他们对标准必要专利信息、是否占据市场支配地位的经济学分析方法掌握得更全面,其出具调查意见有助于司法机关加深对案件的理解及纠纷的解决。比如在"苹果诉摩托罗拉案"④中,FTC 就曾针对标准必要专利权人寻求禁令救济对竞争的影响及其他法律问题向法院提交"法庭之友"意见书。鉴于标准必要专利反垄断规制对标准必要专利权人、标准实施者甚至社会公众都会产生影响,因而有必要在反垄断立法中规定:在相关的司法、执法实践中,加强我国司法机关与执法机关在标准必要专利禁令问题上的协调与合作。

---

① 《关于技术调查官参与知识产权案件诉讼活动的若干规定》,载中华人民共和国最高人民法院官网,http://www.court.gov.cn/fabu-xiangqing-154952.html。

② 是指法院在审理案件的过程中,允许当事人以外的第三人利用自己的专门知识就与案件有关的事实或法律问题向法院提出书面论证意见书,以帮助法院作出公正的裁决。

③ 参见仪军等:《我国知识产权审判中技术审查意见公开机制的研究》,载《电子知识产权》2019 年第 6 期。

④ See Apple Inc. v. Motorola Mobility, Inc., 11-cv-08540.

# 结　论

本书创造性地从专利基础性问题、FRAND许可承诺和许可费、滥用市场支配地位、典型许可滥用行为、经营者集中、禁令救济和建议七个方面构建了针对标准必要专利反垄断规制问题的有机、系统、严密的研究论述体系。部分填补了我国对标准必要专利反垄断规制问题专门研究的空白。

在数字通信、视听技术、计算机芯片等高技术行业迅猛发展的今天,标准已经成为影响行业分工和提升竞争能力的重要武器。从某种意义上讲,谁掌握了标准的制定权,谁主导了技术标准,谁就掌握了市场的主动权。世界形成了“一流企业做标准,二流企业做品牌”的行业格局。专利和标准的结合使标准必要专利持有企业具有了很强的市场力量,标准必要专利有可能成为专利支配企业劫持被许可人获取垄断利润和排挤竞争对手的重要手段。标准必要专利成为知识产权反垄断的新热点和突出难题。

本文综合运用比较法研究方法、法经济学研究方法、案例研究方法、法社会学研究方法等,基于国际组织以及美国、英国、日本、韩国、中国等国家和地区的反垄断法的理论与实践,探讨科学的反垄断法理、实践中规制的具体方法等,并对中国的反垄断立法、司法和执法实践中存在的问题提出了有针对性的建议。研究结论如下:

1. 建议将 FRAND 许可原则纳入 WTO 框架下的 TRIPs 协定中。鉴于 FRAND 许可原则在标准相关专利的许可领域已达成国际共识，且与 TRIPs 协定在相关理念上实际一致，因此笔者建议在 TRIPs 协定中把 FRAND 许可原则纳入并赋予其国际法层面的法律效力，具体可以通过以下途径：(1)将 TBT 协议中的技术标准与 TRIPs 协定中的专利许可建立起联系，加强 TBT 委员会对国际标准制定组织将专利纳入技术标准过程的监督，增强标准必要专利许可的透明度和可预见性。(2) TRIPs 协定第 40 条第 2 款在列举部分反竞争许可做法后，将判断某一做法是否对竞争产生不利影响的权利赋予 WTO 成员方，允许其基于合理性原则进行个案评估。鉴于标准必要专利许可双方是否遵循 FRAND 原则在理论上和实践上被许多成员方的司法、执法机构作为判断是否违反竞争法的要素之一，因此可以将 FRAND 许可原则的相关规定纳入 TRIPs 协定第 40 条第 2 款，表述为成员方依据其自身法律法规对反竞争许可行为进行评估时，可以将“FRAND 原则的履行程度”纳入考虑范围。(3)鼓励各成员更多地适用标准化组织制定的 FRAND 许可原则，推动标准化组织积极参与到标准化专利“必要性”的审查过程中，充分发挥标准制定组织的专业性，促进纠纷的减少和高效解决。(4)将 FRAND 许可原则纳入 TRIPs 协定，让更多技术后进的发展中国家以公平、合理的专利许可费享受到技术发展的成果。

2. 如何平衡标准必要专利权人和专利实施者之间的价值分配关系是标准制定组织制定专利规则所要考虑的首要问题。标准制定组织既要通过专利规则鼓励专利持有人参与标准制定以优化标准质量，同时也要限制专利权人的议价能力从而确保标准的顺利实施和推广。

允许每个专利持有人分别和标准实施者进行双边专利许可谈判是造成专利丛林和许可费叠加问题的重要原因。因此，需要建立一个独立的机构代表这些专利持有人进行统一许可谈判。具体而言，采用专利池进行“一揽子”许可或者交叉许可似乎是解决这些问题的方法。当两个公司分别拥有制造该产品的两项核心技术时，即其均无法在不侵犯对方专利的情况下对该产品进行生产销售，那么从事后竞争的角度出发，建立专利池进行交叉许可可能是最好的解决方案。

3. 标准必要专利许可滥用的反垄断规制应重在发挥FRAND许可承诺的核心作用，重点促进FRAND的含义明确化、承诺的可实施化。反垄断法并不是规制标准必要专利权人垄断行为的唯一规则，只有在专利持有人的许可条款产生严重伤害市场竞争结果的情况下，反垄断法才应介入，在大多数情况应该适用合同法来解决。确定FRAND许可费的方法包括：自上而下法、可比协议法、有效成分定价法、夏普利值法、增量价值法、乔治亚—太平洋要素法和数量比例法。具体案件的方法需要基于个案的具体情况来灵活选择应用，不应采取"一刀切"的FRAND许可费确定方法。

4. 反垄断法实践中，针对滥用市场支配地位的反垄断案件已经形成了一种固定处理程序：第一步先界定涉案产品的相关市场，以确定执法范围；第二步判断经营者是否具有市场支配地位；第三步判断拥有市场支配地位的经营者是否存在滥用行为；第四步判断这样的行为是否有排除或者限制竞争的效果。这样的四个步骤相互关联，并且属于递进关系，在滥用市场支配地位的反垄断法实践中缺一不可。

一般情况下，相关市场界定是反垄断法分析的基点。相关市场认定一般需要考虑一系列的基本因素例如产品性质、价格等，考量该商品或者服务和其他较大程度可以替代的商品或者服务共同构成的市场，二者之间通常处于很强的竞争关系之中。相关地域市场则指具有可替代性的其他商品或者服务所在地和调查商品或服务所在地共同组成的地域市场，而地域间也处于很强的竞争关系之中。

随着市场的发展，市场份额的重要性已大不如前，市场份额实际上不直接决定经营者是否拥有市场支配地位，市场支配地位实际上是经营者可以控制价格或者排除竞争的一种优势能力。单独将市场份额作为考量因素显然不符合反垄断法实践的现实所需。

由于标准必要专利权人集中于高新技术产业中，其滥用行为实际上更加复杂和隐蔽，因为知识产权本身的特征，专利权人可以凭借这样的优势来限制专利的转让，或者利用市场组合或上下游市场进行垄断行为并且从中获取巨大利润，这样的垄断行为并不是单一的，而是多层次的，需要反垄断执法和司法部门害,其才会受到反垄断法的禁止。2019 年国家市场监督管理总局发布的《禁止滥用市场支配地位行为暂行规定》(已失效)则对滥用行为的反垄断规则做出了进一步说明。但总体而言上述规定过于宽泛,难以满足不断发展的标准必要专利高科技企业对法律适用的需求,故建议条件成熟时,我国有权机关对标准必要专利反垄断规制单独立法,以促进我国标准必要专利高技术行业的健康发展。

在中国反垄断法及相关知识产权标准必要专利反垄断规则的修订和制定中应重点明确和细化以下几点原则:①改变现有立法禁止行为过于宽泛的情况,进一步明确和科学界定构成非法滥用专利许可需要满足的条件;②知识产权标准必要专利反垄断规制适用一般的反垄断审查规则;③专利权行使行为大多情况下可以促进竞争和经济效率,反垄断执法应该充分权衡其效率效应和竞争伤害效应;④要肯定专利权是专利法赋予专利权人的合法权利,一般不会受到反垄断法的禁止;⑤反垄断法并不认为标准必要专利本身就赋予持有人市场支配地位。

(2)提高反垄断案件审查审理的科学性和说服力。反垄断法实践中认定的违法行为必须建立在被调查的滥用行为具有明确的严重伤害竞争的客观证据之上,这些证据必须基于严谨的法学、经济学理论分析和相关市场数量实证。对标准必要专利许可行为的反垄断审查审理,应适用合理推定原则而非本身违法原则。未来中国知识产权反垄断立法、司法和执法应充分体现基于效率的合理推定审查原则要求,案件裁决应依据坚实的充分可信的竞争伤害(数量化的)证据,要强化:①赋予被告充分的抗辩权,其有权针对违法指控提出相应的效率抗辩证据;②在审查审理标准必要专利反垄断规制案件时,应该充分吸收行业专家参与,并将专家证言作为重要的证据;③反垄断司法和行政执法机关在重大案件审查审理时,应该委托第三方开展相关市场竞争状况的研究。